Mircea A. Tamas

RENÉ GUÉNON

ET

LE CENTRE DU MONDE

Traduction française : Angelica Radulescu
Ariana A. Tamas
Gauthier Pierozak

ROSE-CROSS BOOKS

Copyright © Mircea A. Tamas, 2007

Publiée par **Rose - Cross Books**
TORONTO
www.rose-crossbooks.com

Printed in Canada   Toronto 2013

Révision du texte : *Gauthier Pierozak, Philippe Doussin, Ariana A. Tamas*

Couverture : *Imre Szekely*

Catalogage avant publication de Bibliothèque et Archives Canada

Tamas, Mircea A. (Mircea Alexandru), 1949-
René Guénon et le centre du monde / Mircea A. Tamas.

Traduit de l'anglais.
Comprend des réf. bibliogr.
ISBN 978-0-9731191-7-6

1. Guénon, René. 2. Tradition. 3. Philosophie et religion.
4. Symbolisme. 5. Intraterrestres. 6. Mythes géographiques.
I. Titre.

B2430.G84T3514 2007   194   C2007-903081-5

Mircea A. Tamas

RENÉ GUÉNON
ET
LE CENTRE DU MONDE

NOUVELLE ÉDITION
REVUE ET AUGMENTÉE

ROSE-CROSS BOOKS

2013

PREMIÈRE PARTIE

I

RENÉ GUÉNON

IL N'Y A PAS de place pour les intellectuels dans notre monde moderne, surtout en occident, qui est peuplé d'êtres gouvernés par leurs passions et par la raison, bien plus par leurs passions que par la raison. Tout comme les vrais Rose-Croix disparurent au dix-septième siècle pour trouver ensuite asile en Asie, les intellectuels disparurent de la vie publique occidentale. L'un des derniers intellectuels naquit en Europe de l'Ouest en 1886 et trouva refuge en Égypte vers la fin de sa vie, où il mourut en 1951 ; son nom : René Guénon.

L'œuvre de Guénon a été longtemps considerée avec méfiance et les experts comme les savants officiels ont fait de leur mieux pour la faire disparaître. Un lourd silence régna sur ses livres « subversifs », dans l'espoir qu'un beau jour ils fussent oubliés. Et pourtant René Guénon ne fut pas oublié. Son influence demeurait si forte que « la loi du silence » s'avéra vaine et fut remplacée par la « loi de la logorrhée ». Du coup, et à toute occasion, tout le monde se mit à parler de lui et de son œuvre, ce qui fut d'ailleurs amplifié avec le développement rapide de l'Internet ; l'œuvre de Guénon fut mal interprétée, son importance intellectuelle fut minimisée ; on essaya de faire de lui un écrivain ou un philosophe ordinaire pour anéantir de cette manière sa fonction spirituelle. Par exemple, la rue où se trouve la maison où il vit le jour, à Blois, en France, porte à présent l'inscription : « René Guénon, Orientaliste français », qui est une définition insultante. On s'intéresse aujourd'hui plus à la personnalité de Guénon qu'à son œuvre. Quelques-uns, apparemment bienveillants, en prétendant l'apprécier, l'avaient exclu de la Tradition, suggérant qu'il ne connaissait que superficiellement l'ésotérisme chrétien, le Taoïsme, la Kabbale juive, et même la tradition hindoue et celle islamique ; en un mot, l'œuvre de Guénon est remarquable, mais... pas trop[1]. On pourrait alors se demander à juste titre si Guénon est véritablement un représentant orthodoxe de la Tradition unique ou non. Pour *homminis bonae voluntatis* la réponse n'est pas difficile : René Guénon est le représentant providentiel de la Tradition. Il a réinstallé la métaphysique sur son trône de diamant à l'Occident et ailleurs, il a clairement introduit les principes universels des doctrines traditionnelles, il a expliqué les mystères de l'initiation et il a présenté la doctrine des cycles cosmiques[2]. La Kabbale juive identifie trois éléments principaux et symboliques de toutes les écritures sacrées : le Cosmos, l'Année et l'Homme[3]. Or, l'œuvre de Guénon comprend des études sur la cosmogonie (le Cosmos), sur les cycles cosmiques (l'Année) et sur l'initiation (l'Homme), mais toujours en tant qu'applications de la métaphysique, qui est du domaine du Principe suprême.

René Guénon a accompli un travail immense pour modifier la mentalité occidentale, afin d'ouvrir les consciences aux vérités métaphysiques et initiatiques, de restituer aux symboles traditionnels leur signification originelle, et de nous donner la possibilité non seulement de lire les textes sacrés mais aussi de les comprendre[4].

---

[1] Dans un recueil publié à l'occasion de l'anniversaire des 50 ans de sa mort nous pouvons lire avec stupéfaction : « René Guénon s'est paradoxalement inscrit dans une mouvance à l'origine de la destruction des valeurs traditionnelles » ; l'auteur de ces lignes, en défendant le domaine psychique et attaquant l'intellectualité pure, n'a rien compris.
[2] « D'une façon générale, l'œuvre doctrinale de René Guénon se rapporte aux vérités les plus universelles ainsi qu'aux règles symboliques et aux lois cycliques qui régissent leur adaptation traditionnelle » (Michel Vâlsan, *L'Islam et la fonction de René Guénon*, Les Éditions de l'Œuvre, Paris, 1984, p. 14).
[3] *Sepher Ietsirah* III.2.
[4] « C'est le caractère universel et totalisateur de son enseignement qui explique que celui-ci puisse fournir les clés permettant aux Occidentaux de pénétrer à l'intérieur de toute doctrine métaphysique quelle qu'elle soit, par la compréhension de ses aspects fondamentaux » (Charles-André Gilis, *Introduction à*

Cela n'était qu'une partie de sa mission. Ce qui est beaucoup plus important c'est qu'il a réuni synthétiquement les diverses doctrines traditionnelles particulières, qu'il a pacifié les oppositions apparentes, et qu'il a reconstitué le « modèle idéal », qui est la Tradition primordiale. D'une manière conciliante, sans fanatisme, René Guénon a « fondu » les données fondamentales essentielles des diverses formes traditionnelles et a essayé de recomposer ensuite l'aspect primordial[1]. Parce que la décadence cyclique a favorisé la prédominance des éléments sentimentaux, surtout en Occident, et considérant que l'ordre métaphysique dépasse l'individu, René Guénon a levé la tradition au plan de l'intellect pur. Ce n'est qu'à ce niveau suprême, de l'ordre de la métaphysique pure, que les traditions particulières se réunissent dans l'Unique[2]. Il a laissé de côté à bon escient les aspects *bhakti* et *karma* de la doctrine, et plus encore, il a répudié les branches plus ou moins hétérodoxes de la Tradition, justement pour prévenir la confusion et la pseudo-connaissance.

La doctrine que nous pouvons déceler dans les ouvrages de Guénon est une doctrine unitaire, immuable quant aux contingences, une synthèse des traditions particulières qui s'y retrouvent, mais qui, en même temps en diffèrent inévitablement, parce que l'unification des doctrines particulières lui imposa de garder l'esprit et non la lettre. René Guénon a

---

l'enseignement et au mystère de René Guénon, Les Éditions de l'Œuvre, Paris, 1985, p. 11).
[1] « Exposant des vérités insoupçonnées des contemporains, ses modes de formulation métaphysique ont eu nécessairement un caractère indépendant par rapport aux modes d'expression doctrinale connus, ou pratiqués, en Occident. D'autre part, comme il ne s'est pas attaché exclusivement à l'enseignement d'une seule tradition orientale, mais s'est appuyé opportunément sur tout ce qui était susceptible de servir à l'exposé des idées universelles dont il offrait la synthèse, ce caractère d'indépendance formelle subsiste dans une certaine mesure même par rapport aux modes d'expression doctrinale de l'Orient ; la chose était du reste inévitable par le seul fait que René Guénon écrivait dans une langue de civilisation toute autre que celles par lesquelles sont véhiculées régulièrement ces doctrines » (Vâlsan, *ibid.*, p. 14).
[2] « Une telle identité et universalité n'est réelle que pour l'aspect le plus haut de la métaphysique : c'est en ce sens que les maîtres islamiques disent : "La doctrine de l'Unité est unique" (*at-Tawhîdu wâhidun*) » (Vâlsan, *ibid.*, p. 13).

cherché à rendre apparente l'essence doctrinale de la métaphysique universelle, à ouvrir nos yeux et à nous faciliter la voie de la connaissance. Il a évité consciemment les éléments particuliers qui pourraient produire des confusions, plutôt qu'aider. Nous pourrions nous demander si Guénon est le créateur d'une nouvelle doctrine. Non, absolument pas. Dans l'avant-propos au *Symbolisme de la croix*, il confesse que son livre veut « soit exposer directement certains aspects des doctrines métaphysiques de l'Orient, soit adapter ces mêmes doctrines de la façon qui nous paraîtrait la plus intelligible et la plus profitable, mais en reste toujours strictement fidèle à leur esprit »[1] ; il expose une doctrine unificatrice de l'Unité, d'où son caractère providentiel[2]. Guénon dit : « nous n'avons jamais entendu nous renfermer exclusivement dans une forme déterminée, ce qui serait d'ailleurs bien difficile dès lors qu'on avait pris conscience de l'unité essentielle qui se dissimule sous la diversité des formes plus ou moins extérieures, celle-ci n'étant en somme que comme autant de vêtements d'une seule et même vérité »[3].

Comparée aux contradictions aiguës qui illustrent notre monde moderne, la doctrine de l'unité de René Guénon nous paraît rédemptrice. Guénon n'est pas le porte-parole d'une nouvelle doctrine, il est le missionnaire de l'Un, il est celui qui a enseigné à l'Occident l'unité fondamentale des formes traditionnelles, il est celui qui a présenté une synthèse métaphysique des diverses doctrines ayant pour noyau la Vérité, telle qu'elle existe dans toutes les traditions particulières. René

---

[1] René Guénon, *Le symbolisme de la croix*, Guy Trédaniel, Paris, 1989, p. 9.
[2] « La spiritualité islamique dans son ensemble est surtout sensible à la reconnaissance de l'Unicité divine, point qui, pour elle est le fondement et le critère premier de validité de toute forme religieuse. Or, René Guénon n'affirme et n'enseigne l'unité fondamentale des traditions existantes que du fait même qu'il constate que l'essence de toutes les doctrines respectives est celle de l'Unité ou de la Non-Dualité du Principe de Vérité » (Vâlsan, *ibid.*, p. 27).
[3] Guénon, *ibid.*, p. 9.

Guénon est le serviteur de l'Unique : *Abdel Wahed Yahia*, son nom islamique, en est le plus fort témoignage.

La rigueur qui gouverne tous ses ouvrages lui fut évidemment imposée par son propre désir de modifier la superficialité de la pensée occidentale ; même à présent, il y a des gens de lettres et des sentimentaux qui se révoltent contre la stricte discipline imposée par Guénon au style de son œuvre, et contre la manière supra-intellectuelle de transmission des connaissances, qui n'est que le résultat normal de sa position et la seule modalité valable de tout enseignement théorique[1].

L'utilisation des mathématiques pour illustrer des vérités métaphysiques, quoique désagréable pour les « humanistes », lui a permis de maintenir un style exact et précis, bien différent des torrents de mots employés par tant d'érudits et de gens de lettres.

Des lecteurs de Guénon – même parmi les meilleurs – ont été contrariés du fait qu'il n'a pas développé tel ou tel thème doctrinal, comme par exemple l'exposé détaillé de la doctrine sur le christianisme orthodoxe, ce qui prouverait pour eux qu'il n'a pas étudié les Pères de l'Église. Il est évident que, poussés par un sentimentalisme excessif, nous pouvons avoir des regrets envers les auteurs qui ont manqué d'écrire sur tel ou tel sujet mais dans le cas de Guénon, nous devons reconnaître qu'il a dit tout l'essentiel, ce qui permet aux gens qualifiés de bénéficier d'un support infaillible dans le domaine spirituel ; son œuvre a permis, même sans se préoccuper des Pères de l'Église, de déchiffrer l'essence divine de la tradition chrétienne. Quant au manque d'érudition de Guénon, nous soulignons que ce dernier n'a été ni un érudit, ni un savant, ni un philosophe, ni un homme de culture, ni même un maître spirituel.

---

[1] « C'est ainsi que si l'on tentait de traduire ses ouvrages de doctrine générale en n'importe quelle langue de civilisation orientale, la traduction devrait s'accompagner d'un commentaire spécial idéologique et terminologique... Guénon a pensé et s'est exprimé dans des modes appartenant à ce qu'on pourrait appeler une "spiritualité sapientiale", modes spécifiquement différents de ceux qui sont régulièrement pratiqués dans les traités de doctrine à base de "religion révélée" » (Vâlsan, *ibid.*, p. 15).

René Guénon n'a cessé d'ailleurs de plaider pour que son individualité ne soit pas associé à son œuvre, ce qui est bien difficile à accepter de nos jours, étant donné la mentalité moderne qui est si irrémédiablement ancrée dans le domaine éphémère de l'*ego* et de l'individualisme. Guénon a été chargé par ceux qui sont appelés, faute d'une dénomination plus adéquate, les *Superiores Incogniti*[1], de la mission de restaurer la Tradition primordiale, ce qui supposait en premier lieu de modifier et de régénérer la mentalité occidentale. C'était l'unique objectif de ses écrits. En tant que messager de la Vérité absolue, les «erreurs» de Guénon ne peuvent provenir que de la difficulté de mettre un savoir qui transcendait l'humain et l'individualité dans le domaine discursif. Ceux qui se déclarent «guénoniens» et se réfèrent uniquement à l'individualité de Guénon font une erreur fondamentale. Ceux qui se prétendent «guénoniens» et se rapportent uniquement à l'œuvre de Guénon se trompent tout autant. Car l'œuvre de Guénon n'est en fait que l'antichambre du Temple; elle nous permet d'accéder à un savoir théorique d'ordre métaphysique qui est indispensable, mais ne représente en fait que le stade préliminaire de la réalisation spirituelle véritable. Plus encore, on l'appelle «œuvre de Guénon» seulement parce qu'il l'avait présentée sous forme de livres; en fait, son œuvre a des origines universelles, c'est-à-dire surhumaines.

«Il serait naturellement tout à fait vain de rechercher les circonstances exactes qui ont entouré les débuts de la carrière initiatique de Guénon»[2]. Nous pouvons supposer que, dans la

---

[1] «Le caractère mystérieux du statut privilégié de René Guénon tient précisément à l'intervention d'une influence spirituelle opérant "en dehors des voies régulières et habituelles de l'initiation", c'est-à-dire indépendamment des organisations initiatiques existantes, aptes à conférer un rattachement initiatique régulier» (Gilis, *ibid.*, p. 26).
[2] Gilis, *ibid.*, p. 27. En fait, personne ne sait quoi que ce soit sur l'initiation de René Guénon et tous les auteurs qui ont écrit à ce sujet ne font que des suppositions infondées; par exemple, André Coyné a écrit: «Il semble qu'ils [des «représentants autorisés» de l'Hindouisme] aient d'abord porté leur choix sur Saint-Yves d'Alveydre, puis sur Sédir (Yvon le Loup), se heurtant, dans les deux cas, à la barrière d'un *ego* trop affirmé... La facilité avec laquelle Guénon, lui, assimila la «métaphysique orientale»... suffit à prouver qu'il

période de 1908 à 1912, un « événement » eût lieu dans sa vie qui lui permit d'accéder à l'« initiation universelle », reçue directement du centre spirituel invisible, que nous allons nommer Agarttha. Guénon suivit par la suite une trajectoire plus « humaine », et fut initié à toutes les traditions particulières importantes (Islamisme, Taoïsme, Hindouisme, Franc-Maçonnerie), ce qui était normal, vu son initiation universelle préalable. « Les influences spirituelles, qui convergent à ce moment vers lui à partir de centres initiatiques particuliers et par l'intermédiaire d'individualités ayant qualité pour représenter les grandes traditions métaphysiques de l'Orient, apparaissent comme une conséquence de l'événement majeur constitué par son investiture »[1].

Guénon « a confirmé lui-même à André Préau que c'est à "l'enseignement oral des orientaux" qu'il devait la connaissance qu'il possédait "des doctrines de l'Inde, de l'ésotérisme islamique et du Taoïsme". De son côté, Michel Vâlsan, considérant l'Hindouisme, le Taoïsme et l'Islam dans une perspective analogue, y voyait les "trois formes principales du monde traditionnel actuel, représentant respectivement le Moyen-Orient, l'Extrême-Orient et le Proche-Orient, qui sont, dans leur ordre et sous un certain rapport, comme les reflets des trois aspects de ce mystérieux Roi du Monde dont justement René Guénon devait, le premier, donner la définition révélatrice"[2]. La mention faite ici du Roi du Monde témoigne de la "mission" de Guénon, venue du Centre Suprême qui agissait cette fois par le biais des formes et des institutions traditionnelles extérieures »[3].

Comme nous l'avons déjà dit, la période de 1908 à 1912 est très énigmatique : c'est alors que les *Superiores Incogniti* lui avaient

---

était prédestiné... à en devenir le dépositaire et le divulgateur dans [l'] Occident » (*2001. Il y a cinquante ans, René Guénon...*, Éditions Traditionnelles, p. 63) ; mais Coyné n'a pas la moindre idée de ce qui s'est réellement passé.
[1] Gilis, *ibid.*, p. 30.
[2] *Études Traditionnelles*, nos 293-294-295, 1951. Voir Michel Vâlsan, *La fonction de René Guénon et le sort de l'Occident*, p. 218.
[3] Gilis, *ibid.*, p. 31.

donné une mission de messager, de transmetteur, et de traducteur des vérités absolues, avant tout à l'intention du monde occidental. Guénon a rempli cette mission sans arrêt, jusqu'à sa disparition physique ; il ne lui fut pas permis d'être un maître spirituel, c'est pourquoi il n'accepta jamais de disciples.

En 1908, Guénon était déjà impliqué dans les « écoles » occultistes du temps, essayant de trouver une occasion pour démarrer le processus de rénovation de la mentalité occidentale. Mais il comprit vite que, malheureusement, la situation de l'Occident était sans espoir, ce qui était bien regrettable. Cette même année, Guénon tenta de provoquer une brèche dans la mentalité profane. Des membres de l'Ordre Martiniste reçurent un « message astral » leur ordonnant de faire venir Guénon à l'Hôtel des Cannettes ; à l'issue de cette rencontre, l'Ordre rénové du Temple fut fondé, sous la direction de Guénon. L'activité de l'Ordre n'eut pourtant aucun impact sur la mentalité occidentale, c'est pourquoi il fut obligé de le dissoudre. Cette expérience lui montra « la nécessité, devant l'impossibilité où il se trouvait de poursuivre sa mission à l'intérieur de l'Ordre du Temple, de recourir aux organisations traditionnelles "ordinaires" pour la mener à bien »[1] ; c'étaient la Franc-Maçonnerie et l'Islam[2].

Adhérer à l'Islam ne fut pas une « conversion » pour Guénon, mais une application nécessaire de son « initiation universelle », afin de pouvoir remplir sa fonction après l'échec subi lors de la création d'une organisation extraordinaire. Guénon

> a déclaré à plusieurs reprises n'avoir jamais été « converti » à quoi que ce soit, et même, en 1938, dans une lettre adressée à M. Pierre Collard, n'avoir « point "embrassé la religion musulmane", à une date plus ou moins récente, comme

---

[1] Gilis, *ibid.*, p. 48.
[2] Gilis souligne « la remarquable coïncidence entre la fin de cette tentative de revivification de l'Ordre du Temple et, d'autre part, le rattachement islamique de René Guénon, qui se situent l'un et l'autre au cours de l'année 1911 » (Gilis, *ibid.*, p. 47). C'est toujours en 1911 que Guénon est initié en Franc-Maçonnerie (Gilis, *ibid.*, p. 48).

certains veulent le faire croire pour des raisons qui échappent à ma compréhension ». Toutefois, il ajoutait aussitôt : « la vérité est que je suis rattaché aux organisations initiatiques islamiques depuis une trentaine d'années, ce qui est évidemment très différent »[1].

Comme nous l'avons déjà dit, la fonction de Guénon n'a pas été celle d'un maître spirituel d'une orientation spécifique. Beaucoup ont été contrariés qu'il n'ait pas présenté de méthodes effectives pour réaliser la Délivrance, ce qui prouve qu'ils n'avaient pas compris la mission de Guénon : l'apprentissage de la réalisation spirituelle effective ne se trouve pas dans les livres ; au contraire, on doit la vivre pour en faire l'apprentissage. Bien plus, il y a une indéfinité de méthodes particulières qui conduisent à l'Identité Suprême : comment pourrait-on les renfermer dans un livre ?

Les ouvrages de Guénon constituent une base théorique, les données des diverses traditions y étant généralisées à bon escient ; nous pouvons constater son effort de ne pas descendre au niveau du particulier et du concret, pour se maintenir constamment au niveau général, ou mieux, universel.

Nous ne devrions pas oublier que son œuvre s'adresse surtout aux occidentaux décadents. C'est pourquoi il a proposé un type idéal d'oriental, qui existe en réalité, mais non comme majorité quantitative : en Orient les véritables maîtres spirituels sont très réels, tout comme l'initiation et la doctrine traditionnelle, même si le processus de profanation et les influences occidentales y sont de plus en plus évidentes. Pour réaliser une brèche au niveau de la mentalité occidentale, Guénon utilisa diverses stratégies, toutes critiquées maintenant et considérées par ignorance comme des erreurs.

D'autres disent que Guénon est démodé et que ses ouvrages manquent d'actualité. Quand ils se rapportent à l'essence doctrinale de l'œuvre guénonienne, sans doute, leur propre absurdité et obscurantisme ne méritent pas un seul commentaire ; quand ils se rapportent aux problèmes de surface, liés

---

[1] Gilis, *ibid.*, p. 57.

à l'aspect documentaire, il y aurait place pour discussion. Dante aussi a été accusé d'être vindicatif, d'avoir essayé de punir et de placer en Enfer quelques-uns de ses ennemis pour sa propre satisfaction, des études modernes démontrant l'innocence de certains personnages. Il est possible que Dante fût mal informé dans quelques cas particuliers et encore, si c'était le cas, le sens de son œuvre serait-il perdu pour autant ? Le noyau est-il gâché par les imperfections de l'écorce ? Pas du tout. Des détails d'ordre historique lui ont permis de mettre en place l'atmosphère nécessaire pour décrire un voyage initiatique. De la même manière, si Guénon a utilisé des informations erronées, elles n'ont pas empiété sur l'essence doctrinale exposée dans ses ouvrages, l'ordre des contingences étant sans importance.

D'autres ont été contrariés que Guénon leur ait parlé, lors de leurs visites chez lui, au Caire, en utilisant presque les mêmes mots ou les mêmes idées qu'ils tenaient déjà de ses ouvrages, sans rien ajouter de nouveau. Ces gens se sont probablement attendus à des phrases sensationnelles ou à des phénomènes éblouissants. Pourtant, rien que de lire les enseignements du grand maître spirituel Ramana Maharshi, on peut observer facilement que tous ses écrits peuvent se réduire à la même idée essentielle, qui est véhiculée sans cesse : *Qui suis-Je ?* Chacun doit accomplir sa réalisation avec des efforts personnels.

Guénon n'accepta jamais de « disciples ». Même si beaucoup se sont déclarés « guénoniens » ou « élèves » de Guénon, personne n'avait le droit de le faire. Il a affirmé clairement, à maintes reprises, que sa mission n'était pas celle d'un « maître » et qu'il n'avait pas de disciples, que ce qui comptait était le savoir traditionnel transmis par ses écrits, qui n'avait rien à voir avec son individualité, ou ses actions en parole et en fait, qui toutes représentaient sa vie privée. C'est pourquoi tout étudiant honnête de son œuvre doit se poser la question suivante : quel crédit peut-on accorder à ses « élèves », de Schuon à Tourniac ? C'est ce que nous avons demandé, il y a bien des années, à Giovanni Ponte, feu collaborateur de la *Rivista di Studi Tradizionali* de Turin. Et voici sa réponse :

à mon avis, aucun d'eux n'a une « autorité » comparable même de loin à celle de René Guénon ; tous ont dans leurs exposés des choses valables (surtout Coomaraswamy, notamment dans la période après avoir pris connaissance de l'œuvre de Guénon), avec cependant une influence de leur individualité, qui est plus ou moins déterminante, et qui risque d'être particulièrement nuisible dans les cas où ils se croient et prétendent être des autorités et des maîtres spirituels, ce qui, par exemple, n'arrive pas à Tourniac. Quant à Burckhardt, bien qu'il soit plus équilibré que Schuon, il est sans doute marqué par le fait d'être son disciple ; d'autre part, et vous-même vous écrivez qu'Evola est « contre la réalisation initiatique de Guénon et adepte de la pratique de la réalisation individuelle », je ne vois pas du tout comment on pourrait le qualifier comme étant un « représentant de la tradition ». Je ne connais pas bien Eliade ; je sais qu'il a largement utilisé des notions traditionnelles, notamment tirées aussi de l'œuvre de Guénon, mais je ne crois pas qu'il soit vraiment sorti d'un cadre profane. Et Matgioi, malgré la profondeur de certains ouvrages et son rôle remarquable en relation avec la tradition taoïste et avec Guénon, n'est pas une autorité traditionnelle doctrinale sûre, loin de là, surtout si l'on tient compte de la dernière partie de sa vie... D'autre part, il faut bien dire qu'il n'est pas tellement important de connaître beaucoup d'auteurs ou d'avoir un jugement à leur égard, mais ce qui est plus important c'est d'avoir suffisamment approfondi les enseignements traditionnels de façon à pouvoir les appliquer, soit pour discerner ce qu'il y a de valable dans les auteurs ou organisations que l'on rencontre, soit pour tirer des conclusions valables pour soi-même.

II

RENÉ GUÉNON ET LA TRADITION

LE CENTRE du Monde est le « lieu » où se conserve intact le dépôt de la Tradition primordiale[1]. De la sorte, la possession du Graal, par exemple, représente la conservation intégrale de la Tradition primordiale dans un tel Centre spirituel ; la perte du Graal est en conséquence la perte de la tradition, mais, à vrai dire, cette tradition est plutôt cachée que perdue, ou du moins ne peut être perdue que pour certains centres secondaires lorsqu'ils cessent d'être en relation directe avec le centre suprême. Le Centre du Monde, par contre, garde toujours intact le dépôt de la tradition et n'est pas affecté par les changements extérieurs[2].

La doctrine traditionnelle, conférée à une société spécifique, est d'origine surhumaine et dérivée de la Tradition primordiale. Une telle société traditionnelle permet la transmission immuable – habituellement sous une forme orale – des éléments doctrinaux, dont l'essence reste la même, mais dont l'enveloppe seule change en tant qu'elle s'adapte aux circonstances historiques.

Nous ne devons pas confondre la tradition avec le « traditionalisme » ; ce dernier n'a aucun lien spirituel avec le

---

[1] René Guénon, *Écrits pour Regnabit*, Archè, Milano, 1999, p. 90, *La Grande Triade*, Gallimard, Paris, 1980, p. 138.
[2] René Guénon, *Le Roi du Monde*, Gallimard, Paris, 1981, p. 43.

Principe car il se limite à une accumulation d'habitudes et de coutumes, plus ou moins anciennes, dont la vraie signification s'est perdue au cours des siècles, de la même manière que les principes qui les activaient.

Bien que la tradition ait été orale à son origine, nous devons accepter qu'elle puisse également être écrite, comme les textes sacrés traditionnels, qui ont une très grande importance aujourd'hui. Nous devrions ajouter que, étymologiquement, *tradition* signifie « ce qui se transmet » d'une façon ou d'une autre[1] ; pourtant, nous parlons ici de la transmission d'éléments sacrés, transmission qui s'opère sans interruption à l'aide d'une voie régulière et continue ; quant aux éléments eux-mêmes, leur origine est au-delà du cycle de la présente humanité, c'est-à-dire qu'ils ont une origine « non-humaine ».

La Tradition, grâce à ses caractéristiques non-humaines et transcendantes, a une essence permanente, reflétant l'immuabilité du Principe qui est, effectivement, l'origine intrinsèque de toute transmission orthodoxe, alors que pour l'homme moderne toutes les « coutumes traditionnelles » sont dans un état incessant de changement, suivant les caprices de la mode et appartenant donc au domaine profane.

La Tradition primordiale s'est manifestée sur terre au centre du monde en même temps que le commencement du cycle humain et, sans la confondre avec la révélation conférée à quelques individus par Dieu (dans un sens religieux), la Tradition peut être identifiée au Principe qui est à l'œuvre dans la manifestation comme un « trésor » surhumain de connaissance métaphysique offert à l'humanité au moment où elle procède du Principe et a été assimilée par l'inspiration directe (*Shruti* dans la tradition hindoue).

La Tradition a donc un caractère permanent et infaillible. Ainsi, n'importe quelle doctrine traditionnelle participant à l'essence principielle de la Vérité est, à son tour, infaillible et, en vertu de cet attribut, les représentants des formes traditionnelles, mandatés afin d'exposer les doctrines, sont

---

[1] René Guénon, *Introduction générale à l'étude des doctrines hindoues*, Guy Trédaniel, Paris, 1987, p. 67.

corrélativement infaillibles, non pas en tant qu'individus mais en tant qu'instruments de ces traditions. Ayant une origine surhumaine et étant absolument vraie, la doctrine traditionnelle représente, par-delà le maître ou le gourou spirituel, le guide infaillible ; d'où l'état de *çraddhâ* (foi totale) du néophyte[1]. Ce qui est faillible c'est ce que l'on nomme communément le « facteur humain » ou « facteur individuel ».

Il existe un grand nombre de biographies sur Guénon qui laissent toujours à ceux qui s'intéressent à ce genre d'écrits un goût d'inachevé et d'insatisfaction, et donc le désir d'en écrire une encore meilleure ; mais cela révèle que Guénon est véritablement mal compris, et qu'on ne saisit pas qui il était et ce qu'il représentait, puisque beaucoup, bien qu'ils soient lecteurs de son œuvre, ne peuvent pas ou ne veulent pas le comprendre. René Guénon, sachant que l'*ego* et tous les éléments d'ordre individuel, sans parler d'autres forces encore plus suspectes, s'immiscent incongrûment dans le domaine traditionnel, a répondu à maintes reprises (au risque de se répéter) à ces préoccupations puériles, conscient que pour certains cette redondance « ne sera jamais assez ».

Une de ses exigences les plus importantes est que nous ne tenions pas compte de son individualité, dans la mesure où ce qui touche à l'individu René Guénon est d'ordre privée, et que sa vie personnelle ne présentait aucun intérêt particulier ; la seule chose importante était son œuvre, et non pas ses lettres personnelles, ses notes sur ses activités mondaines et encore moins sa vie de famille[2].

---

[1] L'état de *çraddhâ* implique l'absence d'un moi vaniteux, désireux de tout critiquer, y compris le maître.
[2] Guénon disait: « Parfois, l'individualisme, au sens le plus ordinaire et le plus bas du mot, se manifeste d'une façon plus apparente encore : ainsi, ne voit-on pas à chaque instant des gens qui veulent juger l'œuvre d'un homme d'après ce qu'ils savent de sa vie privée, comme s'il pouvait y avoir entre ces deux choses un rapport quelconque ? » (René Guénon, *La Crise du monde moderne*, Gallimard, Paris, 1975, p. 108). Ceux qui prétendent être « guénoniens » et qui ne s'intéressent qu'à la vie de Guénon n'ont-ils pas lu ces mots ? Guénon a ajouté: « De la même tendance, jointe à la manie du détail, dérivent aussi, notons-le en passant, l'intérêt qu'on attache aux moindres particularités de l'existence des "grands hommes", et l'illusion qu'on se donne d'expliquer tout

Bien entendu ceux qui ne respectent pas les remarques de Guénon ont des motivations bien compréhensibles. Il y a ceux qui sont purement et simplement incapables d'égaler son œuvre, et donc, qui cherchent à faire descendre Guénon dans le domaine profane et mondain qui est le leur, en ne se préoccupant que de ce qui se rapporte à son individualité. C'est ce que l'on constate dans la vie quotidienne moderne où sont étalés à la vue de tous les commérages, la vie privée de telle ou telle personne, les scandales et les perversités qui attirent constamment le public. En outre, les érudits et les universitaires, même s'ils sont en mesure de lire les ouvrages de Guénon, se comportent de la même manière, en faisant de Guénon un « philosophe », un « orientaliste », ou un « penseur » comme un autre[1], dévoilant par conséquent leur désir égoïste de critiquer et d'attaquer Guénon, en cherchant des erreurs dans son œuvre pour démontrer ainsi qu'ils peuvent penser de la même manière et même mieux que lui[2].

Nous comprenons pourquoi ceux qui sont dominés par leur *ego* sont tellement en opposition avec René Guénon ; leur obsession à ne considérer que son individualité, leur avidité à trouver un signe de faiblesse, une petite erreur ou un scandale, ne peut les rendre plus heureux, et leur permet d'affirmer avec satisfaction: « Il n'est pas meilleur que nous ». C'est une vieille tactique appartenant au monde profane ou moderne et nous voyons la même chose se reproduire aujourd'hui à propos de

---

ce qu'ils ont fait par une sort d'analyse "psycho-physiologique" » (Guénon, *Crise*, p. 108).
[1] Guénon affirmait: « nous refusons absolument de nous laisser appliquer une étiquette occidentale quelconque, car il n'en est aucune qui nous convienne » (Guénon, *ibid.*, p. 180).
[2] Pour donner un exemple : « un guénonien chrétien », qui a dépensé beaucoup d'énergie à réfuter ce qu'a écrit Guénon au sujet du christianisme, a a reconnu dans un premier temps que René Guénon avait énoncé très clairement la corrélation entre l'exotérisme et l'ésotérisme. Mais dans un deuxième temps ce « guénonien » à renier son propre constat puisqu'il s'est mis à critiquer ce qu'il venait de reconnaître comme ayant été correctement explicité par Guénon en laissant entendre qu'il y avait une opposition inconciliable entre les deux domaines !

Jésus, qui est réduit à la dimension d'un individu quelconque[1]. Guénon écrivait : « c'est ce qu'on peut appeler l' "individualisme", qui ne fait qu'un avec l'esprit antitraditionnel lui-même, et dont les manifestations multiples, dans tous les domaines, constituent un des facteurs les plus importants du désordre de notre époque »[2].

Encore une fois, ce qui importe n'est pas l'individualité de René Guénon, mais sa fonction et son œuvre en rapport avec cette fonction[3]. C'est pourquoi la revendication de certains à être ses « héritiers » ou ses « successeurs » ou même des « guénoniens », ne peut nous rendre plus stupéfaits. C'est un fait établi que René Guénon n'a délégué sa fonction à personne. Y a-t-il un seul individu qui puisse aujourd'hui prétendre détenir l'héritage de la fonction de Guénon ?

Celui qui a un doute n'a qu'à relire les travaux de Guénon ; il comprendra que l'emploi du terme « guénonien » est impropre, tout comme celui de l'expression « doctrine guénonienne », et que sa fonction est unique pour l'Occident et non-transmissible. De même, les efforts pour découvrir les « sources » de René Guénon, ses maîtres spirituels et son statut initiatique sont illusoires ; Guénon aurait divulgué toutes ces informations s'il l'avait jugé nécessaire.

Il est intéressant de remarquer, dans ces cas d'abus envers l'œuvre de Guénon, que la tactique est toujours la même, quelle

---

[1] Nous devons souligner que nous ne comparons pas Guénon à Jésus, loin de là, même s'il y a quelques traditionalistes qui comparent à comme une sorte de demi-dieu, en oubliant malgré tout que son individualité ne compte pas.

[2] Guénon, *ibid.*, p. 88.

[3] Nous avons présenté la fonction de Guénon dans le chapitre précédent. Pour développer plus avant cet aspect, on peut consulter les articles de Michel Vâlsan concernant la fonction de René Guénon ainsi que les travaux de Charles-André Gilis. Beaucoup d'autres publications existent et nécessitent un degré de vigilance et de circonspection extrême. Dans un travail très récent, il est affirmé (permettant par la sorte de s'auto-justifier) qu'il est impossible de séparer le travail de Guénon de sa vie (considérée comme sainte) ainsi que de ses lettres ; cette déclaration est un affront direct à la volonté de Guénon, qui exigeait exactement le contraire, en avertissant que sa vie est une question privée que personne n'a le droit de violer, et que son œuvre n'avait rien à voir avec son individualité, aussi sacrée fut-elle.

que soit l'époque (aujourd'hui comme il y a cinquante ans), fait qui trahit la présence des influences *tamasiques*. Par exemple, c'est en 1946 qu'a eu lieu la première tentative de publier un ouvrage sur René Guénon ; l'occultiste Jacques Marcireau a écrit un livre intitulé *René Guénon et son œuvre*[1], qui n'est autre qu'un « dictionnaire sur Guénon ». C'est un livre inepte. Ayant été publié du vivant de Guénon, celui-ci a répondu lui-même à une telle insulte :

[M. paul le cour] a éprouvé le besoin, à cette occasion, de recommander à ses lecteurs un petit livre intitulé *René Guénon et son œuvre*, par M. Jacques Marcireau, qu'il déclare « fort bien fait », alors que, pour notre part, nous sommes d'un avis exactement contraire ; nous espérons qu'il voudra bien reconnaître que nous devons être tout de même un peu mieux qualifié que lui pour l'apprécier. Le livre en question, qui a été publié à notre insu et que nous ne pouvons aucunement approuver, n'est à proprement parler qu'un simple recueil d'extraits puisés çà et là dans nos ouvrages et dans nos articles ; il s'y trouve un bon nombre de phrases détachées de leur contexte et par suite incompréhensibles, parfois aussi tronquées et même plus ou moins déformées ; et le tout est groupé artificiellement, nous pourrions même dire arbitrairement, en paragraphes dont les titres sont la seul chose qui appartient en propre à l' « auteur »[2].

De nos jours, il semble que la déformation et le détournement de l'œuvre de René Guénon ne connaissent pas de limite. Nous avons récemment rencontré l'expression « traditionalisme guénonien », ainsi que la tentative de classer les « traditionalistes » en fonction d'individus ou de groupes d'individus, à partir des « guénoniens ». L'idée de classer et de systématiser le domaine traditionnel est une démarche intrinsèquement profane et antimétaphysique, aussi son effet n'est pas de fournir une clarification, mais plutôt d'aggraver

---

[1] Jacques Marcireau, Éditeur, Poitiers (Vienne), France.
[2] René Guénon, *Comptes rendus*, Éditions Traditionnelles, Paris, 1973, pp. 180-181.

l'état de désarroi actuel ; de plus, le terme « traditionaliste » contribue lui aussi à accentuer ce désarroi.

Guénon a souligné la différence existant entre la Tradition et le « traditionalisme ». Avertissant ses lecteurs de l'abus de langage et du détournement des significations de quelques mots-clés dans le cadre du Grand Désarroi qui règne aujourd'hui, il a dévoilé que, dans le monde moderne, ce qui est désigné par « tradition » représente tout ce qu'il y a de plus profane, et n'a rien à voir avec la vraie Tradition[1] ; « l'idée même de la tradition a été détruite à un tel point que ceux qui aspirent à la retrouver ne savent plus de quel côté se diriger »[2].

L'abus qui est fait de l'emploi du mot « tradition », que ce soit pour lui faire désigner une simple « habitude » ou une « coutume », ou pour faire référence à une « tradition révolutionnaire », ne fait qu'intensifier le désarroi actuel[3] ; dans tous les cas, les déformations du sens de ce mot ont en commun le fait qu'elles tiennent la tradition pour quelque chose de purement humain et la ramènent au final à n'être qu'une invention humaine.

Quant aux « traditionalistes », ils sont

> ceux qui ont seulement une sorte de tendance ou d'aspiration vers la tradition, sans aucune connaissance réelle de celle-ci ; on peut mesurer par là toute la distance qui sépare l'esprit « traditionaliste » du véritable esprit traditionnel, qui implique au contraire essentiellement une telle connaissance, et qui ne fait en quelque sorte qu'un avec cette connaissance même. En somme, le « traditionaliste » n'est et ne peut être qu'un simple « chercheur », et c'est bien pourquoi il est toujours en danger de s'égarer[4].

---

[1] René Guénon, *Le Règne de la Quantité et les Signes des Temps*, Gallimard, Paris, 1970, pp. 277-278.
[2] Guénon, *ibid.*, p. 279.
[3] Guénon, *ibid.*, pp. 281, 283.
[4] Guénon, *ibid.*, p. 280. En règle générale, le « traditionaliste » devrait s'opposer au « modernisme » (compris bien sûr dans le sens d'antitraditionnel et de profane), mais le danger est que le « traditionaliste » lui-même soit affecté par des idées modernes ; il arrive en réalité que ceux qui critiquent le point de

Bien que la différence entre la Tradition et le « traditionalisme » ait été clairement établie par René Guénon, il est ironique qu'il fut malgré tout qualifié de « traditionaliste » ! Un ouvrage récent, qui prétend retracer l'histoire du « traditionalisme », parle de la « philosophie traditionaliste » où le sens du mot philosophie est dévoyé, et le « mouvement traditionaliste » y est mentionné en y incluant Guénon[1].

Les philosophes (dans le sens moderne du mot), qui ont inventé systèmes après systèmes, chérissent les étiquettes parce qu'elles leur donnent un sentiment d'ordre dans la pléthore de mots et d'idées compliquées que leurs philosophies ont enfantés. C'est pour cela que l'on trouve aujourd'hui, chez ceux qui sont attirés par les doctrines traditionnelles, des catégories telles que « guénonienne », « schuonienne », « evolienne », etc. Cataloguer quelqu'un de « guénonien », même si le but apparent est de faciliter la communication, ne reflète pas la vérité mais

---

vue profane, soient conquis par d'autres idées, non moins antitraditionnelles (Guénon, *ibid.*, p. 284).

[1] Ce qui rend la situation encore plus ridicule c'est que Guénon a dévoilé lui-même l'inanité de l'expression « philosophie traditionaliste » (Guénon, *Crise*, p. 49). On rencontre également d'autres classifications telles que « le traditionalisme politique », ou celles qui font aussi référence à un « groupe de traditionalistes roumains », y incluant Michel Vâlsan et Mircea Eliade, ce dernier étant considéré comme le représentant d'un traditionalisme « doux ». L'auteur a également considéré que Guénon avait développé « la philosophie traditionaliste » en se basant sur l'occultisme. Cependant, il est bien connu que René Guénon a montré la dimension antitraditionnelle et pseudo-spirituelle de l'occultisme. Le livre se termine comme il a commencé, c'est-à-dire avec l'affirmation insultante que « dans les années avant la publication de son *Crise du Monde moderne* en 1927, René Guénon a élaboré une philosophie antimoderniste, le Traditionalisme ». Nous devons le répéter : René Guénon n'a rien construit, la Tradition n'a rien en commun avec la philosophie (au sens moderne du terme) et la « philosophie de Guénon » n'existe pas. René Guénon était un homme traditionnel et non pas « antimoderniste ». Il était contre le fascisme et contre toute forme d'extrémisme. Il n'était pas contre l'Occident, mais il a lutté contre la mentalité moderne en tant qu'elle est antitraditionnelle et pseudo-spirituelle, c'est-à-dire qu'il était contre la mentalité « anti-Dieu ». Ainsi, le corpus de son œuvre s'adresse aux Occidentaux pour le but de les aider à se remettre du désastre produit par la mentalité profane. Celle-ci n'est d'ailleurs pas localisée à une région géographique.

dévoile seulement que dans l'esprit des « traditionalistes » la division est implicite. C'est en se rappelant ce que René Guénon a toujours répété, qu'il n'a pas fondé sa propre doctrine, que l'on comprend que la qualification de « guénonien » est un nonsens et que toute expression, comme celle « ésotérisme de Guénon », est absurde. Bien qu'il soit commode d'imiter le modèle des philosophes avec leurs systèmes et leurs catégories, nous n'avons aucun droit de falsifier la vérité. Le fait de lire et d'être en accord avec les livres de Guénon ne nous rende pas « guénonien » pour autant, même si le monde moderne ne peut s'empêcher de mettre des étiquettes et des acronymes à tout ce qu'il touche[1].

« La conséquence du *dhikr*[2] entier est donc inséparable de l'extrême et parfaite fraternité entre les initiés », a dit Shaikh Tâdîlî, nous avertissant : « Ayez connaissance, mes frères, d'une science en laquelle est votre salut et le nôtre ; ne divisez pas l'ensemble des groupes (*tawâif*) des initiés (*mansûb*), même si eux-mêmes le faisaient ! Car la division est un égarement qui entraîne inévitablement les innovations hétérodoxes, qui

---

[1] Michel Vâlsan a également utilisé l'épithète « guénonien », mais seulement dans un contexte bien déterminé et avec certaines réserves : « nous accueillons avec une confiance normale des données qui nous viennent de personnes d'esprit véritablement traditionnel et, c'est le cas, de formation doctrinale – il faut dire le mot – "guénonienne" » (*L'Initiation Chrétienne*, *Études Traditionnelles*, nos 389-390, 1965, p. 178). À cet égard, Gilis a suivi les pas de Vâlsan : « Seul en effet les "guénoniens" véritables, ceux qui, selon l'expression de Michel Vâlsan, ont témoigné d' "une fidélité parfaite de tous les côtés à l'enseignement" de leur grand prédécesseur, ont repris et développé cet aspect de la doctrine ... » (Gilis, *Introduction à ... René Guénon*, p. 17) ; cependant il faut ajouter que Gilis a souligné que « Guénon ne conduit pas à Guénon, et l'on ne saurait sans doute faire pire injure à sa mémoire que de vouloir transformer les *Études Traditionnelles* en "Études guénoniennes" » (p. 105). D'autre part, même si nous désapprouvons les qualificatifs tels que « schuonien » et « evolien », en raison de la division qu'ils encouragent, ils sont, au moins en partie, compréhensibles, étant donné que les œuvres de Schuon et d'Evola ont été marquées par leur forte individualité.
[2] Dans la tradition islamique, *dhikr* est un rite initiatique (René Guénon, *Aperçus sur l'Initiation*, Éditions Traditionnelles, Paris, 1992, p. 170).

disperse les cœurs »[1]. Saint Paul nous a mis en garde exactement de la même façon contre cette division : « Car, mes frères, j'ai appris à votre sujet, par les gens de Chloé, qu'il y a des disputes au milieu de vous. Je veux dire que chacun de vous parle ainsi: Moi, je suis de Paul ! et moi, d'Apollos ! et moi, de Céphas ! et moi, de Christ ! Christ est-il divisé ? »[2]. C'est exactement ce qui est arrivé à ceux qui ont été en relation directe avec René Guénon, mais également à ceux qui ont découvert son œuvre plus tard.

La division et le sectarisme étant en réalité des aspects de l'anarchie, nous pouvons ainsi comprendre la passion de Saint-Yves d'Alveydre pour promouvoir *la Synarchie* dès son premier livre publié en 1877, *Clefs de l'Orient*[3]. Considérant qu'après la paix de Westphalie en 1648 (au moment où les derniers Rose-Croix se sont retirés de l'Europe en Asie, comme l'a rappelé Guénon), le règne de la division a commencé, D'Alveydre a proposé la création d'une Agarttha extérieure, sous la forme d'une Europe unie ayant un centre commun, afin de réaliser non seulement l'harmonie du christianisme mais aussi la paix entre les trois religions (le christianisme, l'islam et le judaïsme) pour « fonder dans la Cité-Mère une Université modèle qui soit pour les civilisés majeurs des deux sexes et des trois Cultes, une source d'Initiation complète aux mystères de la Science, de l'Art et de la Vie »[4].

Bien sûr, il est « humain » que des différences et des opinions contradictoires existent, et par conséquent il était prévisible qu'après la disparition corporelle de Guénon divers « groupes traditionalistes » apparaissent. Les problèmes commencent quand l'« humain » devient trop humain et beaucoup moins traditionnel. Michel Vâlsan a relaté comment il a été dénigré aux yeux de la veuve de Guénon, qui a fini par penser qu'il était le

---

[1] Sheikh-Tâdîlî, *La vie traditionnelle c'est la sincérité*, Edizioni Studi Tradizionali, pp. 23-24.
[2] *1 Corinthiens* 1:10-13.
[3] Saint-Yves d'Alveydre, *Clefs de l'Orient*, Belisane, Nice, 1980, p. 19 (Préface).
[4] *Clefs de l'Orient*, Conclusion, pp. 113, 131, 134.

pire ennemi de René Guénon[1]. Presque tout de suite après la mort de René Guénon, des « groupes » divers sont nés, qui, en oubliant parfois la raison même de leur fondation, se sont concentrés de plus en plus sur les aspects mondains, tels que la lutte pour le monopole de l'« héritage guénonien »[2]. Il était et il est encore possible d'observer une polémique agressive entre des groupes et des individus où chacun s'imagine être le seul vrai défenseur de la Tradition, d'où la multiplication des étiquettes et de l'emploi de termes tels que « guénonien », « schuonien », « evolien », etc.[3]

---

[1] Vâlsan s'est plaint : « qu'on sache de tous les côtés quelle sorte de gens représente actuellement les intérêts de la famille de Guénon et, par cela, "l'œuvre de Guénon" » (voir Michel Vâlsan, *Rumeurs, médisances et vérités*, *Études Traditionnelles*, no 423, 1971, p. 30). Pour ce qui a rapport à Vâlsan, notons sa polémique avec Marco Pallis au sujet de l'initiation chrétienne et le fait extrêmement instructif que personne, après leur long duel, n'est arrivé à se laisser convertir. Nous ne voulons pas prendre parti pour Vâlsan, même si nous sommes en désaccord profond avec Pallis, mais nous devons souligner la « dureté des cœurs » (formule hésychaste) de ceux qui entreprennent une telle polémique qui ne s'élève pas au-dessus d'une perspective humaine et mondaine. Au cours des années passées, nous avons assisté à beaucoup de conflits parmi les « traditionalistes » mais nous n'avons guère vu la perspective d'une entente entre eux ; comme toute leur énergie et leur volonté sont concentrées sur la formulation d'une meilleure et plus forte riposte plutôt que sur l'écoute et la compréhension des autres, l'enracinement dans cette attitude les conduit, lorsqu'il ne reste plus aucun argument, à en venir aux attaques personnelles.

[2] Il est vrai qu'un membre d'un tel groupe a déclaré il y a plus de vingt ans, que ce qui semble être d'un point de vue individuel une dispute entre des « traditionalistes » ou des « guénoniens », cache en fait un enjeu beaucoup plus important de nature complètement différente.

[3] Marco Pallis a employé l'expression bizarre « chrétiens guénoniens » et a soutenu que ceux qui ont été influencés par Guénon peuvent quand même avoir des opinions différentes, en ce qui concerne l'initiation chrétienne par example. Toutefois, Pallis aurait dû trancher : soit ceux ci qui sont « chrétiens guénoniens » suivent Guénon et ce qu'il dit sur le christianisme, soit ils sont contre ce qu'en a dit Guénon et alors ils ne sont plus « guénoniens » ! Ce n'est pas la première fois que Pallis se contredit. Par exemple, à un moment donné, il a prétendu que même un athée pouvait recevoir une initiation, comme si quelqu'un, en faisant des sacrifices extraordinaires et concentrant toute son énergie, pouvait atteindre quelque chose qui pour lui n'existe pas ! Un des « successeurs » de Pallis a récemment révélé ses inquiétudes par rapport à une

Guénon écrivait à propos de la polémique : « Ceux qui sont qualifiés pour parler au nom d'une doctrine traditionnelle n'ont pas à discuter avec les "profanes" ni à faire de la "polémique" ; ils n'ont qu'à exposer la doctrine telle qu'elle est, pour ceux qui peuvent la comprendre, et en même temps, à dénoncer l'erreur partout où elle se trouve »[1] ; et : « nous entendons rester entièrement étranger à toute polémique, à toute querelle d'école ou de parti »[2].

Bien sûr la division actuelle est provoquée, entre autres, par le rôle prédominant de l'*ego* dans notre société moderne. Mais même pour les gens de bonne foi, il reste toujours une activité importante de l'*ego* qui manifeste le désir de se faire remarqué et d'être apprécié ; cet *ego* est en outre animé par un désir insatiable de critiquer, alors qu'en retour il n'accepte aucune critique ; enfin l'*ego* confère un caractère agressif et « colérique » qui interdit à l'individu toute patience au moment où il devrait écouter l'autre et l'encourager à exposer son propre point de vue. Comme nous l'avons déjà dit, Guénon a considéré « l'individualisme » comme le facteur principal du désarroi actuel : « Ce que nous entendons par "individualisme", c'est la négation de tout principe supérieur à l'individualité, et, par suite, la réduction de la civilisation, dans tous les domaines, aux seuls éléments purement humains ; (…) et ce que nous appelions tout

---

« guénonisation » du christianisme ; il a parlé d'une « doctrine guénonienne » (!), pourtant son ouvrage est de moindre qualité.
[1] Guénon, *Crise*, p. 109.
[2] Guénon, *ibid.*, p. 180. Il y a sans doute des signes alarmants à l'égard de la division, et nous devons mentionner l'article de Jonas, *Pour en finir avec René Guénon*, publié dans le journal *Vers la Tradition* n°s 83-84, 2001, où il attire notre attention sur les disputes entre les « groupes » divers qui sont formés par les « guénoniens, les anti-guénoniens et les guénolâtres » (p. 234). « La plupart des critiques à l'encontre de René Guénon, émanent d'ailleurs de pharisiens, d' "ésotéristes de salon", d'universitaires, ou intellectuels (…) dont les réflexions font bien souvent sourire » (p. 236). Il faut mentionner aussi qu'il y a, dans le même journal, l'article de Abdellah Penot, *Guénon et les « Guénoniens »*, qui énumère certains d'entre les « guénoniens » modernes (sans donner leur nom) et leurs erreurs.

à l'heure le "point de vue profane"»[1] ; et « qui dit individualisme dit nécessairement division » (p. 125). « L'individualisme », continue Guénon, « introduit partout l'esprit de discussion. Il est très difficile de faire comprendre à nos contemporains qu'il y a des choses qui, par leur nature même, ne peuvent se discuter ; l'homme moderne, au lieu de chercher à s'élever à la vérité, prétend la faire descendre à son niveau »[2]. Et Guénon écrit aussi:

> Dans le domaine des opinions individuelles, on peut toujours discuter, parce qu'on ne dépasse pas l'ordre rationnel, et parce que, ne faisant appel à aucun principe supérieur, on arrive facilement à trouver des arguments plus ou moins valables pour soutenir le « pour » et le « contre » ; on peut même, dans bien des cas, pousser la discussion indéfiniment sans parvenir à aucune solution (…) et le résultat le plus habituel est que chacun, en s'efforçant de convaincre son adversaire, s'attache plus que jamais à sa propre opinion et s'y enferme d'une façon encore plus exclusive qu'auparavant[3].

De nos jours, certains « traditionalistes » se comportent de la même manière que les « adversaires » contre lesquels Guénon a lutté dans le passé. C'est très alarmant. Au nom de la tradition, certains pensent que les insultes peuvent remplacer les arguments, que les attaques personnelles peuvent se substituer aux opinions doctrinales, et que la polémique n'a pas besoin d'une langue civilisée et d'un minimum de courtoisie. Ils s'imaginent par leur intransigeance et leur agressivité, qu'ils défendent les doctrines traditionnelles, comme le faisait René Guénon apparemment. Cependant, celui-ci, même s'il était inflexible dans tout ce qui avait rapport avec la Vérité, n'admettant aucun compromis ni concession et restant impitoyable dans sa tâche de dénoncer le pseudo-ésotérisme, la pseudo et antitradition, la contre-initiation et le point de vue profane, ne s'est jamais abaissé au niveau des attaques

---

[1] Guénon, *ibid.*, p. 90.
[2] Guénon, *ibid.*, p. 107.
[3] Guénon, *ibid.*, pp. 107-108.

personnelles, n'a jamais utilisé un langage grossier ou vulgaire, ni de mots orduriers, et n'a jamais transgressé les limites de la politesse. Malgré les apparences, il n'a jamais attaqué les individus en tant que tels, mais seulement leurs idées fausses, leurs pseudo-doctrines et leurs erreurs conceptuelles.

L'on ne peut pas dire qu'il en fut de même de ses adversaires et nous allons en donner un exemple[1]. Voici ce qu'un individu a écrit à Guénon en 1949 : « De vous à moi, entre nous deux, les yeux dans les yeux, je vous dis : Guénon, my boy, you are a humbug[2]... Si vous étiez vraiment un Jîvanmukhta, vous ne mentiriez pas, vous ne truqueriez pas vos textes, vous ne feriez pas des suppositions dignes de l'abbé Barbier ou du brave Delassus, vous vous garderiez comme de la peste de prêter des intentions à vos adversaires »[3]. Ce à quoi Guénon répondit : « Et nous, à cet individu qui est certainement beaucoup plus jeune que nous, et à qui une seule langue ne suffit même pas pour exhaler sa rage, nous disons carrément : vous êtes un malotru ! »[4] ; et il ajoutait qu'il n'avait jamais eu la prétention d'être un *Jîvanmukhta* et que « notre caractère, estimable ou non [...], n'a en tout cas rien à voir avec ce que nous écrivons ». Dans une réponse à une nouvelle attaque, René Guénon écrivait : « il nous est impossible de répondre à d'aussi basses plaisanteries... Et il [Dr G. Mariani] ose prétendre qu'il "n'attaque jamais les personnes" ; que fait-il d'autre ? »[5]. Finalement, lors d'une autre occasion, René Guénon répondait :

---

[1] Vâlsan a écrit : Guénon, « tout en s'acquittant de sa tâche, s'[est] plus consciemment exposé à l'incompréhension, à l'hostilité, aux exclusives, aux attaques et à l'opprobre – pendant longtemps presque sans exception – de toute une génération d'universitaires (orientalistes, théologiens, philosophes) et de pseudo-spiritualistes (théosophistes, occultistes), sans parler d'écrivains de diverses appartenances » (Michel Vâlsan, *Études et Documents d'Hésychasme*, *Études Traditionnelles*, nos 406-407-408, 1968, p. 178).
[2] Ce qui se traduit de l'anglais par « Guénon, mon garçon, vous êtes un fumiste ».
[3] Guénon, *Comptes rendus*, pp. 211-212.
[4] Il s'agit du mot le plus « dur » jamais employé par Guénon dans ses écrits.
[5] René Guénon, *Études sur la Franc-Maçonnerie et le Compagnonnage*, Éditions Traditionnelles, 1980, I, p. 191.

« nous ne sommes le "serviteur" de personne ni de rien, si ce n'est de la Vérité »[1].

Une attitude agressive peut se remarquer aujourd'hui chez certains soi-disant défenseurs de la Tradition avec les mêmes attaques personnelles, les mêmes amalgames avec des idées d'individus douteux, les mêmes accusations d'assujettissement servile. Comme toujours, nous pouvons trouver des explications à ces attitudes si bizarres. D'aucuns pensent qu'en imitant l'intransigeance de Guénon, ils se rapprocheront en quelque manière de la qualité de son œuvre. Pourtant, il est très probable que ce type d'agressivité extrême ait été cultivé dans ces individus par notre monde moderne. Comme Plutarque l'écrivait, la colère (gr. *orgé*) remplace l'intelligence, produisant le chaos mental ; mais toutes les doctrines traditionnelles soulignent le fait que la colère mondaine est un des obstacles les plus sérieux que l'on puisse rencontrer durant le voyage spirituel; la colère est le contraire de la paix et de l'hésychasme.

Il ne faudrait toutefois pas confondre colère et rigueur. La Colère des Dieux fait référence à la Justice et à la Rigueur, la colère humaine est quelque chose de tout à fait différent. Et l'on doit se rappeler que dans la tradition islamique le plus haut nom d'Allâh est « le miséricordieux », par conséquent la colère humaine est caractéristique d'un grand désarroi, la colère des traditionalistes n'étant rien de plus qu'un autre « signe des temps ». De même que pour les manifestations individuelles, la colère profane ne peut être guérie autrement que par la connaissance, puisqu'il s'agit d'une forme d'ignorance. On a accusé Guénon de rédiger ses travaux sans optimisme ou sans joie[2] ; tristesse, joie, colère et calme, entendus comme des éléments individuels n'ont rien en commun avec les doctrines traditionnelles et leur compréhension[3].

---

[1] *Ibid.*, p. 197.
[2] René Guénon, *Initiation et Réalisation spirituelle*, Éditions Traditionnelles, 1980, p. 129.
[3] C'est pourquoi les écrits traditionnels ne sont pas censés produire de joie, d'amour pour la vie, ou de tristesse ni d'angoisse ; s'ils le font, c'est que soit le texte se place au niveau psychique, soit le lecteur ne parvient pas à dépasser les limites de son *ego*.

D'autre part, durant ces dernières années il y a aussi eu des interventions valides provenant de groupes traditionalistes variés, et qui critiquaient justement les abus et la profanation de l'œuvre de Guénon, ou faisant prendre garde au « courroux des traditionalistes » (même si ce n'est pas ainsi qu'ils l'appelaient) et aux « batailles » entre « guénoniens » et/ou « traditionalistes ». Ces interventions légitimes ont exposé ceux qui se déclaraient connaisseurs de la Tradition et qui pourtant avaient un esprit antitraditionnel, sinon pire. Pourtant la question évangélique, « Pourquoi vois-tu la paille qui est dans l'œil de ton frère, et n'aperçois-tu pas la poutre qui est dans ton œil ? »[1], se pose d'elle-même, puisque chaque intervention humaine est aussi un parti pris[2]. Il existe un petit nombre visible de « fils de la Tradition » (il y en a d'autres, invisibles) qui se mettent en action dans ce monde et dont l'intervention n'a rien à voir avec la « colère des traditionnalistes »[3]. Ils sont les gardiens de la Vérité, ils ne prennent pas partie, et leurs « critiques » ne sont pas tant

---

[1] *Matthieu* 7:3.
[2] Puisque nous avons mentionné Michel Vâlsan, nous pourrions noter que certains des « associés » de Guénon, appartenant à un autre « groupe », critiquant avec justesse des auteurs douteux qui ont écrit sur René Guénon sans discrimination, ont jeté le blâme sur Vâlsan pour avoir été cité par ces individus ; ils ont même insinué que Vâlsan était sujet à des influences psychiques déviées. En réalité, ce que ces critiques ne pouvaient supporter c'est l'opinion de ceux qui considéraient Michel Vâlsan « comme étant le commentateur le plus autoritaire de l'œuvre de Guénon ». Il est difficile d'imaginer même aujourd'hui, cinquante ans seulement après la disparition corporelle de Guénon, que quelqu'un puisse penser qu'il existait un commentateur plus autoritaire que René Guénon lui-même. Guénon a essayé jusqu'à l'obsessive de prévenir toute erreur d'interprétation et il répétait sans relâche ses commentaires ; l'étude de son œuvre devrait suffire complètement (et nécessairement) à comprendre la Tradition, et les commentateurs de Guénon sont généralement des intermédiaires imposant leurs idées qui peuvent véhiculer des erreurs dues à leur propre individualité.
[3] Il y a très peu d'individus qui s'intéressent aux études traditionnelles en Occident. En 1935 déjà, Guénon, faisant un compte rendu sur la revue traditionnelle roumaine *Memra*, qui venait juste d'être publiée, disait que celle-ci avait rencontré bien des difficultés pour être imprimée, « qui ne sont point pour nous surprendre, car c'est là, à notre époque, ce qui arrive presque toujours dès qu'il s'agit d'études traditionnelles » (René Guénon, *Articles et Comptes Rendus I*, Éditions Traditionnelles, 2002, p. 215).

dirigées vers les individus que vers les erreurs doctrinales[1] ; plus ils seront avancés dans la voie de la Connaissance et de la Vérité, moins leurs mots seront porteurs de colère profane.

Pour en revenir au « goujat » qui a attaqué Guénon, il reste un élément qui vaut la peine d'être rapporté. L'individu en question a accusé René Guénon d'avoir une attitude « aux antipodes de l'esprit chrétien » : « Depuis la juste et salutaire expulsion des Gnostiques, depuis le rejet dans les ténèbres extérieures des Pauliciens, Bogomiles, Cathares et Patarins, l'*orbis terrarum* chrétien a clairement donné à connaître qu'il vomit l'ésotérisme et le déterminisme de ses recettes déifiantes. Or, vous [Guénon] vous situez indubitablement, que je sache, dans le sillage ou la filière du Gnosticisme ». Ce à quoi René Guénon répondit : « C'est vraiment bien dommage pour le "savoir" de M. F.-D. qu'il se trouve justement que le Gnosticisme sous ses multiples formes (qui ne fut d'ailleurs jamais de l'ésotérisme pur, mais au contraire le produit d'une certaine confusion entre l'ésotérisme et l'exotérisme, d'où son caractère "hérétique"[2]) ne nous intéresse pas le moins du monde, et que, "indubitablement", tout ce que nous pouvons connaître nous est venu de sources qui n'ont pas le moindre rapport avec celle-là »[3].

Il est intéressant de noter qu'une accusation similaire a été faite par le philosophe catholique Jacques Maritain, qui pensait que René Guénon voulait un renouveau de l'ancienne Gnose, mère de toutes les hérésies. René Guénon répondit à cette aberration dans une lettre en 1921 :

> Si vous preniez le mot de « Gnose » dans son vrai sens, celui de « connaissance pure », comme je le fais toujours lorsqu'il

---

[1] Cela ne signifie pas, bien entendu, que l'on doive réduire la rigueur et pardonner les individus qui mettent « l'esprit traditionnel » en danger (« L'esprit traditionnel, de quelque forme qu'il se revête, est partout et toujours le même au fond », René Guénon, *Recueil*, Rose-Cross Books, 2013, p. 26).

[2] La même confusion conduisant à des conceptions « hérétiques » peut être remarquée chez ceux qui suggèrent un exotérisme ésotérique dans la tradition chrétienne.

[3] Guénon, *Comptes rendus*, p. 205.

m'arrive de l'employer (et c'est le sens où on le rencontre, par exemple, chez certains Pères de l'Église), je n'aurais certes pas à protester contre l'intention de « rénover la connaissance » à l'aide des doctrines hindoues, encore que je ne sois peut-être pas très qualifié pour prétendre à un tel résultat ; mais tout le reste de votre phrase ne montre que trop clairement que ce n'est pas du tout cela que vous avez voulu dire. D'abord, la Gnose, ainsi entendue (et je me refuse à l'entendre autrement) ne peut être appelée « mère des hérésies » ; cela reviendrait à dire que la vérité est mère des erreurs ; s'il y a des êtres humains qui comprennent mal la vérité, et si c'est de là que naissent les erreurs, la vérité ne saurait assurément en être rendue responsable [...]. En fait vous confondez tout simplement « Gnose » et « Gnosticisme »[1].

---

[1] Extrait d'une correspondance de René Guénon avec Mme Noële Maurice-Denis Boulet, datée du 28 juillet 1921, publié dans *René Guénon et l'actualité de la pensée traditionnelle*, Actes du colloque international de Cerisy-La-Salle, Archè, 1980, pp. 36-37. Voir aussi René Guénon, *Fragments Doctrinaux*, Rose-Cross Books, 2013.

III

LES SOURCES DE RENÉ GUÉNON

EN 2004, Archè-Milan a publié un gros ouvrage de 958 pages intitulé L'*Énigme René Guénon et les "Supérieurs Inconnus," Contribution à l'étude de l'histoire mondiale "souterraine"*, rédigé par Louis de Maistre, un pseudonyme voilant l'identité de plusieurs auteurs. Puisque L'*Énigme René Guénon et les "Supérieurs Inconnus"* se veut un travail de documentation et d'investigation « scientifique », la raison pour laquelle les auteurs se cachent sous ce nom énigmatique n'est pas claire, et la seule explication qui nous vienne à l'esprit est que ces auteurs veulent se sentir (inconsciemment) importants. L'*Énigme René Guénon et les "Supérieurs Inconnus"* n'avait malheureusement pas besoin d'être aussi volumineux, puisque les 958 pages peuvent être concentrées en une seule phrase : « nous, les auteurs, n'avons aucune idée de ce qui s'est vraiment passé », leur « contribution à l'étude de l'histoire mondiale souterraine » étant négligeable[1].

Il ne fait pas de doute que « Louis de Maistre » considère Guénon comme un simple écrivain qui a osé désobéir aux règles sacro-saintes de rédaction, en refusant de révéler ses sources ; pour « De Maistre », cette entrave est « gratuite et assez peu traditionnelle », comme il le déclare au début de son livre, dans l'*Avant-propos* (p. 11), alors que, d'un point de vue traditionnel, l'on ne devrait pas se soucier de la chronologie et

---

[1] En 2006, L. Toth, l'éditeur, a publié une lettre cherchant à défendre le livre, mais sa tentative, de même que l'ouvrage, furent peu convaincants (voir *La Règle d'Abraham*, n° 21, 2006, Archè).

des sources (René Guénon l'a expliqué bien des fois). Il est bien connu que l'œuvre de René Guénon n'est pas un travail d'érudition, et ne suit pas les règles des institutions scolaires profanes (comme celles des universités)[1]. Il semble caractéristique de la part d'auteurs tels que « Louis de Maistre » de ne pas aborder les écrits métaphysiques de Guénon où, comme nous le savons, les sources sont toujours clairement indiquées (il s'agit toujours de textes sacrés). « De Maistre » n'est pas intéressé par la spiritualité, la métaphysique ou la réalisation spirituelle, puisque ce sont des domaines qu'il ne peut comprendre ; au lieu de cela, il est intéressé pas ce qui correspond à sa mentalité, c'est-à-dire les ragots et les biographies ténébreuses, les récits pour la presse à sensation, les « secrets » qui ne sont pas des secrets, comme on le retrouve dans les livres tels que le *Code Da Vinci*.

« De Maistre » pense qu'il est nécessaire « d'approfondir les aspects problématiques de l'activité de Guénon » (p. 12), sans qu'il nous dise pour qui ces aspects sont problématiques et pourquoi nous devrions nous intéresser à cette « activité » de Guénon, une activité qui, comme René Guénon l'a déclaré bien des fois, n'a rien à voir avec son œuvre. « De Maistre » est un individu tellement profane qu'il imite ce que nous observons aujourd'hui dans la vie moderne, où tous les journaux sont obsédés par la vie et les activités « secrètes » des soi-disant « célébrités » ; nous vivons aujourd'hui une époque terrible et ténébreuse dans laquelle les héros sont ces « célébrités », et où le grand public est hypnotisé par toutes les activités scandaleuses (et problématiques).

« De Maistre » a dit dès le début de son livre qu'il n'a pas la prétention de clarifier sans le moindre doute les problèmes historiques qu'il a soulevés (« ce que nous exposerons n'a pas la prétention d'éclaircir de manière définitive les problèmes historiques abordés »), et que son travail pose plus de questions qu'il ne fournit de réponses (« on trouvera dans cet ouvrage plus de questions que de réponses ») ! (p. 13) En fait, pour chaque

---

[1] Ananda K. Coomaraswamy a tenté d'instruire le milieu universitaire sur le sujet de la Tradition, sans succès bien entendu.

problème l'auteur donne une opinion, puis il propose une opinion contraire, concluant que chaque hypothèse pourrait être correcte.

La perversité de la méthode de « de Maistre » est claire dès la première page du premier chapitre. Il se fait passer pour un défenseur des « droits de l'homme » et avec une « colère prolétaire » il condamne le manque de sources de Guénon, déclarant que ces sources sont « un droit fondamental de tout individu intéressé par l'enseignement écrit et oral (*sic*) d'un quelconque auteur » (p. 17). Néanmoins, René Guénon n'est pas un auteur « quelconque », et il a expliqué depuis le début qu'il ne s'adresse pas au grand public, et qu'il ne fait pas de vulgarisation, bien au contraire. Il n'existe pas de « droit fondamental » tel que celui déclamé par « de Maistre » et, une fois encore, nous remarquons son esprit profane et anti-traditionnel, puisque le slogan des médias, « le public a le droit de savoir », est très bien connu : ce slogan est utilisé à l'excès dans le but d'obtenir par tous les moyens toutes sortes de ragots, de détails intimes et de soi-disant « secrets », quand, en réalité, les informations que le public a besoin et a le droit de savoir devrait être d'une nature toute différente. Pour la même raison, les ouvrages comme *Le Code Da Vinci* ont été bien reçus du grand public (bien qu'ils fussent vite oubliés), et il n'y a pas une grande différence entre Brown et « de Maistre », non seulement du point de vue de leur mentalité mais aussi du contenu de leurs ouvrages, promettant de résoudre et de révéler de nombreux « secrets », mais échouant au bout du compte lamentablement.

« De Maistre » considère l'œuvre de Guénon comme une sorte de « mystification » et le produit de son imagination, à cause du manque de sources (p. 18). La perversité d'une telle déclaration est évidente : l'œuvre de Guénon est à prendre dans son ensemble, quand en réalité le manque de sources s'applique tout particulièrement au sujet de l'Agarttha (dans *Le Roi du Monde*) et, bien entendu, à la question de l'initiation ; autrement, toutes les références aux textes sacrés sont bien là ; quant aux textes sacrés eux-mêmes, ils n'ont pas de sources et cela ne pose de problème à personne...

« De Maistre » ne parvient pas à accepter la déclaration répétée de René Guénon selon lequel son œuvre doit être séparée de sa personnalité (« sa personnalité énigmatique », selon « de Maistre », p. 18), car c'est là la seule façon dont les forces antitraditionnelles peuvent espérer réussir à le rabaisser. L'auteur parle de « la grandeur de l'œuvre » de Guénon et de sa faiblesse, qui réside, selon lui, dans le fait que René Guénon a « voilé » ses sources afin que l'on ne puisse pas vérifier ses assertions, cette situation générant des recherches supplémentaires (telle que celle-ci, bien entendu). En fait, du point de vue traditionnel, la raison d'être de l'œuvre de René Guénon était d'ouvrir la voie à ceux capables de continuer sur ses traces, non pas en entammant des investigations, mais en effectuant des études sérieuses sur la métaphysique, ainsi que sur les doctrines traditionnelles, tout en essayant de découvrir une voie spirituelle ; et pour cet objectif son œuvre a donné au lecteur toutes les sources nécessaires. Évidemment, « de Maistre » ne se réfère pas à cet aspect de l'œuvre de Guénon, mais aux ragots, et cela inclut les textes sur l'Agarttha, même si dans l'esprit de « de Maistre » ce qu'a écrit René Guénon sur l'Agarttha a quelque chose d'occulte et manque de références : la réalité est que Guénon a souligné l'équivalence entre l'Agarttha, Salem et le Paradis Terrestre ; par conséquent, quelles références spécifiques devrait-on fournir sur le Paradis, quand toutes les traditions le citent déjà ? Mais, bien entendu, tout cela dépasse complètement l'auteur de *L'Énigme René Guénon*, parce que ce qu'il recherche ce sont les ragots occultistes, les intrigues politiques et les aspects « épicés » et polémiques qui sont la raison pour laquelle il est surtout intéressé par la jeunesse de Guénon[1] et ses écrits sous d'autres signatures (p. 20). Guénon a exigé que ce qui touchait à l'individu « René Guénon » reste une question d'ordre privée et a souligné que sa vie personnelle ne présentait aucun intérêt particulier ; que la seule chose impor-

---

[1] Puisque pendant cette période René Guénon était en contact avec des organisations occultistes variées.

tante était son œuvre, mais pourquoi s'inquiéter de ce que Guénon a voulu ou a expliqué maintenant qu'il est mort ; « de Maistre » sait mieux que quiconque ce dont le grand public a besoin, puisque le public « a le droit de savoir » ; et bien qu'il ne parvienne pas à trouver un semblant de vérité dans ses assertions, « de Maistre » tente de faire beaucoup de tumulte avec ces « secrets » en suggérant au grand public toutes sortes d'hypothèses savoureuses destinées à créer la controverse.

Comme il fallait s'y attendre, « Louis de Maistre » se focalise sur les activités « énigmatiques »[1] de Guénon durant ces quelques années (1909-1912), alors qu'il participait à des publications et côtoyait des organisations variées ; toutefois, l'auteur admet qu'« on ne peut formuler que de simples hypothèses ». « De Maistre » essaie de comprendre, sans succès, comment le « René Guénon franc-maçon » (p. 31) pouvait avoir participé à un journal antimaçonnique, oubliant que Guénon était aussi le « René Guénon musulman » et le « Guénon chrétien », etc. « De Maistre » reconnait ne pas être capable d'expliquer la collaboration de Guénon à *La France Antimaçonnique* (p. 42), mais le moins qu'il puisse faire c'est d'insinuer que cette collaboration était essentielle pour l'œuvre de Guénon (« cette collaboration, pourtant, a eu un poids énorme dans son œuvre » !), où le terme « œuvre » signifie très peu pour « de Maistre » : le livre sur le Théosophisme et les quelques écrits de Guénon sur les *Superiori Incogniti*. En outre, après avoir insisté pendant plus de 20 pages, « de Maistre » conclut ce premier chapitre en déclarant que l'activité de René Guénon au sein de *La France Antimaçonnique* reste complètement énigmatique. Si nous devons accepter l'idée d'une *Énigme René Guénon*, nous suggérons celle-ci : durant cette période (1909-1912), René Guénon a disparu pendant une courte période, et lorsqu'il réapparut il était complètement changé.

Il y a une autre raison pour laquelle certains individus, tels que « Louis de Maistre », sont intéressés par les sources d'un auteur. Nous avons bien des fois entendu des gens dire : « Oh, si j'avais le temps de lire tous ces livres et d'étudier tous ces

---

[1] Il les appelle « activités culturelles » ! (p. 26).

documents, je pourrais rédiger des études comme celles publiées par René Guénon ». Les notions modernes d'« égalité » et d'« égalitarisme » sont fortement implantées dans les esprits, au point que même les individus intéressés par les études traditionnelles ne peuvent échapper à leur influence. Ils pensent que n'importe quelle personne (avec un minimum d'éducation) pourrait écrire comme Guénon si cette personne avait le temps et l'accès aux sources de Guénon. Par conséquent, l'une des raisons poussant à découvrir ces sources est de se rassurer en se disant que puisque René Guénon a été inspiré par des documents antérieurs, tout le monde le peut de même. Cette erreur élémentaire, associée à l'idée que le public en général a le droit de tout savoir, fait partie du point de vue profane qui gouverne notre monde, un point de vue qui confond la métaphysique avec le *fast food* et les études traditionnelles avec les journaux télévisés.

Cependant, la raison principale est ténébreuse, puisque son objectif est l'oblitération totale de Guénon, et de tout ce qu'il représente. Nous savons bien que, si l'origine de l'initiation de René Guénon, ainsi que les sources de sa connaissance, devenaient publiques – une hypothèse absurde – les mêmes auteurs qui ont exigé ces sources de façon véhémente entreprendraient une campagne pour les démolir, les qualifiant de fausses, puisque leur véritable objectif est, ni plus ni moins, d'annihiler l'influence de René Guénon[1].

Bien avant « Louis de Maistre », Jean-Pierre Laurant avait déjà suggéré que Guénon avait suivi l'exemple de Creuze et de De Rougemont dans sa présentation de la doctrine des cycles cosmiques. Bien entendu, cette affirmation est fausse mais un tel sujet présente une excellente opportunité pour attaquer la réputation de Guénon. « Louis de Maistre » déclare ainsi : « Bien qu'il [Guénon] tenait les doctrines hindoues en haute estime, les

---

[1] Comme il fallait s'y attendre, « Louis de Maistre » n'était pas seul à essayer de découvrir les sources de René Guénon. Jean-Pierre Laurant, par exemple, dans son livre *Le sens caché dans l'œuvre de René Guénon*, L'Âge d'Homme, 1975, a proposé une liste de livres qui auraient pu être à l'origine des idées que Guénon exposait, oubliant que Guénon n'était pas un simple érudit ou écrivain.

écrits de cette école "occidentale" [l'*Hermetic Brotherhood of Luxor*] représentaient la source principale de ses développements théoriques sur les cycles cosmiques »[1]. « De Maistre » doit être satisfait : il a trouvé au bout du compte l'une des « sources » de Guénon ; d'ailleurs, l'auteur considère que l'*Hermetic Brotherhood of Luxor* était inspirée par l'œuvre de Samson Arnold Mackey, ce qui veut dire qu'une seconde « source » fut découverte. Si l'on se rappelle à quel point « de Maistre » était indigné par le manque de sources chez Guénon, on s'attendrait presque à ce qu'un événement à dimension cosmique se produise, changeant toute la donne. Maintenant, nous savons ! Nous disposons de deux sources tangibles. Malheureusement, la réalité est bien plus complexe. « De Maistre » a trouvé cette information dans le livre de Godwin sur Mackey intitulé *Arktos*[2], où en tant que théosophe averti, Godwin a parlé de la relation entre Blavatski et Mackey. Il a montré que Blavatsky appelait Mackey « the self-made adept of Norwich » [l'« Adepte autodidacte de Norwich »], et qu'elle connaissait ses travaux. Blavatsky, qui fut toute sa vie une escroc très maline, a utilisé Mackey de la même façon qu'elle a utilisé Csoma de Körös, et fait de lui un « adepte », car qui donc s'intéresse au vrai sens des mots ? Godwin a supposé qu'elle avait découvert Mackey au travers de l'*Hermetic Brotherhood of Luxor*, qui « a enseigné la doctrine de Mackey »[3], sans mentionner le nom de Mackey (appelé seulement « un initié de notre Ordre Noble »)[4]. Cependant, Godwin admet que la théorie de Mackey a changé et que les valeurs numériques des cycles traditionnels ont remplacé ses valeurs numériques profanes[5], ce qui a affaibli les spéculations sur Mackey ; et dans la revue de l'*Hermetic Brotherhood of Luxor*, Mackey était présenté comme « un Néophyte d'un Initié de la H. B. of L. », et de cet

---

[1] *L'Énigme René Guénon*, p. 731.
[2] Joscelyn Godwin, *Arktos, The Polar Myth*, Thames and Hudson, 1993, pp. 196-202.
[3] On pourrait probablement dire « la théorie de Mackey », mais jamais sa « doctrine ».
[4] Godwin 201.
[5] Dans le cas de la précession des équinoxes, la valeur traditionnelle de 25 920 années a remplacé celle de Mackey.

Initié, Mackey « avait acquis sa connaissance de l'Astronomie Ancienne ». « Louis de Maistre » ne tient aucune compte de cette dernière partie et préfère considérer Mackey comme un génie mystérieux qui a fourni à Guénon les données sur les cycles cosmiques ; il conclut : « l'autorité qui lui est attribuée en matière de doctrines cycliques paraît donc destinée à subir de profondes révisions critiques. Dès lors, assez contestable devient aussi le jugement de Guénon rejetant l'affirmation des astronomes qui assignent à la précession des équinoxes une durée de 25 765 ans, au lieu de la "véritable durée indiquée traditionnellement" de 25 920 années ».

« De profondes révisions critiques » ? Le verdict de « de Maistre » est plus que ridicule ; mais il n'est pas seul. Jean-Pierre Laurant, consultant des documents sur le soi-disant *Ordre du Temple rénové* (datés de 1908), a trouvé des comptes rendus sur les cycles cosmiques, où la durée de précession des équinoxes était de 25 765 ans (comme mentionné par « de Maistre »)[1], et bien que Laurant ne l'ait pas dit clairement, il nous fait croire que Guénon, alors à la tête de cet Ordre, aurait accepté cette valeur et les autres calculs se trouvant dans ce document[2]. D'autre part, Marcel Clavelle (Jean Reyor) a affirmé, dans son *Document confidentiel inédit*, qu'il a vu des cahiers appartenant à l'OTR, où « on y trouve la théorie des cycles cosmiques correctement rétablie ».

La doctrine traditionnelle des cycles cosmiques est basée, évidemment, sur les nombres cycliques. Si l'on considère les quatre phases lunaires comme des reflets des quatre *yugas* et que l'on multiplie 4 par le nombre de *Nakshatras* (astérismes)[3], on aura alors : $4 \times 27 = 108$, un nombre cyclique fondamental. Si l'on multiplie le nombre de *Nakshatras* (astérismes) par 16 (les

---

[1] *Le sens caché*, p. 48.
[2] Feydel dit, au sujet de Laurant, que tout le monde est d'accord pour conclure que les comptes rendus ne sont pas « guénoniens ». Voir Pierre Feydel, *Aperçus historiques touchant à la fonction de René Guénon*, Archè, 2003, p. 30.
[3] Il y avait 27 astérismes ou *Nakshatras* dans la science astronomique védique (*jyotishavedanga*), ce qui rendait possible l'observation des positions variables du soleil, de la lune et des planètes, et de faire la corrélation entre les mouvements du soleil et ceux de la lune.

parties d'un disque lunaire), on obtient : 27 × 16 = 432 (108 × 4 = 432), un autre nombre cyclique fondamental.

Symboliquement, les quatre *yugas* durent 4 000, 3 000, 2 000 et 1 000 ans (on notera la proportion 4 – 3 – 2 – 1). Chaque *yuga* est précédé et est suivi par une aube et un crépuscule, ce qui relie les cycles ensemble ; par conséquent, l'« Âge d'Or », le *Krita-yuga*, est évalué à 4 800 ans (4 000 + 400 + 400), le *Treta-yuga* à 3 600 ans, le *Dwapara-yuga* à 2 400 ans, et le *Kali-yuga* à 1 200 ans. Par conséquent, une *Manvantara* ou un *Mahâyuga* aura une durée de 12 000 ans. Parce que chaque Année divine dure 360 années terrestres, un *Âge de Manu* durera 4 320 000 ans[1]. Maintenant, 4 320 × 6 = 25 920, qui est la durée de précession des équinoxes.

Les recherches de Leonard Woolley ont produit une liste des rois chaldéens antédiluviens, ce qui a permis de spécifier la durée traditionnelle des règnes du roi A-lu-lim – 28 000 ans, du roi A-lal-gar – 36 800 ans, et du roi En-me-en-lu-an-na – 43 200[2]. 28 000 + 36 800 = 64 800 années et cette valeur fut considérée par René Guénon comme étant celle de la durée traditionnelle d'un *Manvantara*, composé de cinq « Grandes Années » (5 × 12 960)[3].

Il n'y a pour ainsi dire aucune « énigme » en ce qui concerne la doctrine des cycles cosmiques et le fait que René Guénon en ait eu connaissance. Il se pourrait aussi que Guénon possédait des

---

[1] Les nombres cycliques 10 800 et 432 000 peuvent être trouvés aussi dans d'autres traditions. Censorin mentionne la *Grande Année* de 10 800 ans d'Héraclite et Bérose le Chaldéen a indiqué la période cosmique de 432 000 ans. Les anciens grecs et les persans ont souvent évalué la durée de la *Grande Année* comme étant de 12 000 ou 13 000 ans (voir René Guénon, *Formes traditionnelles et cycles cosmique*, Gallimard, 1980, p. 23). Le *Satapatha Brahmana* mentionnait que *Prajâpati* (le Principe de la manifestation universelle) est l'Année, son Verbe, qui produit le Monde, étant collecté par le *Vêda*, lequel est divisé en 10 800 moments de l'Année, de même que le *Rig-Vêda* contient 10 800 unités formées de 40 syllabes chacune, c'est-à-dire 432 000 syllabes au total.
[2] C. W. Ceram, *Gods, Graves, & Scholars*, Alfred A. Knopf, 1968.
[3] Chaque « Grande Année » est égale à la moitié de la durée de la précession des équinoxes.

données traditionnelles, autres que celles provenant de la tradition hindoue ou de l'antiquité chaldéenne et persienne, mais il est plus important de souligner qu'il fut toujours très prudent lorsqu'il présentait ces informations, parce qu'il n'y a aucun intérêt pour nous, comme toutes les formes traditionnelles l'ont affirmé, de connaître les détails de la fin du monde ; par conséquent, et à l'exception d'un article publié en anglais, en 1937, dans le *Journal of the Indian Society of Oriental Art*, il n'a pas spécifié les valeurs des cycles directement. Ce qu'il faut aussi souligner, c'est que, comme l'a dit René Guénon, puisque la perfection n'est pas de ce monde, les planètes, comme la Terre, ne sont pas des sphères, et leur trajectoires ne sont pas des cercles mais des ellipses[1]. De même, on ne peut s'attendre à retrouver dans leur absolue exactitude les nombres cycliques et la valeur traditionnelle de la précession des équinoxes dans ce monde, particulièrement aujourd'hui, à la fin de l'ère du *Kali-yuga*[2].

En outre, « de Maistre » s'est particulièrement intéressé à la fondation de l'*Ordre du Temple rénové* (OTR), car il pensait que René Guénon y avait joué un « rôle énigmatique » dans « cet épisode injustifiable sur le plan traditionnel » (p. 725), qui pouvait être comparé aux expériences qui ont donné naissance aux mouvements néo-gnostique, martiniste et quasi-maçonnique, qui recouvrent tous un aspect démoniaque (« de Maistre » a même suggéré une activité contre-initiatique). Puisque ce sujet a été débattu déjà en long et en large par d'autres que lui, « de Maistre » a essayé de tempérer ses commentaires et a voulu joué l'« avocat du diable » en critiquant Robert Amadou et son livre

---

[1] C'est pourquoi le Soleil n'est pas au centre d'un cercle, mais dans l'un des foyers de l'ellipse. Dans l'*Arktos* de Godwin, tous les diagrammes montrent par erreur que le Soleil est au centre de l'ellipse.
[2] De même, le nombre de jours dans une année n'est pas 360. Un autre point important consisterait à comprendre comment la durée du cycle s'harmonise avec le fait qu'un cycle n'a pas une phase descendante régulière et comment l'activité d'un *avatâra* ou des sages pourrait influer sur cette durée.

L'Erreur spirite de René Guénon, dans lequel l'auteur accusait Guénon d'être un spirite[1].

« Louis de Maistre » considère que l'épisode de l'*Ordre du Temple rénové* a besoin d'une clarification radicale, puisqu'il s'agissait d'une affaire énigmatique « dont René Guénon fut le "cœur profond" » (p. 722). Mais, en réalité, l'auteur ne peut offrir aucune « clarification radicale », pour la simple raison que de tels épisodes ne sont pas destinés au grand public, et seul Guénon aurait pu le clarifier. En outre, il est bien difficile de comprendre quel type d'explications radicales auraient satisfaites « de Maistre », si l'on considère que bien d'autres ont déjà proposé toutes sortes d'élucidations[2].

Immédiatement après la mort de René Guénon, dans le numéro spécial des *Études Traditionnelles* (n°s 293-294-295, 1951), Michel Vâlsan publia un article intitulé *La fonction de René Guénon et le sort de l'Occident*, dans lequel il suggérait que la naissance de l'OTR aurait été le résultat de l'activité de l'ancien centre caché de la tradition occidentale, avec comme objectif la restauration d'une élite intellectuelle, avec Guénon comme pivot initiatique (p. 250). Plus tard, en 1956, Paul Chacornac publia la première biographie de Guénon, dans laquelle la méthode spirite utilisée pour la fondation de l'OTR fut décrite pour la première fois et où l'idée est avancée que René Guénon voulait réunir les éléments les plus intéressants des organisations occultistes (p. 34) ; en effet, l'apparition de l'OTR a causé la séparation totale entre Guénon et ses « amis », d'une part, et Papus et Teder (les

---

[1] P. 723. Cependant, pour « de Maistre », l'« affaire de l'OTR » n'en reste pas moins une « sombre affaire » (p. 205).

[2] Nous devrions mentionner, en tant qu'illustration, les discussions interminables sur l'Internet concernant ce sujet, lorsqu'un groupe a essayé en 2007 d'écrire une biographie sur Guénon pour le Wikipedia français (voir *http://fr.wikipedia.org*, Discussion : René Guénon/Archive 4). Plusieurs sources ont été prises en considération et les membres du groupe ont passé beaucoup de temps et dépensé énormément d'énergie à peser le pour et le contre des sources, sans comprendre que celles-ci sont simplement des opinions personnelles de la part d'autres auteurs sur l'activité et la vie de Guénon, et qu'en fait, la seule conclusion que ces discussions auraient dû en tirer (puisqu'elles l'avaient clairement illustré) c'est que personne ne sait quoi que ce soit de l'OTR.

chefs des occultistes), d'autre part, ce qui laissait supposer que l'OTR était une sorte d'Arche de Noé.

Ainsi que Marcel Clavelle l'avait déclaré, il avait aidé Chacornac avec la biographie de Guénon[1]. Dans son *document inédit*, Clavelle a dit qu'il connaissait l'affaire de l'OTR des dires de Patrice Genty, parce que Guénon ne parlait pas de ce sujet ; du coup, il donna son opinion personnelle en essayant d'expliquer cet épisode : ou bien Guénon avait influencé l'esprit du medium, ou bien Guénon lui-même avait causé le phénomène spirite[2]. René Guénon avait exposé l'« erreur spirite » dans un ouvrage du même titre, mais il avait aussi prudemment suggéré qu'une grande quantité de phénomènes pouvait être produits par les forces subtiles, et, d'autant plus, par les forces spirituelles[3]. L'idée que Guénon aurait été

---

[1] Voir Jean Reyor, *De quelques énigmes dans l'œuvre de René Guénon*, Les Cahiers de L'Herne, *René Guénon*, 1985, p. 137. De cet article on peut déduire que Reyor ne connaissait pratiquement rien de René Guénon (d'où les « quelques énigmes »).

[2] Cela dit, Clavelle a exprimé ses doutes quant à la possibilité que Guénon soit celui qui ait provoqué l'« affaire OTR ». Le *Document inédit* de Clavelle a été utilisé avec enthousiasme par de nombreux auteurs, mais l'on ne peut faire confiance à ce document. Il fait partie de ce que Vâlsan appelait *Rumeurs, médisances et vérités*. Dans le même contexte on pourrait citer Claude Gagne : « Quant à Clavelle, il était – ce sont les termes de Patrick Genty – "jaloux et envieux". Le motif réel et non indiqué, de son exclusion de la Grande Triade est qu'il collecta de l'argent en apitoyant les frères sur la "misère" de Guénon et qu'il garda l'argent pour lui. Marie-France James fut influencée par ses ragots. Je le rencontrais quelques fois au Café du Palais, proche de la librairie Chacornac. Bien que musulman, il y buvait de la bière et y fumait la pipe pendant le Ramadan. Ayant trois femmes et aucun travail suivi, il tenait parfois la boutique Chacornac et s'occupait, avec compétence, de la revue. Il avait toujours besoin d'argent et Louis Chacornac, frère de Paul, s'aperçut qu'il "pêchait dans la caisse". Il fut alors mis à la porte. C'est à la suite de cet incident que Roger Maridort et Paul Chacornac me proposèrent de prendre la direction des *Études Traditionnelles*. Invoquant mon incompétence, en particulier sur le sujet de l'Orient, et mon manque de temps libre, je proposais un homme dont l'intégrité ne faisait aucun doute, mais qui déplaisait à Maridort pour sa trop grande rigueur : Michel Vâlsan, qui habitait à une demi-heure de la librairie. Je restais en relations avec Roger Maridort et Michel Vâlsan jusqu'à la fin de leur vie » (Échange privé avec M. Gagne, qui nous a autorisé à le citer).

[3] René Guénon, *L'Erreur spirite*, Éditions Traditionnelles, 1984, pp. 41, 94, 103, 105, 108, 116-117, 120-121. Voir aussi René Guénon, *Symboles*

impliqué dans une activité spirite est ridicule ; néanmoins, le fait que lui et non un autre ait été désigné comme le dirigeant de l'OTR montre que, déjà à cette époque, son statut traditionnel était bien établi, comme on le trouve confirmé dans les documents de l'OTR (certains des sujets débattus seront retrouvés plus tard dans les ouvrages de Guénon[1]), et que les membres de l'OTR espéraient trouver un véritable chemin spirituel que les organisations occultistes étaient incapables d'offrir ; malheureusement, ils ne pouvaient se dégager complètement de leurs anciennes habitudes (à cause de leur manque de qualification) et c'est ce qui causa la disparition de l'OTR.

Antonello Balestrieri, dans un article intitulé *À propos d'un "Document confidentiel inédit" (et des "apories" de son "auteur")*, mai 2002, critique avec véhémence Clavelle et réfute son explication au sujet de la fondation de l'OTR. Mais entre Clavelle et « Louis de Maistre », on trouve beaucoup d'autres personnes intéressées par l'« affaire OTR ». Jean-Pierre Laurant, citant Paul Vulliaud, a dit que « Guénon se présentait comme un templier réincarné », ce qui est une affirmation absurde ; et toujours à propos de l'OTR, il continua à dépeindre un René Guénon avide de pouvoir et prêt à faire preuve de traîtrise pour l'obtenir[2]. Nous retrouvons ici un portrait standard des faux prophètes ; la méthode malhonnête de Laurant quant à sa façon de présenter Guénon, méthode semblable à cette de « de Maistre », avait comme but de faire de lui « l'un d'eux », et il est probable que Laurant tout comme « de Maistre » était incapable de s'élever au-delà de ce niveau. Jean Robin a présenté dans son livre les mêmes informations déjà publiées par les auteurs précédents[3], et bien entendu, il était incapable de produire la moindre

---

fondamentaux de la Science sacrée, Gallimard, 1980, p. 56, au sujet des influences errantes.
[1] D'après Gilis, l'OTR serait le lieu privilégié d'où l'œuvre de Guénon serait née (Charles-André Gilis, *Introduction à l'enseignement et au mystère de René Guénon*, Éd. Trad., 2001, p. 60).
[2] *Le sens caché*, pp. 45-46.
[3] Jean Robin, *René Guénon, Témoin de la Tradition*, Guy Trédaniel, 1986, pp. 50-64.

clarification. Néanmoins, Charles-André Gilis qui, comme on peut s'y attendre, embrassait l'hypothèse de Vâlsan au sujet du rétablissement d'un ancien centre, considérant au surplus l'OTR comme étant le bénéficiaire d'une transmission initiatique authentique, louait Robin pour sa bonne assimilation des enseignements de Vâlsan[1].

Feydel, se basant sur une des affirmations de Balestrieri, au sujet de l'*Hermetic Brotherhood of Luxor*, supposait qu'il y avait une relation importante entre cette organisation et l'OTR[2]. Après avoir passé en revue les informations trouvées dans d'autres travaux publiés, il a proposé sa propre hypothèse, considérant le « cercle intérieur » de l'*Hermetic Brotherhood of Luxor* derrière l'OTR, et ce « cercle », conscient de la forte personnalité de Guénon, l'aurait appelé pour en devenir le chef (p. 38) ; nous voyons ainsi comment Feydel s'accorde avec « Louis de Maistre », qui considérait aussi cette organisation comme étant une des « sources » de Guénon.

En fait, il n'y a pas de solution à l'« affaire de l'OTR » pour la simple raison que René Guénon n'était ni un écrivain, ni un occultiste, ni un érudit, ni un philosophe ; il était un initié qui transmettait dans ses travaux un enseignement traditionnel qui appartient à la Tradition primordial et à ses branches orthodoxes, et ainsi, tous les épisodes de sa vie n'ont aucune importance et ne peuvent influencer ce qu'il a transmis, et l'on ne devrait pas oublier qu'il n'était pas un maître spirituel dont la vie aurait alors contenu des ingrédients symboliques significatifs pour les disciples.

On peut aussi remarquer combien les attaques contre René Guénon, qui ont commencées en même temps que la publication de son œuvre, ont continué de façon régulière après sa disparition, et même aujourd'hui ces attaques se manifestent toujours avec la même haine. Même si, apparemment, ce ne

---

[1] Gilis, *ibid.*, p. 63. Il est vrai que Robin considérait l'OTR comme véritable et comme une dernière tentative pour restaurer la tradition occidentale (Robin 61, 198), mais il a aussi déclaré que Vâlsan n'avait pas reçu d'informations de la part de Guénon, et du coup, toutes les opinions sur l'OTR, pour ou contre, pouvaient être valides.

[2] Feydel, *Aperçus historiques touchant à la fonction de René Guénon*, p. 23.

sont pas de bonnes nouvelles, cela illustre en fait mieux que tout autre argument le fait que l'œuvre de Guénon n'a rien perdu de son influence, et provoque toujours de fortes réactions de la part des forces adverses. Comme l'on peut s'y attendre, ces réactions sont beaucoup plus outrancières sur l'Internet que dans des livres imprimés, puisque l'Internet crée une illusion de sécurité et d'anonymat, qui laisse croire que l'on peut dire tout et n'importe quoi. En fait, l'Internet à cet égard est comme une poubelle, comme le « subconscient », comme une valve de sécurité qui permet à quiconque de se décharger de ses frustrations et de sa colère. Cependant, comme pour tout ce qui est lié à l'ordinateur et autres inventions modernes, c'est tout simplement un gaspillage d'énergie et de temps, et on voit toutes sortes de polémiques qui n'amènent à rien d'autre que perte et confusion[1].

« Louis de Maistre », en cherchant les « sources » de Guénon sur le thème du Roi du Monde, mentionne Gustav Meyrink et son roman *La Nuit de Walpurgis*, où il est fait allusion à l'« Empereur du Monde », donnant au lecteur l'impression que Meyrink fut une des « autres » sources du *Roi du Monde* de Guénon[2].

Gustav Meyrink est en bonne compagnie avec Jules Verne, Edgar Allan Poe et Mark Twain[3]. Il fait aussi usage de symboles traditionnels, mais il est clair que son œuvre est une « parodie » des légendes initiatiques véritables et qu'elle crée une terrible confusion. Tout comme Jules Verne dans des livres tels que *Le Château des Carpates* et *Mathias Sandorf*, Gustav Meyrink utilise (en fait il en abuse) le symbolisme du centre. Le centre de Verne et de Meyrink est un pseudo-centre, un centre « occultiste », une caricature et une moquerie, un centre suspect influencé par les forces de la contre-initiation, et nous devons employer tout notre pouvoir de discernement pour comprendre la déclaration

---

[1] Les « inventions » modernes sont faites pour remplacer les activités traditionnelles et pour occuper les gens. Les individus modernes passent des heures devant leurs écrans de télévision, leurs téléphones portables et ainsi de suite, et se croient très actifs.
[2] *L'Énigme René Guénon*, p. 108.
[3] Voir notre étude, *The Everlasting Sacred Kernel*.

par Guénon suivant lequel la contre-initiation a dérivé de la source unique à laquelle chaque initiation est rattachée, ce qui indique bien à quel point un pseudo-centre peut être dangereux.

Dans une lettre adressée à Julius Evola (de 1949), René Guénon écrivait : « Il existe des cas pour lesquels l'influence de la contre-initiation est clairement visible. Parmi ces cas on doit inclure ceux dans lesquels les éléments traditionnels sont présentés dans une forme intentionnellement "parodique" ; c'est, en particulier, le cas de Meyrink, ce qui, bien entendu, ne veut pas dire qu'il était conscient de l'influence qui s'exerçait sur lui. C'est pourquoi je suis surpris d'apprendre que vous semblez avoir du respect pour Meyrink »[1].

Lorsque le dernier livre de Meyrink, *Der Engel vom westlichen Fenster* (*L'ange à la fenêtre d'Occident*), fut traduit en français, il fut publié avec un *avant-propos* de Julius Evola, et cette *Préface* montre à quel point de tels livres peuvent prêter à confusion, même dans le cas d'individus comme Evola, qui connaissait bien les enseignements de Guénon. Cependant, Evola lui-même participa à la confusion générale, avec ses idées fausses sur l'initiation, la maçonnerie et l'autorité spirituelle[2]. Bien qu'Evola ait tenté de mettre en lumière certaines des erreurs de Meyrink, la *Préface* n'en reste pas moins douteuse, en particulier à la fin où Evola compare l'Agarttha du *Roi du Monde* de Guénon avec l'Elsbethstein de Meyrink[3]. Le centre de Meyrink est, au mieux,

---

[1] Julius Evola, *René Guénon, A Teacher for Modern Times*, Sure Fire Press, 1994, p. 33 [traduction de l'éditeur, l'original de la lettre de Guénon en français n'étant pas disponible].

[2] Sur les erreurs importantes de Julius Evola et son incompatibilité avec l'œuvre de Guénon et avec les doctrines traditionnelles en général, voir André Lefranc, *Julius Evola contre René Guénon*, *La Règle d'Abraham*, n° 21, 2006, Archè ; l'auteur en conclut qu' « Evola n'est pas un homme traditionnel et encore moins une autorité spirituelle » et il vaut mieux ne pas lire ses livres ; souvent, ses théories sont antitraditionnelles et bien plus qu'un pseudo-Guénon, il est un anti-Guénon. Sur les erreurs d'Evola, voir aussi Andreas Brunnen, *L'influence de René Guénon dans les pays de langue allemande*, *Vers la Tradition*, n° 122, 2011.

[3] « [Meyrink] parle également d'un centre suprême du monde (Elsbethstein, idée analogue à celle de l'Agarttha) » (Gustave Meyrink, *L'Ange à la fenêtre d'Occident*, La Colombe, 1962, p. 17). On pourrait ajouter que, sans raison,

un pseudo-Agarttha ; néanmoins, il est instructif de voir comment Meyrink abuse des symboles traditionnels. Par exemple, l'opinion d'Evola (exprimée dans sa *Préface*[1]) est que le roman transmit un enseignement réel lorsque, à la fin, il découvre que l'Ange n'est qu'un écho, une illusion[2], une erreur spirite. Ce qu'Evola n'avait pas vu c'est que le titre, qui représente la quintessence de l'œuvre, est *L'Ange à la fenêtre d'Occident*, soulignant l'importance de l'« Ange », et en niant l'« Ange » à la fin du livre, Meyrink nie le livre entier. Et cela ne tient même pas en compte le fait que l'idée d'utiliser le terme « ange » pour ce fantôme est non seulement inadéquate, mais directement diabolique ; et même s'il semble que Meyrink rejette au final l' « Ange », son livre présente des séances spirites de façon extensive[3].

L'Ange à la Fenêtre d'Occident a perpétué la confusion créée par Verne, Poe et Twain, et a influencé les auteurs anti-traditionnels modernes. On constate dès le début l'importance des « documents »[4], une idée toute moderne et profane, utilisée par des auteurs malveillants envers la maçonnerie, les Templiers, et l'initiation. Il s'agit non seulement de l'esprit moderne, qui ne peut accepter quoi que ce soit qui ne soit pas « corporel » et qui ne peut comprendre que la spiritualité et l'initiation véritables

---

Julius Evola considérait Gustave Meyrink comme exprimant dans son œuvre certains « enseignements magico-initiatiques » (Julius Evola, *Masques et visages du spiritualisme contemporain*, Les Éditions de l'homme, 1972, p. 271).
[1] Voir aussi *Masques et visages*, p. 288.
[2] C'est ce que Meyrink dit à la fin de son livre (Gustav Meyrink, *L'ange de la fenêtre d'Occident*, Le Rocher, 1986, pp. 292, 312-313). On voit ici la même méthode utilisée par Twain dans *The Great Dark*, où il est conclut que tout est illusion, mais, en comparaison avec les écrits sacrés, il n'y a rien au-delà de cette illusion. L'Ange pourrait être comparé avec le « Superintendant des Rêves » de Twain (Voir notre *The Everlasting Sacred Kernel*).
[3] *L'ange de la fenêtre d'Occident*, p. 138. Marcel Clavelle (Jean Reyor) a publié en 1932, dans *Le Voile d'Isis*, un article sur Meyrink, dans lequel il est triste de lire que ce collaborateur de Guénon puisse dire que *Le Visage vert* de Meyrink constitue un guide pratique pour le processus initiatique (Jean Reyor, *Études et recherches traditionnelles*, Éditions Traditionnelles, 1991, p. 179) ; c'est encore une autre preuve que l'on ne peut pas faire confiance à l'opinion de Reyor, ou du moins qu'il faille considérer ses opinions avec prudence.
[4] *L'ange de la fenêtre d'Occident*, p. 7.

n'ont pas besoin de « documents », mais tout ceci est le résultat de l'influence des forces contre-initiatiques. Comme avec Twain, le rêve (maléfique) joue un rôle important (p. 11) ; mais aussi l'abysse, les Templiers[1] et le Baphomet (qui devient un substitut pour le Principe), la tête tournée à l'envers, le sang, Tulé[2], St Patrick et St Dunstan[3], sont des éléments qui participent à la confusion générale (pp. 13-14). Bien qu'Evola ait tenté de défendre Meyrink, celui-ci fait usage de la théorie de la réincarnation (p. 70), et emploie des expressions telles que « le corps astral satanique » (p. 102), « Rose d'Or »[4], « vampirisme » (p. 233), « la Loge de la Fenêtre d'Occident » (p. 257), et « la réalisation du Baphomet" (p. 158). On retrouve dans son œuvre le même scenario utilisé aujourd'hui dans les livres comme *Le Code Da Vinci*, et bien d'autres encore, où alchimie, rose-croix, maçons, Templiers, etc. sont mélangés d'une horrible façon. Mais *L'ange de la fenêtre d'Occident* est plus qu'un mélange ; il s'agit d'une « parodie » sinistre ; et bien plus, il y est transmis un symbolisme inversé, qui représente le véritable « satanisme ». En opposition avec le Temple de Salomon, où il y a trois fenêtres et portes ouvertes selon trois points cardinaux, Meyrink décrit une chambre dans un château ayant les fenêtres à l'est, au sud et au nord murées (p. 139). L'alchimie est associée à la chimie (pp. 147, 150), il est fait abus de la figure du pentagramme (p. 140), les anges sont des fantômes, et les forces spirituelles sont des forces magnétiques (p. 173). À la fin, il est dit : « Frère, tu as passé le seuil de l'initiation le visage tourné en arrière" (p. 315). En réalité, dans toute réalisation spirituelle véritable le néophyte ne doit pas se retourner, et toutes les légendes initiatiques insistent sur cette règle.

---

[1] « Les chevaliers Templiers du nouveau Graal », voir *ibid.* p. 254.
[2] Et aussi Thulé du Groenland, *ibid.* pp. 84-85.
[3] On sait que St Patrick et St Dunstan furent liés par certains auteurs à Glastonbury. « Le puits de St Patrick », souvent utilisé par Meyrink, est, dans ce cas, similaire à l'abysse de Poe et de Twain, ou au « trou de l'enfer » de Dumas. *Ibid.* pp. 21, 30-31, 133.
[4] *Ibid.* p. 114. Guénon a décrit la *Rose-Croix d'Or* comme étant une imposture (*Aperçus sur l'initiation*, p. 246). De plus, le symbolisme de la Rose-Croix est suggéré par Meyrink à la page 282.

Malgré le fait que l'auteur ait construit tout le livre autour de l'Ange, il conclut que l'Ange n'est qu'une illusion. De même, les livres occultistes modernes sont basés sur la révélation d'un « Secret », qui est au bout du compte toujours très décevant, un *nitchevo*[1]. *L'Énigme René Guénon et les "Supérieurs Inconnus," Contribution à l'étude de l'histoire mondiale "souterraine"*, rédigé par « Louis de Maistre », n'est pas différent sous cet aspect ; au contraire, il en est la meilleure illustration, puisque l'effort fut long, couvrant presque 1 000 pages[2].

« De Maistre » ne parvient pas à convaincre lecteur que Meyrink était une des « autres » sources du *Le Roi du Monde* de Guénon, puisque René Guénon critiquait clairement Meyrink, aussi a-t-il concoté un autre plan en citant un auteur similaire : Alfred Kubin, un ami de Meyrink. « De Maistre » déclare ainsi : « le livre de Kubin [*Die andere Seite*, « L'Autre côté »] ... possède une charge et une puissance visionnaires bien supérieures à des tentatives littéraires analogues, comme celles de Gustav Meyrink par exemple » (p. 139). En fait, la « supériorité » de Kubin est une « infériorité », puisque, en comparaison avec Meyrink, il est encore plus influencé par les forces contre-initiatiques. Pour « Louis de Maistre », les presque 1 000 pages n'étaient pas suffisantes pour clarifier l'« énigme Guénon », et un autre ouvrage a été publié sous un autre pseudonyme : Alexandre de Dánann, *Un envoyé de la Loge Blanche, Bô Yin Râ*[3], où une fois de plus Gustav Meyrink et Alfred Kubin sont mentionnés[4], même

---

[1] Meyrink a introduit un personnage appelé Lipotine ou Nitchevo (p. 9), un nom similaire au Némo de Verne ; en russe, *nitchevo* veut dire « rien ».

[2] Ceci n'est pas nouveau. Lorsque le baron Hund a promis de révéler son grand secret, tout le monde s'attendait à quelque chose de magique et de miraculeux, et pourtant au bout du compte son secret consistait dans le fait que chaque maçon est aussi un Chevalier Templier. René Guénon était très clair sur ce qu'est réellement le secret initiatique. De nos jours, de nombreux livres exécrables sur la maçonnerie abusent du mot « secret » dans leurs titres, mais ils ne sont seulement que la réactualisation du titre du livre rédigé à la fin du XVIIIe siècle.

[3] Archè, Milano, 2004. *L'Énigme René Guénon* a été aussi publié en 2004, chez Archè.

[4] *Un envoyé de la Loge Blanche, Bô Yin Râ*, pp. 22, 69, 93.

si, cette fois, l'on y suggère une comparaison entre le livre de Bô Yin Râ, *Livre du Dieu vivant*, et *Le Roi du Monde* de Guénon[1].

Sans le moindre doute, *Le Roi du Monde* fut un des livres de Guénon les plus disputés et les plus attaqués, et la notion de l'Agarttha a été la plus critiquée ; beaucoup d'énergie, de haine et de suggestions malveillantes ont été utilisées pour détruire cette notion. De plus, comme nous l'avons déjà indiqué, créer la confusion était une bonne méthode pour faire passer l'Agarttha pour une fantaisie et Guénon pour un « occultiste » qui ne serait pas différent de Bô Yin Râ ou Meyrink. Toutefois, le but caché n'était pas seulement de présenter Guénon comme un individu comme les autres, intéressé par tout ce qui se rapporte à l'occultisme, mais de suggérer sa connexion avec la contre-initiation. C'est pourquoi, si nous devons poser la question « pourquoi "de Maistre" a t'il passé du temps à écrire sur Alfred Kubin ? » la réponse est simple : son but est, bien entendu, de créer la confusion ; mais, d'autre part, ses efforts visent à créer un parallèle entre Guénon et Kubin, non pas en comparant leurs œuvres, mais en suggérant des similarités entre leurs vies, et du coup, en suggérant qu'ils avaient un esprit semblable.

« Louis de Maistre » a intitulé son chapitre sur Kubin *Alfred Kubin « prophète » de l'Agarttha*[2], qui est un titre autant méprisant que malveillant, et qui suggère, bien entendu, une ressemblance entre Guénon et Kubin. Il y a bien d'autres éléments à prendre en considération, bien que non mentionnés : Kubin avait des problèmes de santé lorsqu'il était jeune et était très fragile, ce qui était également le cas de Guénon. Kubin était surnommé « l'ermite de Zwickledt »[3] ; Guénon était appelé « l'ermite de Duqqi » par les amis de « de Maistre »[4]. En fait, si nous devions

---

[1] *Ibid.* p. 26. L'auteur, dans sa quête incessante des « sources » de René Guénon, a proposé l'hypothèse selon laquelle il serait possible que les éléments de doctrine exposés par Guénon sur l'initiation et la contre-initiation proviendraient des archives l'*Hermetic Brotherhood of Luxor* de Taychou Marou (*ibid.*, p. 49).
[2] *L'Énigme René Guénon*, p. 133.
[3] Alfred Kubin, *L'Autre côté*, Jose Corti, 2007 ; voir *Une lecture de L'Autre côté*, de Laurent Évrard, p. 368.
[4] Xavier Accart, *L'Ermite de Duqqi*, Archè, 2001.

comparer Kubin avec qui que ce soit, il faudrait le comparer avec Evola.

Pour le lecteur intéressé par Kubin, le chapitre de « de Maistre » n'aide pas beaucoup ; pour le lecteur intéressé par Guénon, le chapitre est complètement déplacé et futile. De fait, il semblerait que « de Maistre » ait rédigé ce chapitre pour les « traditionalistes » (voir la définition de Guénon), les occultistes comme « lui » et pour les nouveaux venus, essayant de porter un coup à la réputation de René Guénon ; en même temps, le but principal de l'auteur (ou des auteurs) était d'affaiblir le concept de l'Agarttha. Désigner Kubin comme « prophète » de l'Agarttha, même si le mot prophète est placé entre guillemets, est une telle énormité qu'il faut vraiment appartenir au « Pays des Rêves » de Twain pour faire une telle chose.

« De Maistre » n'est pas gêné de déclarer que de nombreux thèmes développés par Kubin dans son roman *L'Autre côté* étaient traités plus tard par Guénon dans *Le règne de la quantité et les signes des temps* (p. 135). Il soutient aussi que certains des thèmes dans *L'Autre côté* présentent, en détail, des analogies étonnantes avec ce que Guénon et Ossendowski ont dit de l'Agarttha (p. 139). Comme d'habitude, « de Maistre », après avoir lancé des affirmations calomnieuses, fait semblant d'être objectif, et ajoute qu'il s'agit d'analogies et non pas d'assimilations, et qu'il y a des différences fondamentales entre Guénon et Kubin. S'il y a des différences fondamentales, pourquoi alors mentionner Kubin dans *L'énigme René Guénon* ?

Alfred Kubin, le soi-disant « prophète » de l'Agarttha est un triste sire. Il n'a rien en commun avec René Guénon, mais « Louis de Maistre » essaie d'entretenir cette illusoire connexion illusoire afin d'avilir Guénon, comme nous l'avons déjà souligné. Dans *Ma vie*[1], Kubin décrit une vie qui ne présente d'intérêt que dans la mesure où elle illustre la pseudo-tradition, la pseudo-initiation, et les influences contre-initiatiques. L'un des maîtres de Kubin n'est autre que Schopenhauer, et il est notoire que Guénon ait dénoncé sa mauvaise influence sur

---

[1] Alfred Kubin, *Ma vie*, Allia, 2000.

l'interprétation du bouddhisme[1]. Le bouddhisme que Kubin a découvert au travers Schopenhauer et Hermann Grimm, en d'autres termes à travers l'école allemande, est un pseudo-bouddhisme, un bouddhisme déformé, pour l'usage de l'occident, et, comme le dit Kubin, c'est une « secousse morale »[2] qui l'a fait se tourner vers le bouddhisme ; il n'est pas besoin de dire que Kubin apparaît en opposition flagrant avec Guénon, son attitude étant exactement ce que Guénon a critiqué sans merci[3]. Kubin décrit sa pratique « initiatique » bouddhiste, ce qui, une fois de plus, représente une vive illustration de ce que Guénon nous a prévenus de ne pas faire. Cependant, les pratiques bouddhistes de Kubin (sans un guide) ne l'ont intéressé que pour une dizaine de jours[4] : après cela, il a tout oublié du bouddhisme[5].

Si nous nous tournons maintenant vers cet *Autre côté*, nous n'y trouvons rien de traditionnel, seulement une sombre parodie. Le « centre » de Kubin est appelé l'« Empire du Rêve » et l'« Empereur » est quelqu'un qui s'appelle Claus Patera (p.11), et nous voyons la même idée que nous avions trouvée chez Mark Twain[6]. L'« Empire du Rêve », localisé en Asie, est isolé par un mur impénétrable, comme une parodie du mur paradisiaque de Cusanus ; c'est un abri, nous dit Kubin, pour tous ceux qui sont contre le monde moderne et où tout est organisé pour permettre une vie hautement spirituelle (p. 12). L'auteur est invité à voyager dans ce « Pays du Rêve », un lieu « secret », ayant comme centre une ville appelée Perle (pp. 21, 27). Bien entendu, le palais de Patera est au centre de Perle. Et

---

[1] René Guénon, *Orient et Occident*, Guy Trédaniel, 1987, pp. 139-140. Voir Kubin, *L'Autre côté*, p. 318.
[2] Kubin, *Ma vie*, p. 92.
[3] On ajoutera que Kubin détestait les mathématiques (voir *L'Autre côté*, p. 303).
[4] *Ma vie*, pp. 94-96.
[5] Evola, à l'âge de 23 ans, a essayé de se suicider et fut sauvé par un texte bouddhiste (Julius Evola, *Le Chemin du Cinabre*, Archè-Arktos, 1983, pp. 13-14). On doit ajouter que le point de vue d'Evola sur le bouddhisme n'est pas fiable.
[6] Voir *The Everlasting Sacred Kernel*.

pourtant, ce qui semble n'être qu'une parodie de l'Agarttha, ou d'un centre spirituel, est, en fait, un anti-centre, parce qu'il ne s'y trouve ni soleil, ni lune, ni étoiles, seulement un ciel gris et une rivière sombre appelée « Le Negro » (pp. 55-56). Et l'on n'y trouve rien de très spirituel, au contraire. Bien que toutes les religions du monde étaient représentées dans ce « Pays du Rêve », il s'y trouvait une religion secrète, une sorte de franc-maçonnerie, et un Grand Temple secret (p. 124). Kubin présente des êtres aux yeux bleus d'une race étrange (p. 158), qui pourraient bien être les Marionnettistes de ce « Pays du Rêve », comme cela est suggéré à la fin du livre. Kubin a aussi inventé un faux opposant à Patera, l'« américain », qui a fondé une société politique appelée « Lucifer » (p. 174), mais l'« américain » a dénoncé Patera comme étant une sorte de Satan (p. 180). Et Kubin utilise son « imagination » pour décrire l'agonie et la fin du « Pays du Rêve », couronnée par le combat entre Patera et l'américain[1].

Nous avons insisté sur le contenu de *L'Autre côté* pour montrer au lecteur à quel point *L'Énigme René Guénon et les "Supérieurs Inconnus", Contribution à l'étude de l'histoire mondiale "souterraine"*, rédigé par « Louis de Maistre », est un livre sournois. Comment un livre comme *L'Énigme René Guénon* peut-il être rédigé et publié ?[2] La réponse à cette question assez

---

[1] *Ibid.* p. 278. *L'Autre Côté* est un livre assez ennuyeux. Cependant, les institutions nord-américaines l'apprécieraient pour leurs étudiants, puisque les travaux qui intéressent ces institutions traitent des maladies mentales (d'où leur peintre favori Van Gogh, qui se trancha l'oreille). Elles ne sont pas les seules, bien entendu. Nous pourrions mentionner un fait curieux : les sculptures anciennes les plus célèbres exposées au musée du Louvres sont la Vénus de Milo et la Victoire de Samothrace. Pourquoi sont-elles si célèbres, parmi tant d'autres sculptures anciennes grecques ? Le fait est que ces deux œuvres d'art particulières ont quelque chose de spécial : la Vénus de Milo n'a pas de bras, et la Victoire de Samothrace n'a pas de tête, et ces formes de mutilations sont compatibles avec l'esprit moderne mutilé.

[2] Nous mentionnerons ici, pour exemple, un autre titre : *Mysteries and Secrets of the Masons*, par Lionel & Patricia Fanthorpe (The Dundurn Group, Toronto, 2006) ; il s'agit d'un livre ridicule, qui fut pourtant publié avec le soutien du Conseil Canadien pour les Arts et avec le soutien financier du gouvernement canadien !

rhétorique est : Le Grand Désarroi ; la « chasse » des sources de René Guénon est une illustration frappante de la manière donc les « sources » de ce Désarroi fonctionnent dans notre monde en pleine agonie.

David Bisson[1] a aussi récemment suggéré d'autres « sources » pour l'œuvre de Guénon : « un roman *Nous autres* d'Eugène Zamiatine »[2]; *Psychologie des foules* de Gustave Le Bon[3], et on notera les similarités avec « Louis de Maistre »[4]. Bisson a essayé de résoudre « l'énigme Guénon » en utilisant deux éléments : la politique et la psychologie, toutes deux constituant une insulte envers Guénon. Bien que l'auteur, comme d'autres avant lui, souligne que Guénon « n'a cessé de mettre en garde ses lecteurs contre les "tentations" de l'engagement politique » (pp. 219, 423), il construit son livre sur Guénon et la Tradition

---

[1] David Bisson, *René Guénon. Une politique de l'esprit*, Pierre-Guillaume de Roux, 2013.

[2] Bisson 114, 180 : « Si Guénon n'emploie jamais ce terme – qui est en cours de théorisation au début des années vingt –, sa description du monde moderne fait inévitablement penser à celle d'un système totalitaire. Notons, à cet égard, qu'il se réfère de façon très discrète à certains romans d'anticipation (ceux de Zamiatine en particulier) ».

[3] Bisson 112 : « Si Guénon ne cite jamais ni le nom de Gustave Le Bon ni le titre de son principal ouvrage, *Psychologie des foules* (1895), son traitement du politique s'en inspire fortement ».

[4] Bisson a posé, avec un semblant d'innocence, la question suivante : « Comment le détenteur d'une tradition primordiale fortement teintée d'orientalisme a-t-il pu collaborer avec les milieux catholiques antimaçonniques ? Sa participation aux joutes antimaçonniques reste effectivement, au regard de son parcours ultérieur, *une énigme* [c'est nous qui soulignons] que l'on peut en partie expliquer par certains traits de son caractère : goût de la polémique, certitude de l'existence d'un complot, esprit volontiers enclin à la paranoïa, etc. » (p. 36). Il est surprenant que Bisson n'ajoute pas ici le fait que Guénon était pauvre et que, par conséquent, il devait probablement avoir une aversion pour la société capitaliste ! Il est en effet pathétique de voir des auteurs s'efforcer de résoudre « l'énigme Guénon » et de se lancer dans toutes sortes de spéculations, quand, en fait, ils ne savent rien. Bisson a aussi dénigré Guénon indirectement, en rabaissant Matgioi (« la démonstration de l'aventurier Matgioi reste empreinte de vues fantaisistes sur le Tao » – p. 74) ou en critiquant le manque de jugement de Guénon sur ses lectures (« on s'étonne du nombre de comptes rendus consacrés à des livres traitant de prophéties, de Templiers, du catharisme, du tarot », p. 198 ; Bisson oublie que Guénon ne choisissait pas ses livres mais qu'il les recevait au Caire de ses collaborateurs et, d'autre part, quel est le problème avec ces sujets ?).

en se basant sur la politique (même s'il utilise le terme pompeux de « métapolitique » (p. 18), un mot hybride semblant parodier la « métaphysique »). Le deuxième élément a le même objectif : réduire la spiritualité de Guénon à une façon de penser psychologique quelconque[1]. Ainsi, Guénon devient (du point de vue politique) un « réactionnaire » (p. 130) et (du point de vue psychologique) « un utopiste » (p. 122) ; et même Agarttha peut être considéré dans une perspective politique : « au plan politique, le royaume d'Agartha peut également apparaître comme une version orientaliste de la légende occidentale du roi caché » (p. 60).

Ce n'est pas le lieu, ni notre tâche d'émettre trop de jugements d'ordre personnel, cependant nous devons mentionner aussi les écrits de Marco Pallis, dans lesquels on trouve une curieuse étude contre *Le Roi du Monde* de Guénon ; Pallis essayait de démontrer qu'Agarttha et le Roi du Monde n'étaient que des produits de l'imagination de Guénon et que personne n'en avait entendu parler ni en Inde, ni au Tibet. Nous nous attachons dans cette présente étude à traiter de cette question. Il y a une extraordinaire incompréhension du symbolisme du Roi du Monde et de ce que Guénon a réellement transmis dans son livre fondamental dédié à celui-ci[2]. Les écrits de Marco Pallis sont un des exemples-types de cette incompréhension. C'est pourquoi notre ouvrage a pour but de déchiffrer le symbolisme d'Agarttha en tant que centre occulté, en utilisant comme support le savoir traditionnel transmis par René Guénon à travers ses écrits afin de montrer la différence entre un centre occulté et un centre occulte.

---

[1] « La Vérité, ou la Tradition… dont il [Guénon] se sent précocement le dépositaire privilégié ou le témoin impersonnel, prennent leur source dans un creuset idéologique et une ambiance psychologique bien déterminés » (p. 26) ; « Guénon emprunte, là encore, aux conclusions de la psychologie collective » (Bisson 111-112).

[2] « La référence explicite au Centre Suprême du Monde et à son Chef marque, plus que tout autre aspect de l'œuvre de Guénon, le caractère incomparable et privilégié que sa fonction revêt en Occident » (Gilis, *Introduction à … René Guénon*, p. 16).

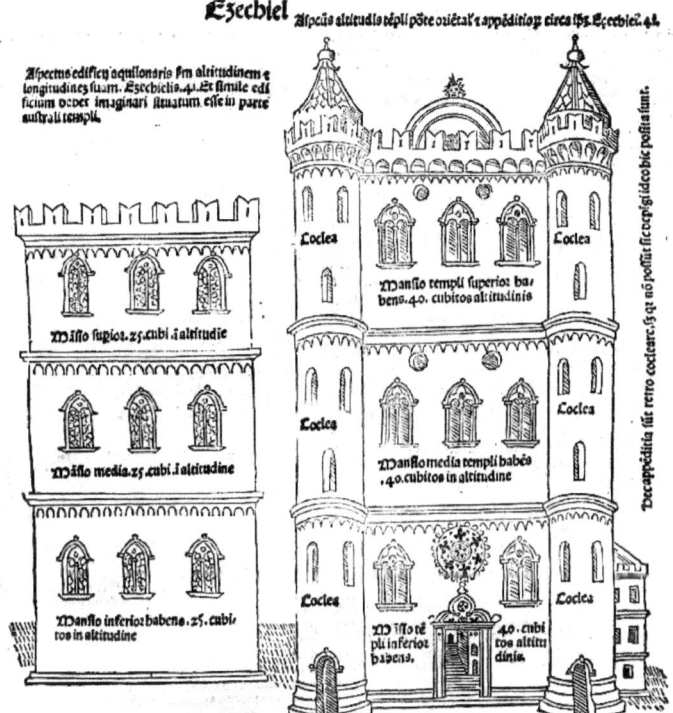

IV

LE ROI DU MONDE

LES DOUTES SUR L'AGARTTHA sont apparus dans les esprits influencés par la perspective moderne et profane, des esprits prêts à admettre toute explication digne de science-fiction ou à la recherche d'éléments sensationnels, des esprits incapables d'accepter Dieu, même s'ils s'en croient capables, des esprits qui sont prêts à encourager une « quête » de l'« Agarttha de Guénon », mais pas du « Royaume du Prêtre Jean ».

Hérodote racontait :

> J'ai néanmoins ouï dire aux Grecs qui habitent l'Hellespont et le Pont que ce Zalmoxis était un homme, et qu'il avait été à Samos esclave de Pythagore, fils de Mnésarque ; qu'ayant été mis en liberté, il avait amassé de grandes richesses, avec lesquelles il était retourné dans son pays. Quand il eut remarqué la vie malheureuse et grossière des Thraces, comme il avait été instruit des usages des Ioniens, et qu'il avait contracté avec les Grecs, et particulièrement avec Pythagore, un des plus célèbres philosophes de la Grèce, l'habitude de penser plus profondément que ses compatriotes, il fit bâtir une salle où il régalait les premiers de la nation. Au milieu du repas, il leur apprenait que ni lui, ni ses conviés, ni leurs descendants à perpétuité, ne mourraient point, mais qu'ils iraient dans un lieu où ils jouiraient éternellement de toutes sortes de biens. Pendant qu'il traitait ainsi ses compatriotes, et qu'il les entretenait de pareils discours, il se faisait faire un logement sous terre. Ce logement achevé, il se déroba aux yeux des Thraces, descendit dans ce souterrain, et y demeura environ trois ans. Il fut regretté et pleuré comme mort. Enfin, la quatri-

ème année, il reparut, et rendit croyables, par cet artifice, tous les discours qu'il avait tenus[1].

Le désir de rechercher la grotte de Zalmoxis n'est, bien entendu, pas une très bonne idée, cependant la mentalité moderne essaie d'associer sa disparition dans un souterrain avec la théorie de la réincarnation et le spiritisme, ce qui illustre une fois encore à quel point toute compréhension réelle du symbolisme traditionnel est interdite à l'esprit moderne.

René Guénon a fait mention de l'Agarttha dans son livre *Le Roi du Monde*. Il a publié de nombreux livres, mais celui-ci était très approprié pour l'esprit moderne, puisqu'il traitait de quelque chose de sensationnel : un royaume souterrain dont le Roi règne sur le Monde entier ; cela représentait un concept que l'esprit profane et corrompu pouvait comprendre. Et plusieurs individus se sont dépêchés de rechercher ce royaume ! Peut-on s'imaginer Marco Pallis entrant dans le territoire souterrain et faisant la rencontre du Roi du Monde ? Sensationnel ! Une telle découverte aurait pu être mise à profit. Les agences de voyage auraient pu organiser des vacances en Agarttha, le Roi du Monde aurait pu apparaître dans des émissions télévisées ! Et « Louis de Maistre » aurait pu être leur guide. Nous mentionnons ici que le trésor des Templiers, les secrets maçonniques et les mystères du Graal font tous partie, ainsi que le « syndrome de l'Agarttha », du même plan diabolique ayant comme objectif la création du « Pays du Rêve » de Kubin.

La lecture du *Roi du Monde* de nos jours est une expérience intéressante, mais bien décevante pour le lecteur moderne. Le premier chapitre[2] commence bien : Guénon présente l'Agarttha, tel que décrit par Saint-Yves et Ossendowski, et le lecteur moderne est anxieux de trouver dans les pages suivantes les secrets du royaume souterrain. Le second chapitre traite de l'autorité spirituelle et du pouvoir temporel, avec le « Royaume du Prêtre Jean » (dont la mention aurait dû être une clef pour les « chercheurs de l'Agarttha »), mais pas vraiment de l'Agarttha

---

[1] *Histoires*, IV, XCV.
[2] *Le Roi du Monde* est composé de douze courts chapitres.

même. Le troisième chapitre est encore plus « décevant », puisque l'on y traite de la Kabbale juive, avec la Shekinah, Metatron, Mikael et Samael, mais pas un mot sur l'Agarttha.

Le chapitre suivant toutefois, le quatrième chapitre, semble enfin parler de l'Agarttha ; ce n'est toutefois pas vraiment le cas, car Guénon utilise ce que Saint-Yves et Ossendowski en ont dit pour y développer la doctrine des trois fonctions suprêmes. Il faut vraiment avoir l'esprit étroit et avoir un état d'esprit profane pour continuer de croire, après l'étude de ces chapitres, que René Guénon ait promu aveuglément, ou malicieusement, ou encore par pure ignorance, ou même par naïveté, l'Agarttha comme étant un royaume souterrain semblable à celui décrit par Kubin, par exemple, ou semblable à une station de métro. Il faut être particulièrement malveillant, voire diabolique, pour suggérer que l'auteur de *L'Erreur spirite* (1923), d'*Orient et Occident* (1924), de *L'Homme et son devenir selon le Védânta* (1925), devint en 1927 subitement aveugle et ignorant, oubliant ses bases métaphysiques, et qu'il décida de promouvoir un lieu sensationnel, en concurrence avec James Hilton et son Shangri-La. Ce que ses détracteurs et ses ennemis ont essayé de cacher c'est que René Guénon n'était pas un érudit, ni un expert, ni un professeur d'université, ni un théosophiste ou un occultiste, pour lesquels l'initiation ne signifie rien de plus qu'une parodie, ni un agent politique, avec de sombres motivations ; René Guénon était un véritable initié dont la fonction était de transmettre la Vérité. Il n'est pas certain que le public puisse encore comprendre de nos jours ce qu'est un véritable initié, alors que l'on trouve tant de faux prophètes, alors que plus personne n'écoute et que tout le monde parle à tort et à travers, alors que dire des mensonges est considéré comme une atitude normal et que le vrai sens des mots n'est plus connu.

Dans le quatrième chapitre, René Guénon explique que le Roi du Monde n'est pas le produit de l'imagination des esprits modernes tel qu'on pourrait le voir dans un film de James Bond, il ne s'agit pas non plus d'un dictateur politique régnant sur l'humanité, et implicitement il n'est pas un *princeps hujus mundi*. Le Roi du Monde est le « Maître des Trois Mondes ». C'est ce que Guénon relate au début de ce chapitre. Il est possible que ses détracteurs puissent s'imaginer le Deuxième Monde, mais il est certain qu'ils n'ont pas du tout accès au Troisième Monde, et nous ne mentionnerons même pas la possibilité qu'ils puissent s'imaginer le Quatrième Monde. Les modernes portent toujours leur regard vers le bas, leurs yeux sont attachés à notre monde insignifiant.

René Guénon a préparé son lecteur, dans les chapitres précédents, en expliquant ce que signifient la « présence réelle » (Shekinah) et les influences spirituelles, comment la Shekinah est la synthèse des colonnes séfirotiques[1] de droite et de gauche, et comment, d'une façon similaire, le Centre a deux bras, l'autorité spirituelle et le pouvoir temporel, la Paix et la Justice. Dans le quatrième chapitre, Guénon développe ce qu'il a écrit dans les chapitres précédents, en insistant sur des vérités essentielles. La hiérarchie de Saint-Yves (et aussi celle d'Ossendowski) représente en fait la hiérarchie des Trois Mondes. Cette vérité est une vérité universelle, que l'on peut trouver dans la tradition hindoue mais aussi dans toutes les autres traditions authentiques. Comme nous l'avons expliqué ailleurs, les influences spirituelles descendent par degrés innombrables et atteignent finalement l'état de l'être humain ; de la même manière, la Shekinah est présente dans les Trois Mondes, mais plus encore, elle est présente dans chaque monde ou degré de l'Existence. De même, l'Agarttha est présent dans chaque monde, et, bien que les ignorants le recherchent dans le monde profane, la quête du chercheur sincère a comme objectif un Agarttha très sacré et inaccessible.

Ce quatrième chapitre du *Roi du Monde*, qui traite apparemment de l'Agarttha de Saint-Yves, est un véritable coup porté aux détracteurs de Guénon, bien qu'il semble qu'ils ne s'en soient pas rendus compte. En présentant la hiérarchie

---

[1] Dans la tradition hindoue, il y a trois « canaux », *sushumna*, *ida* et *pingala*. Puisque les détracteurs de Guénon ne cessent de répéter qu'ils ne peuvent trouver la moindre référence à ce que Guénon expose dans *Le Roi du Monde* en Inde ou au Tibet, il ne serait pas inutile de se tourner vers la tradition hindoue de temps en temps.

traditionnelle, Guénon a comparé les trois dirigeants de l'Agarttha à Ishwara, Hiranyagarbha et Virâj, qui sont les rois respectifs des Trois Mondes, ainsi qu'aux Trois Mages. Cela suffirait à montrer ce que l'Agarttha représente pour Guénon. Cependant, afin de mieux élucider ce qu'il transmettait, René Guénon publia en 1929 (*Le Roi du Monde* fut publié en 1927) *Autorité spirituelle et pouvoir temporel*, où il y développa la signification traditionnelle des trois fonctions. Beaucoup plus tard, en 1942, Ananda K. Coomaraswamy s'est attaqué au même sujet dans son *Spiritual Authority and Temporal Power in the Indian Theory of Government*[1], et, dans l'intérêt des détracteurs de Guénon, nous allons nous reporter à l'œuvre de Coomaraswamy pour illustrer ce que René Guénon disait dans *Le Roi du Monde*.

Coomaraswamy illustrait le concept du « Roi du Monde », dans la tradition hindoue, en disant que « La *mixta persona* de Mitrâvarunau, la suprême Identité des principes conjoints, est la même que celle de l'"unique Aksara qui est à la fois Agni et Indra, le Sacerdoce et la Royauté" »[2]. Guénon insistait sur le fait que, dans le cas de l'Agarttha, chacune des trois fonctions, Brahâtmâ, Mahâtmâ, et Mahânga, possède en elle-même une autorité duelle, sacerdotale et temporelle, même si la première correspond au Roi du Monde, la seconde à l'autorité spirituelle, et la troisième au pouvoir temporel. De même, Agni n'est pas seulement l'autorité spirituelle[3], comme l'a dit Coomaraswamy, mais il est « le mariage de deux Agni, du *kshatra* et du *brahma* ... l'union de principes mutuellement antagonistes, [qui] reflète l'opposition naturelle du Sacerdoce et de la Royauté » (p. 40). De plus, Manu correspond au Roi du Monde, Yama, son frère, à l'autorité spirituelle, et Yamî, sa sœur, au pouvoir temporel (pp. 52, 55) ; et Agni, uni à Indra, représente le Roi du Monde : « Pareillement, dans SB. X.4.1.8 qui traite de l'union du Sacerdoce et de la Royauté, représentés ici par Indrâgni... » (p. 62).

---

[1] *Autorité Spirituelle et Pouvoir Temporel*, Archè, 1985.
[2] *Ibid.*, p. 16.
[3] « Agni et Indra, Sacerdotium et Regnum... » (*ibid.*, p. 58).

Le Roi de Monde

Heinrich Zimmer décrivait ainsi « le grand Shiva-Trinité d'Elephanta » : « La tête du milieu de l'image triptyque est une représentation de l'Absolu... Au-dessus de l'épaule droite de cette présence, croissant de façon perpétuelle à partir de la forme centrale, se trouve le profil masculin de Shiva... Par correspondance, à gauche du masque central se trouve le profil du principe féminin »[1]. Même si Zimmer n'est rien d'autre qu'un érudit, ses descriptions sont de bonnes illustrations du symbolisme d'Agarttha dans la tradition hindoue.

Quant à la déclaration de René Guénon selon laquelle la hiérarchie de Saint-Yves (et celle d'Ossendowski) représente en fait la hiérarchie des Trois Mondes, on peut citer encore Coomaraswamy : « Agni, Vâyu et Âditya constituent le "Triple Brahma"... À ce "Triple Souverain" correspond le "Triple Monde" du *Rig Vêda*, les "Trois Brillants Royaumes" »[2]. Cette tri-partition trouvée dans l'œuvre de Saint Yves est courante dans la tradition hindoue ; « les Trois Gandharvas ou Lumières, Agni, Vâyu et Âditya (les "Personnes" de la "Trinité" Védique, et les "Lumières Universelles" de l'autel du Feu) » (*ibid.* p. 67). « Le Roi des Rois est donc l'Esprit solaire géniteur qui prend les formes d'Agni, Vâyu et Âditya en relation avec le Triple Domaine, ou les trois Domaines... et qui sont les Trois Mondes » (*ibid.* p. 68).

Quant à cette tri-partition, il faut ajouter qu'à la fin de la manifestation universelle les Trois Mondes seront envahis par les forces contre-initiatiques, par les forces démoniaques, de

---

[1] Heinrich Zimmer, *Myths and Symbols in Indian Art and Civilization*, Harper, 1962, pp. 148-149 [traduction de l'éditeur].

[photo MAT]

[2] *Autorité Spirituelle*, p. 64.

même que Dis chez Dante était une cité envahie et occupée par les démons[1]. « La légende raconte que, une fois de plus dans le cours de l'histoire, les démons, titans, ou anti-dieux (*asura*), demi-frères et rivaux éternels des véritables dirigeants du monde, s'étaient appropriés les rennes du gouvernement. Comme toujours, ils avaient à leur tête un tyran austère et malin… Maya [Mayasura] était le nom de ce tyran… Il construisit trois forteresses [en tant que centres des Trois Mondes, ces trois cités sont appelées *Tripura*]. Par magie il a combiné alors ces trois forteresses en une seule – un prodigieux centre de démons-chaos et de tyrannie mondiale, pratiquement inattaquable »[2].

L'imprenable *Tripura* n'est pas l'Agarttha. Nous savons à quel point les individus modernes et profanes peuvent être facilement tentés par le démon. Nous savons qu'il manque à ces gens le pouvoir de discrimination, et, d'autant plus, ils sont amenés à confondre Mikael avec Samael, la réalité avec l'illusion, Shiva avec Mayasura[3]. Cet imprenable *Tripura* était construit par Mayasura, qui est un maître de l'illusion. À la fin de la manifestation universelle, le véritable et inviolable *Tripura* disparut « sous terre » et devint caché. À sa place, Mayasura a déployé son *Tripura* illusoire qui n'était pas inviolable, puisque Shiva put le détruire avec une flèche. Il ne fait aucun doute que des auteurs tels que « Louis de Maistre » et compagnie sont complètement sous l'emprise de Mâyâ[4].

Comme nous l'avons déjà dit, Mâyâ a un rôle péremptoire dans la confusion des esprits modernes, et nous devons donner un autre exemple. Mayasura est le roi des *Asuras*, des *Daityas* et

---

[1] Voir notre *The Everlasting Sacred Kernel*.
[2] Zimmer, *ibid.*, p. 185 [trad. de l'éditeur].
[3] C'est pour cette raison que « Louis de Maistre » a suggéré sans le moindre remords que l'Agarttha est une parodie ou un centre contre-initiatique, et, d'ailleurs, il a suggéré que René Guénon lui-même est maléfique et associé à la contre-initiation (*L'Énigme René Guénon et les "Supérieurs Inconnus," Contribution à l'étude de l'histoire mondiale "souterraine,"* pp. 213, 214, 220, 231, 368).
[4] Par exemple, l'éléphant est un symbole sacré et divin dans les traditions hindoue et bouddhique ; mais, à cause de Mâyâ, l'éléphant peut aussi être un démon (Zimmer, *ibid.*, p. 192).

Le Roi de Monde   69

des *Râkshasas*, représentant les cycles passés, les races qui s'étaient révoltées[1], et les forces contre-initiatiques, ce qui rend son symbolisme compliqué puisqu'il apparaît aussi comme le Roi du Tripura, le centre des Trois Mondes (dont Mayasura est l'architecte)[2] ; mais, avant tout, il symbolise l'« illusion ». Cependant ici cette « illusion » est agressive et trompeuse, faisant partie de la contre-initiation, comme attesté par l'épisode de la « caverne enveloppée de ténèbres » dans le *Râmâyana*, lorsque Hanoûmat et les *Vânaras*, dans leur quête pour retrouver Sîtâ, pénètrent dans une caverne enveloppée de ténèbres dans les montagnes de Vindhya et y découvrent un centre paradisiaque construit par Mayasura[3]. Il s'agit d'un faux centre[4], qui tente le héros de la quête et le dévie de sa route, tout comme les nombreuses autres tentations présentes dans des divers récits initiatiques[5]; il s'agit d'un centre « illusoire », mais en même temps, d'un point de vue supérieur et respectant le *lîlâ* de Brahma, il apparait comme un centre souterrain, caché et

---

[1] Se révolter contre la hiérarchie normale signifie créer le désordre (« anti-Cosmos ») et la confusion (Guénon, *Autorité spirituelle*, p. 17). Normalement, les Dêvas sont associée à la « vérité » (*satyam*) tandis que les Asuras sont associés à la « fausseté » et au « désordre » (*anritam*) (Coomaraswamy, *La doctrine du sacrifice*, Dervy, 1978, p. 169).

[2] Dans ce cas, Mayasura peut être comparé à Râvana, étant décrit à la fin du cycle lorsque l'injustice régnait dans le Tripura et Shiva dut détruire le triple centre. De nos jours, en Inde, la capitale de la petite province du Tripura est appelée Agartala.

[3] « On voyait aussi là des chars d'or et des palais de cristal, aux fenêtres d'or, aux vitres de perles. Là étaient des mines d'argent, d'or, de pierres fines et de lapis-lazuli, vastes, admirables, resplendissantes de lumière. Là, partout, les singes voient des amas de pierreries ».

[4] Dans les légendes du Graal, ce centre paradisiaque est le point de départ initiatique, et il illustre l'adage suivant lequel « le Paradis est une prison ». Ce centre paradisiaque est né en même temps que le besoin d'une initiation.

[5] Les *Vânaras* décident alors d'abandonner leur quête et de rester dans la caverne, ce qui montre bien, tout comme dans les légendes du Graal, à quel point le « Paradis est une prison ».

inaccessible, semblable à l'Agarttha[1], qui est protégé par un épais rideau de ténèbres[2], et où Mayasura gardait Hémâ captive[3].

Pour en revenir au *Roi du Monde* de Guénon et aux autres chapitres, du cinquième au douzième, on remarquera qu'aucun ne traite de l'Agarttha ; ils donnent des précisions sur le symbolisme du Saint Graal, sur le symbolisme de Melki-Tsedeq, ils exposent la doctrine des centres spirituels, en insistant sur le fait qu'à la fin du cycle présent le centre spirituel devient caché (c'est-à-dire « souterrain »)[4].

L'Agarttha, tel que discuté par les détracteurs de Guénon, ne se trouve tout simplement pas là. Pour René Guénon, les travaux de Saint-Yves et d'Ossendowski représentaient tout simplement une opportunité de révéler le symbolisme du centre, et il n'avait que faire de la vision matérialiste sur le monde souterrain. Pour Guénon, l'Agarttha était un autre nom pour désigner le Centre ; du début du cycle actuel (le Paradis Terrestre) à la fin du cycle (la Jérusalem Céleste), dit-il, le Centre a eu différents noms tels que Thulé, Luz, Salem et Agarttha[5]. Guénon ajoutait : « Il faut remarquer que le mot *Salem*, contrairement à l'opinion commune, n'a jamais en réalité désigné une ville, mais que, si on le prend pour le nom symbolique de la résidence de *Melki-Tsedeq*, il peut être regardé comme un équivalent du terme *Agarttha* »[6].

Il ne fait aucun doute que, du point de vue de René Guénon, l'Agarttha était un équivalent du Paradis Terrestre. Si l'on

---

[1] Au début du cycle, le centre spirituel était situé au sommet de la montagne; à la fin, il est caché dans la caverne. (Guénon, *Symboles fondamentaux*, p. 223).

[2] Ce voile ténébreux ne pouvait être pénétré que parce qu'Hanoûmat a chanté le nom de Râma comme une *mantra*.

[3] On voit ici la similarité avec Râvana, qui avait enlevé Sîtâ ; Hémâ est ici la fille du Mont Mêru.

[4] « Louis de Maistre » déclarait de façon aberrante : « Sans leurs [Saint-Yves et Ossendowski] révélations sur la présence effective d'un monde souterrain, il ne resterait du *Roi du Monde* que des vues générales et intéressantes sur le symbolisme du "centre", mais qui en elles-mêmes n'ont assurément rien de bouleversant » (*L'Énigme René Guénon*, p. 184) ; au contraire, ces « vues générales et intéressantes » sont fondamentales et essentielles !

[5] Guénon, *Symboles fondamentaux*, pp. 108-109.

[6] Guénon, *Le Roi du Monde*, p. 49.

comprend cela, alors la « chasse à l'Agarttha », effectuée par Pallis et compagnie, devient une entreprise ridicule, si ce n'est pire. Quiconque, possédant un état d'esprit normal, juste et traditionnel, comprendra à la lecture du *Roi du Monde* que cet ouvrage ne traite pas du tout de l'Agarttha ; il y traite de la doctrine inaccessible, inviolable et intouchable des centres spirituels[1]. On se demande alors pourquoi, après la lecture de ce livre, certains veulent encore partir en Asie pour découvrir le « royaume souterrain » ? Et pourquoi certains auteurs écrivent-ils des livres sur Guénon et l'Agarttha ? La réponse est évidente.

Le concept d'un « centre souterrain » doit être mis en corrélation avec deux autres idées: celle d'un « centre perdu » et celle d'un « centre caché ». En fait, le centre « souterrain » illustre la réalité du *Kali-yuga*, où la Tradition est perdue et le centre devient caché. Les œuvres *Parzival* et *Titurel* de Wolfram von Eschenbach se terminent de la même façon. Après que Perceval ait combattu et fait la paix avec son frère Feirefiz Angevin, ils quittent ensemble le centre d'Arthur pour chercher et obtenir le Saint Graal. Mais seule Repanse de Schoye pouvait tenir le Graal ; elle se maria avec Feirefiz puis ils quittèrent l'Occident, voyageant en Inde, au Royaume du Prêtre Jean, lequel, comme on le sait, représente le centre suprême, l'*Oriens*, le « proche du Paradis » ; Munsalvaesche avait aussi quitté l'Occident et fut transporté vers le même *Oriens*[2].

René Guénon explique au début du septième chapitre de son *Roi du Monde* comment la caverne peut symboliser le centre « caché ». À la fin du *Râmâyana* il est dit: « Puis un trône céleste se leva du sein de la terre, porté sur les têtes de *nâgas*, paré de joyaux brillants ; et la Terre tendit ses bras et accueillit Sîtâ et la plaça sur le trône, et le trône s'enfonça une nouvelle fois dans la terre »[3]. Sîtâ se retirant sous terre symbolise le Tradition perdue

---

[1] La tradition hindoue dit: « La Connaissance des Trois Mondes et de leurs Souverains constitue la "Triple Science" » (Coom., *Autorité Spirituelle*, p. 68).
[2] Voir Guénon, *Le Roi du Monde*, p. 11.
[3] Ananda K. Coomaraswamy et Sister Nivedita, *Myths of the Hindus and Buddhists*, Dover, 1967, p. 114. Il existe un autre symbole du trône qui est lié au fait que le centre absolu est « souterrain ». Sur l'« Ile des Joyaux » (*mani-dwîpa*), un symbole du centre, il se trouve un trône avec la déesse Mâyâ, et elle

et est équivalent au Saint Graal perdu. Sri Aurobindo a dit également : « The Martanda or eighth Surya is the black or dark, the lost, the hidden sun. The Titans have taken and concealed him in their cavern of darkness »[1].

Même aujourd'hui l'idée d'un centre « souterrain » est toujours vivace en Inde. À Haridwâr, il y a un *Shiva Lingam*, qui a émergé de façon naturelle, et qui, avec l'évolution du cycle, retourne progressivement sous terre. Aujourd'hui, l'on ne peut en voir que le sommet, puisque c'est la fin du *Kali-yuga* et que le centre est presque complètement souterrain.

Pourtant, pour la mentalité déformée des détracteurs de Guénon, tout ceci n'est qu'une énorme « manipulation ». Ces individus sont tellement pris par leur propre jeu ridicule qu'ils ne parviennent pas à voir à quel point leurs affirmations sont risibles ; ils ne peuvent pas le voir parce que, bien évidemment, ils sont eux-mêmes manipulés.

En 1995, un certain Marco Baistrocchi publia l'article *Agarttha: una manipolazione guénoniana* ? [*Agarttha : une manipulation guénonienne* ? N.d.É] Cet article ne retint notre attention qu'après la publication de notre livre *Agarttha, the Invisible Center*, ce qui explique que nous n'avons pas pu le commenter. Toutefois, Joscelyn Godwin traduisit l'article de Baistrocchi, qui fut récemment publié[2], et l'antitraditionaliste Mark Sedgwick s'est empressé de l'acclamer.

Il nous faut reconnaître que l'on ne peut absolument pas se fier à Marco Baistrocchi. De même que Jean-Marc Vivenza est un « néo-martiniste », Baistrocchi était lui-même un « néo-théosophe », et tous deux haïssent René Guénon, puisque Guénon avait réduit en cendre les pseudo-doctrines occultistes et théosophiques. Il faut avoir certaines qualités pour être

---

s'assied sur Sakala Shiva, qui s'allonge sur Nishkala Shiva (Zimmer, *ibid.*, pp. 197 ff.).

[1] Sri Aurobindo, *The Secret of the Veda*, Sri Aurobindo Ashram, 1971, p. 426. [« Le Martanda ou huitième Surya est le soleil noir ou ténébreux, perdu et caché. Les Titans l'ont pris et l'ont dissimulé dans leur caverne ténébreuse » – trad. de l'éditeur].

[2] Marco Baistrocchi, *Agarttha: A Guénonian Manipulation ?*, Theosophical History, 2010.

capable de reconnaître ses erreurs et pour abandonner son arrogance, et admettre que l'on a pris une mauvaise décision, au lieu d'utiliser toute son énergie à défendre ces choix. Mais, bien entendu, il y a d'autres raisons, bien plus sinistres, derrière l'article de Baistrocchi.

Joscelyn Godwin considère, dans son *Introduction*, que « Baistrocchi représente la première tentative pour trouver une solution rationnelle au puzzle, soutenue par un formidable travail d'érudition et de documentation »[1]. Il est bien entendu qu'une telle présentation détruit tout désir de continuer à lire cet article. Apporter une « solution rationnelle » à la doctrine des centres spirituels, en faisant usage « d'érudition et de documentation », est une tâche futile et absurde. En fait, le travail de Baistrocchi ne consistait pas tant à trouver une « solution rationnelle » que de combattre Guénon et de louer le Théosophisme.

Le « formidable travail d'érudition et de documentation » de Baistrocchi est basé sur des sources très peu fiables. Mais Baistrocchi a utilisé une méthode très sournoise, mais qui s'avère très efficace même si elle ne fait pas preuve d'originalité. À un moment donné dans son article Baistrocchi déclare: « Maintenant que l'origine de la légende de l'Agarttha a été clarifiée... » (p. 24); en fait, rien n'a été « clarifié », mais c'est bien là la méthode : on embrouille le lecteur avec toutes sortes d'éléments et on déclare soudainement que tout est maintenant résolu ; ainsi le lecteur est manipulé et est amené à penser que c'est en effet bien le cas. La même méthode a été utilisée par « Louis de Maistre ».

Il existe une autre technique. Nous n'avons pas la place ici pour faire la liste des nombreux exemples, mais certains illustrent comment un auteur utilise une source sans en vérifier sa validité, qui deviendra alors une nouvelle source pour un autre auteur, et ainsi de suite, si bien que l'erreur ne paraît plus être une erreur, mais une certitude établie. Dans le cas de Baistrocchi, il a utilisé les travaux de Jean-Pierre Laurant et de Marie-France James comme références qui perpétuaient déjà

---

[1] Trad. de l'éditeur.

une erreur. En fait, comme Laurant et James ont publié leurs travaux sur Guénon il y a de nombreuses années de cela (1975 et 1981), ils sont devenus en quelque sorte des références intouchables, et Baistrocchi a oublié de dire que Laurant et James écrivaient en se basant sur leur propres fantaisies, et qu'ils ne sont pas du tout des sources fiables.

Pour Baistrocchi, René Guénon était un «intellectuel», un «érudit»[1]. D'autre part, il faut être vraiment de mauvaise foi, en effet, pour déclarer que «la documentation judéo-chrétienne, qui est la contribution réellement innovatrice de Guénon sur ce sujet, plutôt que d'être une réponse à Saint-Yves, est censée fournir une base doctrinale et de la consistance au nouveau mythe de l'Agarttha» (p. 10, trad. de l'éditeur). Baistrocchi, comme bien d'autres, est tellement infecté par la mentalité moderne, qu'il ne peut pas (ou ne veut pas) comprendre qu'un auteur traditionnel, comme Guénon (ou un peintre traditionnel, ou un architecte traditionnel), n'innove pas et n'essaie pas d'être original. L'hypothèse de Baistrocchi est que René Guénon a manipulé ses lecteurs afin qu'ils rejettent l'Inde et le Théosophisme en faveur de la tradition «judéo-chrétienne» ou de l'Islam, et que Guénon était un agent des Jésuites et des Juifs (pp. 25, 28, 29, 31, 33, 34, 38).

Baistrocchi écrivait au sujet du Théosophisme: «L'importante contribution de la Société Théosophique pour ranimer les traditions métaphysique et religieuse de l'Inde a été reconnue... par les érudits occidentaux faisant le plus autorité dans le domaine des traditions spirituelles hindoues» (pp. 27-28, trad. de l'éditeur). Comme le disait Alvin Moore Jr., «Blavatsky n'était pas n'importe quelle aventurière, elle était aussi une manipulatrice très habile». Blavatsky était, et il n'y a aucun doute là-dessus, une escroc ; et le Théosophisme est une invention, non pas parce que René Guénon l'a dit, mais parce que c'est ainsi qu'il fut construit. La déclaration de Baistrocchi ci-dessus est tellement absurde, lorsqu'il annonce que les érudits occidentaux admettent que le Théosophisme a ranimé les tradi-

---

[1] Une autre affirmation de Baistrocchi, aussi ridicule qu'insultante, est que Michel Vâlsan serait un «érudit» (p. 66).

tions bouddhiste et hindoue, que l'on ne peut qu'en constater que nous sommes effectivement à la fin du *Kali-yuga*. Baistrocchi se plaignait que les gens trouvent son article trop « impie » ; il n'est pas « impie », il est purement et simplement inintelligent.

Cependant, nous devons mentionner ici qu'il attaquait surtout Guénon pour ses « déclarations anti-réincarnationistes... infondées » et pour son « étude des cycles, dans laquelle il semble en gros ignorant de la doctrine hindoue des cycles cosmiques » (p. 40). Ces deux sujets sont des parties fondamentales du Théosophisme, et, bien entendu, Baistrocchi ne peut admettre les « déclarations » de René Guénon. En ce qui concerne les cycles cosmiques, les nombreux zéros composant les nombres cycliques, si chers à Baistrocchi, sont, évidemment, juste une « couverture », et il n'y a pas besoin d'études brillantes et élaborées pour comprendre cela.

En ce qui concerne la théorie de la réincarnation, celle-ci est antimétaphysique et une invention moderne. Ananda K. Coomaraswamy a dit que « la notion de "réincarnation", au sens ordinaire d'une renaissance sur la terre d'individus défunts, représente seulement une erreur de compréhension des doctrines de l'hérédité, de la transmigration et de la régénération »[1]. Si la transmigration veut dire le passage d'un état à un autre, la métempsychose représente, comme René Guénon l'a dit, « la transmission de certains éléments psychiques d'un individu à un autre » et seule cette métempsychose pourrait à la rigueur être confondue avec la réincarnation.

Ainsi que l'a dit Coomaraswamy, le seul transmigrant est le Soi, *Âtmâ*. Et ce Soi est le Un qui donne réalité à toute « incarnation », laquelle est appelée *jîvâtmâ*. Le corps et l'âme, *Corpus* et *Anima*, n'ont pas d'existence sans *Âtmâ*, et par conséquent ils ne peuvent se « réincarner ». Si l'on comprend le concept chinois de « courant des formes », illustré par la rivière et ses eaux constamment changeantes, on comprendra que le corps et l'âme seront désintégrés et ses composants réintégrés en d'autres combinaisons. *Âtmâ*, parce que non différent de Brahma, est Infini, et l'on doit concevoir la manifestation

---

[1] *Hindouisme et Bouddhisme*, Gallimard, 1980, p. 14.

universelle non d'un point de vue temporel (comme une succession), mais comme la somme d'événements simultanés, comme une toile infinie (indéfinie, pour être plus précis), une toile tissée par les « incarnations » d'*Âtmâ*, et où il n'y a pas de place pour une « réincarnation ».

À cause de leur esprit moderne, de leur sentimentalisme et de leur arrogance, les profanes ne peuvent admettre que la mort est un changement d'état et que tout ce qui appartient à cet état restera dans cet état. Il y a transmigration, mais jamais réincarnation. Le Théosophisme a participé de façon enthousiaste à répandre ce non-sens en Occident, ce qui explique la réaction peu intelligente de Baistrocchi.

Avant de terminer ce chapitre, nous devons mentionner un dernier élément dans l'article de Baistrocchi. Celui-ci a cité René Guénon à propos de sa comparaison des traditions hindoue et islamique, et il a interprété les mots de Guénon en imaginant qu'il avait suggéré que le salut ne pouvait provenir que de l'Islam (p. 36). Il est étrange que Baistrocchi en soit venu à cette conclusion, et il s'entend avec Charles-André Gilis, qui dans ses travaux récents, et en particulier dans *L'héritage doctrinal de Michel Vâlsan*[1], a déclaré la même chose.

Guénon a écrit:

> l'accomplissement du cycle doit avoir une certaine corrélation, dans l'ordre historique, avec la rencontre des deux formes traditionnelles qui correspondent à son commencement et à sa fin, et qui ont respectivement pour langues sacrées le sanscrit et l'arabe : la tradition hindoue, en tant qu'elle représente l'héritage le plus direct de la Tradition primordiale, et la tradition islamique, en tant que « sceau de la Prophétie » et, par conséquent, forme ultime de l'orthodoxie traditionnelle pour le cycle actuel[2].

En utilisant ce texte, Charles-André Gilis a essayé de démontrer que la tradition islamique est destinée à engloutir le monde entier, à le sauver de la profanation, et de l'amener sous

---

[1] Le Turban Noir, 2009.
[2] *Symboles fondamentaux*, p. 176.

la loi islamique. Gilis, qui a écrit bien des bonnes choses dans le passé, mais qui devient à la fin de sa vie obsédé par la tâche d'« islamiser » Guénon, a fait une erreur fondamentale, parce qu'il n'a pas voulu accepter deux vérités traditionnelles. Tout d'abord, René Guénon n'a pas dit que la tradition hindoue *est* la Tradition primordiale et la tradition unique ; il a seulement dit que la tradition hindoue est l'héritière la plus directe de la Tradition primordiale, et, par conséquent, d'autres traditions orthodoxes avaient coexisté avec la tradition hindoue ; de façon similaire, la tradition islamique *n'est pas* la Tradition primordiale ni la tradition unique, mais la dernière tradition révélée, qui coexistera avec d'autres traditions orthodoxes jusqu'à la fin des temps. Deuxièmement, le renouveau dont Gilis rêve, qui consiste en une vision où le monde entier embrasserait l'Islam, est trop semblable aux fantaisies du New Age, où il est dit que le retour de l'« Âge d'Or » arrivera dans le cycle présent. En fait, le « retournement des pôles » se passe *en dehors* de ce cycle, et le seul événement auquel on est en droit de s'attendre dans ce cycle est sa fin ; le renouveau dont parle Gilis est déjà arrivé lorsque l'Islam fut révélé.

Aujourd'hui, nous nous trouvons dans la dernière phase du *Manvantara*, et personne ne devrait s'attendre à ce que le peuple de l'Agarttha refasse surface pour recréer l'« Âge d'Or » dans ce cycle.

Mais avant de parler de l'Agarttha en détails, il faut présenter le symbolisme du centre en général, tel qu'il est décrit dans l'œuvre de René Guénon.

V

LE CENTRE

LE CENTRE du monde ou le centre suprême de l'humanité terrestre actuelle s'appelle le paradis terrestre, l'Agarttha, ou Salem. C'est le Temple de la Paix (*salem*) et la Maison de Justice (*Beith-Din*), parce que le centre suprême, ou n'importe quel autre centre spirituel, qui en est l'image, peut être décrit symboliquement à la fois comme un temple (aspect sacerdotal, correspondant à la Paix) et comme un palais ou un tribunal (aspect royal, correspondant à la Justice)[1].

Ce centre est une image du Centre céleste, non pas une image virtuelle réfléchie par un miroir mais une image tout à fait réelle ; de même, un centre spirituel est l'image terrestre et visible du vrai Centre du Monde et même si l'orientation sacrée paraît être tournée vers le centre spirituel, elle est en fait tournée symboliquement vers le Centre suprême.

Il n'y a rien de plus important, de plus fondamental, de plus essentiel, ni de plus primordial pour une doctrine sacrée, que de symboliser le centre, étant donné qu'en l'absence de Centre il n'y a rien. Comme l'a dit Guénon, le Centre est l'origine, la source du tout, ce qui est parfaitement illustré par le centre d'un cercle. Il représente aussi l'image du Principe[2], relation analogique qui explique pourquoi tous les rites et traditions authentiques sont entièrement organisés autour du symbolisme du centre. Dieu, par Son Verbe, devient le Centre du Monde[3].

---

[1] Voir René Guénon, *Le Roi du Monde*, Gallimard, Paris, 1981, p. 26.
[2] René Guénon, *Écrits pour Regnabit*, Archè, Milano, 1999, pp. 71-79.
[3] Guénon, *Écrits*, p. 103, René Guénon, *Symboles fondamentaux de la Science sacrée*, Gallimard, Paris, 1980, p. 110.

Maître Eckhart, dans son sermon *Ez was âbent des tages*[1], mentionne Jacob, le patriarche, qui « arriva en un lieu et voulut se reposer le soir, alors que le soleil était couché »[2]. Jacob dit – souligne Maître Eckhart – « en un lieu, il ne le nomme pas ; le lieu est Dieu. Dieu n'a pas de nom propre, il est un lieu et la place de toutes choses et le lieu naturel de toutes les créatures. (…) Ce lieu est Dieu, l'être divin qui donne à toutes choses lieu et vie, être et ordre. (…) Le lieu reste innommé et personne ne peut en dire un mot approprié »[3]. Ce lieu, comme Maître Eckhart l'a suggéré, est en même temps Centre et Dieu[4].

Le Centre du Monde est le « lieu » du Principe et, dans un sens absolu, il n'y a aucune différence entre le Centre et le Principe. Par exemple, le Roi du Monde qui est, dans sa signification la plus élevée, un principe identique à Manu de la tradition hindoue, personnifiant l'Intelligence cosmique qui réfléchit la lumière spirituelle pure et formule la Loi pour un monde ou un cycle, opère et manifeste sa présence par l'entremise du centre spirituel établit dans le monde terrestre[5].

Le Centre est *el-maqâmul-ilâhi*, la station divine où les oppositions se résolvent et les contraires s'unifient, le juste milieu platonicien, l'Invariable Milieu (*Zhong Yong*) de la tradition extrême-orientale où opère l'Activité du Ciel, « le nombril du monde », le moteur immobile d'Aristote et de Dante et, dans sa signification suprême, il est en effet le Principe immuable, l'Ordonnateur interne (*antar-yâmi*) qui donne l'impulsion initiale au mouvement et qui ensuite gouverne et dirige le Monde pour lequel il a établi la Loi (*Dharma*).

Le Centre est le début, le milieu et la fin, où le milieu est un équivalent évident du « centre » comme l'indique la tradition

---

[1] *Jean* 20:19.
[2] *Genèse* 28:11.
[3] Maître Eckhart, *Sermons*, Seuil, Paris, 1978, II, pp. 37-38.
[4] « Le Principe ou le "Centre" », dit Guénon (René Guénon, *Le symbolisme de la croix*, Guy Trédaniel, Paris, 1984, p. 53).
[5] Guénon, *Le Roi du Monde*, p. 13. Fabre d'Olivet avait déjà dit que « on entend par Menou l'Intelligence législatrice qui préside sur la Terre d'un déluge à l'autre » (*Histoire philosophique du genre humain*, Éditions Traditionnelles, Paris, 1991, I, p. 238).

extrême-orientale (*Zhong Yong*, l'« Invariable Milieu »), mais il décrit également le point d'équilibre et d'harmonie, de paix et d'immuabilité, en tant que pivot de la balance – la « balance de jade » représentée par la Grande Ourse dans la tradition chinoise et appelée Tulâ en sanskrit[1].

C'est le « pivot de la norme » (*Dao Shu*), qui renferme, comme une arche ou un coffre, les Trois Mondes (idéogramme *qu*) à l'intérieur de l'*Axis Mundi* (idéogramme *mu*)[2]. En tant que pivot, le Centre est le Pôle, mais également l'accomplissement, le point final où tous les êtres reviennent ; c'est l'Alpha et l'Omega. Nicolas de Cusa a dit la même chose au sujet de Dieu qu'il conçoit identique au Centre : « Dieu, maximité absolue, est à la fois l'auteur de toutes ses œuvres, le seul qui les connaisse et leur fin, pour que tout soit en lui, et que rien ne soit hors de lui, qui est le principe, le moyen et la fin de tout, le centre et la circonférence de l'univers »[3]; et : « les pôles des sphères coïncident avec le centre pour que le centre ne soit pas autre chose que le pôle, c'est-à-dire le Dieu »[4].

Le Centre suprême, comme le Principe lui-même, n'a ni nom, ni limites, il est au-delà de toute définition, et ne peut être conçu que d'une façon symbolique en tant que point principiel, sans forme ni dimension, invisible, image du « Un » suprême. Ce point devient le centre du cercle, ou celui d'une croix tridimensionnelle, du *swastika* – le signe du Pôle, ou il devient le moyeu d'une roue (la roue de la vie, la roue de la loi, la roue des signes zodiacaux), ou le centre d'une fleur (lotus, rose, lys, le soleil doré dans le centre du myosotis).

Dans une perspective microcosmique, le paradis terrestre est le centre de l'état humain, comme un point produit par l'intersection de l'Axe du Monde avec le domaine des possibilités humaines, une image reflétée du Centre universel. Ce point central et primordial, identique au « Saint Palais » ou

---

[1] Guénon, *ibid.*, p. 83.
[2] Léon Wieger, *Caractères chinois*, Kuangchi Cultural Group, 2004, pp. 183, 276, 581.
[3] Nicolas de Cusa, *De la docte Ignorance*, Guy Trédaniel, Paris, 1979, p. 166.
[4] Cusa, *ibid.*, p. 152.

« Palais intérieur » de la Kabbale hébraïque, après la production ou la réalisation de l'espace, se fait le centre de cet espace, tout en demeurant essentiellement « non-localisé »[1]. C'est en raison de cette conception universelle que René Guénon a réfuté la définition de l'espace proposée par Pascal, « une sphère dont le centre est partout et la circonférence nulle part »[2]. Étant donné que le point central est essentiellement non-localisé (il n'occupe aucune place dans la manifestation), le centre principiel n'est en conséquence nulle part, alors que la circonférence, c'est-à-dire tous les êtres manifestés et produits, est partout[3].

Guénon parle du centre absolu et non pas de ses substituts ; en ce qui concerne la manifestation, Nicolas de Cusa a indiqué : « la machine du monde a, pour ainsi dire, son centre partout et sa circonférence nulle part »[4]. En appliquant les principes métaphysiques à notre monde, Cusanus a souligné l'erreur du géocentrisme et a expliqué que la Terre n'est pas le centre de l'univers, que du point de vue de n'importe quel corps céleste celui-ci devient un centre du monde apparent pour ses habitants, si bien que le monde manifesté a son centre en tout lieu parce qu'un univers en constant changement ne pourrait avoir un centre fixe et immobile[5]. De la même manière, toute tradition secondaire vraie et orthodoxe, dérivée régulièrement de la Tradition primordiale, identifie son centre spirituel au « centre ».

---

[1] Guénon, *Écrits*, pp. 173-179.
[2] Guénon, *Le symbolisme de la croix*, p. 148. Nous ferons remarquer que cette définition est utilisée dans le rituel *The Holy Royal Arch of Jerusalem* (Voir W. L. Wilmshurst, *The Meaning of Masonry*, Gramercy Books, New York, 1980, p. 74).
[3] Guénon, *ibid.*, p. 151.
[4] Cusa, *ibid.*, p. 155.
[5] « C'est pourquoi il est impossible que le moteur du monde ait quelque chose, la terre sensible par exemple, ou l'air, ou le feu, ou n'importe quoi d'autre, pour centre fixe et immobile ; en effet, dans le mouvement, on ne parvient pas au minimum simple, comme un centre fixe. (...) et, alors que notre monde n'est pas infini, néanmoins on ne peut pas le concevoir comme fini, puisqu'il n'a pas de limites entre lesquelles il soit enfermé. (...) Donc, de même que la terre n'est pas le centre du monde, la circonférence de ce dernier n'est pas davantage la sphère des étoiles fixes » (Cusa, *ibid.*, pp. 150-151).

« Le point caché » – le centre immuable, le moteur immobile (*to prôton kinoun akinêton on*), le pivot – n'appartient pas à la manifestation universelle, parce qu'il est le principe de l'univers « au-delà » de l'univers, donc non-manifesté. Les « modalités » du point principiel sont celles situées dans la manifestation, elles sont les nœuds contingents, « les centres vitaux » vibrant en résonance à la vibration primordiale.

D'autre part, la circonférence, en tant que limite du Monde, n'est nulle part, parce que la manifestation universelle, par rapport à la raison humaine, se prolonge indéfiniment. Une telle interprétation ne parvient pas à dépasser la perspective *prakritienne*[1], mais Nicolas de Cusa, fort heureusement, ne s'arrête pas à ce point de vue. Cusa a redonné vie à un adage hermétique du douzième siècle qui énonçait que Dieu est un cercle dont le centre est partout et la circonférence nulle part, tandis que Pascal, reprenant la formule de Cusa, deux siècles plus tard, l'a réduit irrémédiablement à une notion appartenant exclusivement au monde, interprétation dégénérée qui, évidemment, s'accordait parfaitement à la mentalité moderne. Comme nous l'avons déjà mentionné, en embrassant le point de vue métaphysique Guénon a expliqué comment il fallait réécrire la formule en conformité avec l'analogie inverse, en s'appuyant sur un texte daoïste transmis par Zhoang Zi : « Ce point est le pivot de la norme (*Dao Shu*). C'est le centre immobile d'une circonférence, sur le contour de laquelle roulent toutes les contingences, les distinctions et les individualités »[2].

De même, un cercle pourrait symboliser le syntagme biblique « l'Être est l'Être » (*Eheieh asher Eheieh*)[3] ; dans ce cas, le point central s'identifie au Logos, la circonférence quant à elle s'identifie au monde manifesté et au lieu géométrique des « modalités » du point principiel – les nœuds du monde. Dans une telle représentation, l'ubiquité de la circonférence représente

---

[1] Consulter notre étude *About the Yi Jing*, Rose-Cross Books, Toronto, 2006, p. 96.
[2] Léon Wieger, *Les pères du système taoïste*, Les Belles Lettres, Paris, 1950, p. 219 (Tchoang-tzeu, chap. 2, C).
[3] Guénon, *Le symbolisme de la croix*, p. 102, et en connexion avec l'affirmation de Cusa, « Dieu est » (*De la docte Ignorance*, p. 148).

bien entendu l'Existence universelle (la circonférence est partout), qui apparaît alors comme une réflexion contingente de l'omniprésence principielle du point caché, du Centre qui n'appartient pas à la manifestation universelle (le centre n'est nulle part), ou, comme le rappelle Nicolas de Cusa, nous pourrions dire que Dieu est partout en tant qu'explication et nulle part en tant que complication.

Prévoyant l'effet équivoque de cette formule, Cusa a apporté une clarification remarquable : « Donc la machine du monde a, pour ainsi dire, son centre partout et sa circonférence nulle part, parce que Dieu est circonférence et centre, lui qui est partout et nulle part »[1]. Pour illustrer cette affirmation fondamentale, Nicolas de Cusa se sert de la théorie mathématique des limites, en présentant les deux « infinis » (que Pascal a détournés et a dénaturés plus tard), et applique le concept du mouvement – une caractéristique fondamentale de l'univers, puisqu'il n'y a que le Principe qui soit immobile – au diagramme géométrique mentionné ci-dessus, en mettant en exergue les limites ou les extrêmes : le minimum du mouvement dans le centre fixe (« l'infini petit ») et le maximum sur la circonférence (« l'infini grand »), extrémités qui coïncident « à l'infini », notamment « au-delà » de la manifestation universelle, révélant Dieu – l'Un et le Seul « situé » à l'infini – comme maximum et minimum, centre et circonférence, puisque c'est seulement en Dieu que les deux infinis coïncident.

Toutes les doctrines traditionnelles sont du même avis à ce sujet. Dans la tradition islamique, le Trône (*El-Arsh*) est à la fois centre et circonférence ; Angélus Silesius a déclaré : « Dieu est mon cercle et le point de mon centre ». Dans la tradition hindoue, « Âtmâ, qui réside dans le cœur, est plus petit qu'un grain de riz, plus petit qu'un grain d'orge, plus petit qu'un grain de moutarde, plus petit qu'un grain de millet, plus petit que le germe qui est dans un grain de millet ; cet Âtmâ, qui réside dans le cœur, est aussi plus grand que la terre, plus grand que l'atmosphère, plus grand que le ciel, plus grand que tous ces

---

[1] Cusa, *ibid.*, p. 155.

mondes ensemble »[1] ; « Au-delà de ceci est Brahma suprême, le puissant caché dans tous les êtres, demeure par demeure [le centre], lui qui enveloppe l'univers entier »[2]. Dans la tradition chrétienne, « Le royaume des cieux est semblable à un grain de sénevé qu'un homme a pris et semé dans son champ. C'est la plus petite de toutes les semences ; mais, quand il a poussé, il est plus grand que les légumes et devient un arbre, de sorte que les oiseaux du ciel viennent habiter dans ses branches »[3].

Ainsi, Dieu est le « minimum » – le centre, le point principiel qui ne prend pas d'espace, puisque c'est le principe de l'espace, le point caché qui n'est nulle part tout en étant partout par l'intermédiaire des « nœuds » illuminés par sa vibration primordiale – il est aussi le « maximum » – la circonférence qui englobe tout et se reflète partout en tant que manifestation et multiplicité, mais puisqu'elle nous dépasse elle n'est nulle part. Zhoang Zi a dit : « Infini en lui-même, le Principe pénètre par sa vertu les plus petits des êtres [en tant que « minimum »]. Tous sont pleins de lui. Immensité quant à son extension, abîme quant à sa profondeur, il embrasse tout et n'a pas de fond [en tant que « maximum »] »[4]. Il est très intéressant de voir comment le grand maître spirituel Ibn 'Arabî applique cette formule à Abraham : « L'Ami-intime (*al khalîl*) a été désigné par ce nom parce qu'il pénètre[5] et renferme tout ce qui qualifie l'Essence divine »[6], proposition qui montre la fonction spéciale d'Abraham, non seulement par rapport aux trois religions mais également d'un point de vue ésotérique (René Guénon a indiqué: « cette connexion d'Abraham avec la Maçonnerie est d'ailleurs facilement compréhensible pour quiconque a quelque connaissance de la tradition islamique »[7]).

---

[1] *Chândogya Upanishad*, 3.14.3.
[2] *Svetâshvatara Up.*, 3.7.
[3] *Matthieu*, 13:31-32.
[4] Tchoang-tzeu, chap. 13, G, Wieger, *Les pères*, p. 315.
[5] *Takhallala*, « pénétrer », provient du même radical que *khalîll*.
[6] Ibn Arabî, *Le livre des chatons des sagesses*, Les Éditions Al-Bouraq, Beirut, 1997, p. 167, trad. Charles-André Gilis.
[7] René Guénon, *Études sur la Franc-Maçonnerie et le Compagnonnage*, Éditions Traditionnelles, Paris, 1980, II, p. 165.

La formule de Nicolas de Cusa dépasse le concept de « machine » en tant que monde, en s'élevant au niveau principiel, comme le rapporte cet autre extrait :

> Le maximum parfait tout entier est à l'intérieur de tout, qu'il est simple et indivisible, puisqu'il est le centre infini ; et en dehors de tout, entourant toutes choses, puisque circonférence infinie ; et pénétrant tout, puisque diamètre infini ; principe de toutes choses, puisque centre ; fin de toutes choses, puisque circonférence ; milieu de tout, puisque diamètre. Cause efficiente, puisque centre ; formelle, puisque diamètre ; finale, puisque circonférence. Donnant l'être, puisque centre ; gouvernant, puisque diamètre ; conservant, puisque circonférence[1].

Mais Cusa développe aussi le symbolisme du centre :

> le centre de la sphère maxima est égal au diamètre et à la circonférence. Donc, par ces trois lignes la sphère infinie[2] est égalée au diamètre et à la circonférence. Donc, par ces trois lignes la sphère infinie est égalée au centre, bien plus, le centre est tout cela : longueur, largeur et profondeur[3] ; il sera donc le maximum simple et infini. (...) Le centre précède toute largeur, longueur et profondeur et il est la fin ainsi que le milieu de tout cela[4].

« Dieu est le centre du monde, à savoir Dieu dont le nom est béni, celui-là est le centre de la terre et de toutes les sphères, et de tout ce qui est dans le monde, lui qui est en même temps la circonférence infinie de toutes choses »[5].

---

[1] Cusa, *ibid.*, p. 84. Pour Cusa, Jésus-Christ, « l'homme maximum », est le centre et la circonférence de la nature intellectuelle (pp. 184, 202).
[2] La sphère infinie devrait être comparée au « vortex sphérique universel » de Guénon.
[3] La croix tridimensionnelle.
[4] Cusa, *ibid.*, p. 88.
[5] Cusa, *ibid.*, p. 152.

Ezéchiel, dont la vision du Temple a fait de lui un prophète du Centre, a décrit celle de Dieu en tant que vortex universel, « machine du monde » de feu et de foudre :

> Je regardais, et voici, il vint du septentrion un vent impétueux, une grosse nuée, et une gerbe de feu, qui répandait de tous côtés une lumière éclatante. (...) Au centre encore, apparaissaient quatre animaux, dont l'aspect avait une ressemblance humaine. Chacun d'eux avait quatre faces, et chacun avait quatre ailes. (...) Leurs ailes étaient jointes l'une à l'autre ; ils ne se tournaient point en marchant, mais chacun marchait droit devant soi. Quant à la figure de leurs faces, ils avaient tous une face d'homme, tous quatre une face de lion à droite, tous quatre une face de bœuf à gauche, et tous quatre une face d'aigle. (...) Et les animaux couraient et revenaient comme la foudre. Je regardais ces animaux ; et voici, il y avait une roue sur la terre, près des animaux, devant leurs quatre faces. (...) leur aspect et leur structure étaient tels que chaque roue paraissait être au milieu d'une autre roue. (...) Elles avaient une circonférence et une hauteur effrayantes, et à leur circonférence les quatre roues étaient remplies d'yeux tout autour. Quand les animaux marchaient, les roues cheminaient à côté d'eux; et quand les animaux s'élevaient de terre, les roues s'élevaient aussi[1].

Nous devons admettre que la description d'Ezéchiel est impressionnante ; cette « machine cosmique » a enflammé les esprits modernes qui ont édifié toutes sortes d'hypothèses fantaisistes. Il faut noter l'harmonie du véhicule, son isotropie parfaite rendue par les roues sphériques, alors que les quatre créatures avec leurs quatre visages identiques semblent réunies dans une parfaite intégrité, enveloppées du feu et de la lumière.

Nous pouvons dire que la vision d'Ezéchiel représente la sphère lumineuse primordiale dont la longueur, la largeur, et la profondeur définissent la croix tridimensionnelle, alors qu'elle suggère en même temps un *swastika* spatial – le symbole du Pôle, dont la représentation dans un plan horizontal (qui est son

---

[1] *Ezéchiel* 1:4-19. Voir la page 61 (manuscrit du XVᵉ siècle – notre collection).

orientation conventionnelle) montre quatre branches liées aux quatre créatures.

Dans la tradition chrétienne, le *gammadia* ou « croix vide en tout » est une figure semblable, composée de quatre lettres grecques *gamma*, où le vide intérieur en forme de croix symbolise Jésus-Christ et où les quatre *gamma* représentent les quatre évangélistes[1]. Le Christ et les quatre créatures ou les quatre évangélistes, le prophète Muhammad et les quatre Kolaphâ, ou encore Horus et ses quatre fils, correspondent soit au centre et aux quatre coins, soit au centre et aux quatre points cardinaux ; dans ce dernier cas, comme dans celui du *swastika*, la circonférence est remplacée par les deux diamètres perpendiculaires qui soulignent « l'orientation » et définissent l'intégralité de la manifestation ; le centre et les quatre coins correspondent quant à eux aux « cinq points » qui déterminent traditionnellement l'emplacement d'un temple[2]. Ces « cinq points » sont non seulement le résumé essentiel du cercle (centre et circonférence), mais aussi l'intersection du vortex universel avec un plan en tant que degré de l'Existence universelle où le centre est l'image du Centre suprême et absolu.

Comme le Centre se reflète dans les divers mondes et dans les différents cycles cosmiques, il se reflète aussi dans notre monde ; chaque réflexion ou image constitue pour un cycle (principal ou secondaire) ou pour le monde, le noyau essentiel (Luz), la moelle spirituelle dans laquelle est « assise » la présence divine, où se manifeste l'Activité du Ciel qui produit et soutient, « ici » et « maintenant », cet état particulier d'existence, le monde ou le cycle en question. Le centre spirituel est le dépositaire de la somme des connaissances sacrées nécessaires pour gouverner ce monde-là, c'est la demeure de la Tradition primordiale révélée par l'intermédiaire du son et de la lumière au Roi du Monde – Manu, qui a sa résidence dans ce centre, révélation entendue en tant que participation active du Roi aux *Mystères* célestes. Du centre initial (primordial, suprême), la Tradition déborde (à l'image des rivières paradisiaques), en

---

[1] Guénon, *Le symbolisme de la croix*, p. 71.
[2] Guénon, *Symboles fondamentaux*, pp. 299-300.

irriguant la totalité du monde, donnant naissance à des centres et des traditions secondaires qui peuvent coexister ou non avec la source suprême.

On doit comprendre que le Centre du Monde est invisible, inaccessible, inviolable, qu'il appartient à la géographie sacrée, sans « localisation » précise (comme le temple des Rose-Croix) et se « matérialise » uniquement par particularisation dans un monde ou pour une civilisation donnée, mais, puisque la nature toute entière est un symbole du surnaturel[1], cette « matérialisation » renferme un symbolisme très riche dans lequel le centre spirituel peut prendre la forme d'un jardin, d'un palais, d'une forêt, d'une ville, d'une montagne, d'une île, d'une grotte, d'un temple, d'un monastère, d'une fontaine, d'un arbre, d'un labyrinthe ou même d'un âtre[2]. Pour l'humanité terrestre, le centre spirituel ou le cœur du monde a été au commencement de « l'âge d'or » identique au Paradis terrestre, alors qu'à la fin de « l'âge sombre » il se manifestera de nouveau sous la forme de la Jérusalem céleste descendant des cieux.

Cependant, ce symbolisme riche ne suggère pas seulement qu'un temple, qu'une pierre sacrée ou que n'importe quel autre signe « central » soient de simples symboles chargés d'une autorité virtuelle ou théorique, parce que cela laisserait à penser que notre monde pourrait exister de lui-même – ce qui est une pure impossibilité ; il suggère également que ces éléments sont la « maison de Dieu », un « lieu très éclairé et très régulier »[3] où la présence divine est à l'œuvre, un lieu qui doit avoir des attributs spéciaux ou, dans un sens plus profond, être au-delà de toute attribution, un lieu qui par conséquent doit être rituellement préparé pour recevoir Dieu chez soi, ce qui diffère radicalement de la théorie panthéiste absurde inventée par les modernes.

Le symbolisme traditionnel de tous les peuples compare le Centre au cœur, centre de l'être et « résidence divine » (*Brahma-*

---

[1] Guénon, *Écrits*, p. 57.
[2] Voir Guénon, *Symboles fondamentaux*, p. 109.
[3] Guénon, *Le Roi du Monde*, p. 23, *La Grande Triade*, p. 139.

pura pour la doctrine hindoue)¹. Dans la tradition hindoue, Âtmâ demeure dans le cœur ; dans la tradition islamique, le cœur est le trône d'Allâh ; en fait, toutes les traditions authentiques considèrent le cœur comme la « maison de Dieu ». Cependant, le cœur n'est initialement une résidence divine que virtuellement, et pour qu'il le devienne effectivement l'âme doit être préparée pour recevoir la présence de Dieu. Selon Maître Eckhart, l'expulsion des marchands du Temple est la représentation symbolique de cette préparation de l'âme. Dans son sermon, *Intravit Iesus in templum et coepit eicere vendentes et ementes*², Maître Eckhart présente le Temple comme l'âme humaine, et Dieu, qui a créé et formé l'âme selon son image, exige que ce temple soit vide, c'est-à-dire libéré de tous les obstacles, pour qu'Il vienne y résider. Al-Hallâj a exprimé la même chose : « Quand Allâh choisit un cœur, Il le vide de tout ce qui n'est pas Lui ».

C'est pour cela, qu'un temple, qu'un arbre, ou qu'une pierre, doivent être préparés et vidés de tous les obstacles et de toutes les « mauvaises » influences, afin de devenir la maison de Dieu, tout comme ils doivent être purifiés de façon efficace. En outre, puisque le centre lui-même est « non-localisé », la « localisation³ » des centres spirituels, établis dans le monde en tant qu'image du Centre, répond nécessairement aux lois de la géographie sacrée et de la science de l'orientation. Aussi tous ces centres, qui sont des images du Centre, montrent-ils des caractéristiques topographiques semblables et obéissent-ils aux lois qui régissent l'activité des influences spirituelles⁴. Directement ou indirectement, c'est Dieu qui suggère où doit être effectuée cette « localisation », comme Il inspire les plans architecturaux de l'édification du Centre, parce qu'un centre spirituel ne naît pas d'une source individuelle, mais d'une source divine et parce que la maison de Dieu doit être sacrée tant au

---

¹ Guénon, *Le Roi du Monde*, p. 25.
² *Matthieu*, 21:12.
³ Nous avons choisi le mot « localisation », en tenant compte de son lien avec le mot sanskrit *loka*.
⁴ Guénon, *ibid.*, p. 37.

dedans qu'au dehors. C'est pour cela que, dans diverses traditions, un animal divin incarne le guide du fondateur d'un centre, comme cela se retrouve dans le cas de Thèbes où Cadmus (c'est-à-dire, « le primordial », image d'Adam Kadmon) a consulté l'oracle de Delphes et a suivi une vache sacrée. Thèbes – comme Guénon l'a souligné – est un nom qui désigne les centres spirituels, parce que *Thebah* est le nom hébreu de l'arche de Noé qui est également une représentation du centre suprême[1] ; Guénon a ajouté que la fondation d'une ville pouvait symboliser l'institution d'une doctrine ou d'une forme traditionnelle, et que Thèbes était un exemple emblématique, puisqu'Amphion l'avait construite aux sons de sa lyre, instrument important dans l'orphisme et le pythagorisme (lié à la science du rythme)[2].

> Il eut un songe. Et voici, une échelle était appuyée sur la terre, et son sommet touchait au ciel. Et voici, les anges de Dieu montaient et descendaient par cette échelle. Et voici, l'Éternel se tenait au-dessus d'elle; et il dit : Je suis l'Éternel, le Dieu d'Abraham, ton père. (…) Voici, je suis avec toi, je te garderai partout où tu iras, et je te ramènerai dans ce pays ; car je ne t'abandonnerai point, que je n'aie exécuté ce que je te dis. Jacob s'éveilla de son sommeil et il dit : Certainement, l'Éternel est en ce lieu, et moi, je ne le savais pas ! Il eut peur, et dit : Que ce lieu est redoutable ! C'est ici la maison de Dieu, c'est ici la porte des cieux ! Et Jacob se leva de bon matin ; il prit la pierre dont il avait fait son chevet, il la dressa pour monument, et il versa de l'huile sur son sommet. Il donna à ce lieu le nom de Béthel; mais la ville s'appelait auparavant Luz[3].

Dans le cas de Jacob, Dieu lui suggère dans un rêve le lieu du centre spirituel, marqué par une pierre, qui devient le lieu de la maison de Dieu et, chose encore plus importante, le lieu de la porte du Ciel (le centre étant le point de contact entre le Ciel et

---

[1] Guénon, *ibid.*, p. 91.
[2] Guénon, *ibid.*, pp. 89-90.
[3] *Genèse* 28:12-19.

la Terre¹) ; de plus, Jacob par le rite de l'onction, prépare et purifie la pierre pour qu'elle devienne le support des influences spirituelles. Avant Jacob, Abraham avait établi, guidé également par Dieu, d'autres centres spirituels : « L'Éternel apparut à Abram, et dit : Je donnerai ce pays à ta postérité. Et Abram bâtit là un autel à l'Éternel, qui lui était apparu. Il se transporta de là vers la montagne, à l'orient de Béthel, et il dressa ses tentes, ayant Béthel à l'occident et Aï à l'orient. Il bâtit encore là un autel à l'Éternel, et il invoqua le nom de l'Éternel »². « Abram leva ses tentes, et vint habiter parmi les chênes de Mamré, qui sont près d'Hébron. Et il bâtit là un autel à l'Éternel »³. « Lorsqu'ils furent arrivés au lieu que Dieu lui avait dit, Abraham y éleva un autel, et rangea le bois. Il lia son fils Isaac, et le mit sur l'autel, par-dessus le bois »⁴.

Dans la tradition islamique, Abraham est non seulement le fondateur d'un centre spirituel, mais également celui d'une terre sainte. Comme cela a été indiqué précédemment, le point central produit (ou réalise) l'espace, et se fait le centre de cet espace, mais reste en lui-même « non-localisé », bien que dans la représentation mentale humaine l'espace soit une condition d'existence indispensable, tout comme le temps. C'est pour cela que la Kabbale juive décrit le centre du monde comme le centre de l'espace et du temps⁵. Le Paradis terrestre n'est pas dépeint comme un point central sans dimension, mais comme un jardin, c'est-à-dire comme une terre sainte ou un espace sacré, où l'Arbre de Vie y marque le centre. Dans la tradition hindoue, l'*ashwamedha* (« le sacrifice du cheval »), qui est un rituel vêdique essentiel, incarne la production de l'espace saint, qui, au niveau le plus élevé, symbolise la sacralisation de la terre lorsque les influences spirituelles du centre (le cheval sacré, similaire à la

---

¹ Guénon, *Écrits*, p. 112. Maître Eckhart, dans son sermon *Jésus hiez sîne jüngern ûfgân in ein schiffelîn und hiez sie varn über die wuot* (*Matthieu* 14:22), disait, en citant Saint Augustin, que l'âme est un point entre le temps et l'éternité.
² *Genèse* 12:7-8.
³ *Genèse* 13:18.
⁴ *Genèse* 22:9.
⁵ Guénon, *ibid.*, p. 100.

vache de Cadmus) se propagent comme des vibrations tridimensionnelles.

Un centre est une émanation ou un reflet du centre spirituel suprême (le centre de la Tradition primordiale), par conséquent, il est une image de celui-ci virtuellement identique à lui[1], ce qui explique pourquoi les centres secondaires sont toujours décrits d'une façon semblable[2] ; la région qui entoure un pareil centre spirituel est pour cette raison « une terre sainte ».

Les traditions affirment toutes de façon parfaitement concordante qu'il existe une « Terre Sainte » par excellence, prototype de toutes les autres « terres saintes », centre spirituel auquel tous les autres centres sont subordonnés – comme le disait René Guénon à la fin de son *Roi du Monde*.

La Terre Sainte est « non-localisée » dans notre monde. Les différentes traditions la situent dans « le monde invisible », mais il y a toutefois des allusions à quelques lieux et régions spécifiques à propos desquels Guénon s'est demandé rhétoriquement s'ils pouvaient être regardés comme la localisation effective de celle-ci, ou seulement comme une localisation symbolique, ou encore s'ils étaient les deux à la fois ? Sa réponse a été que les faits géographiques eux-mêmes, tout comme les faits historiques d'ailleurs, ont une valeur symbolique, qui n'enlève rien de leur réalité propre en tant que faits, mais leur confère, en plus de leur réalité immédiate, une signification supérieure[3].

Cette Terre Sainte archétypale est « la contrée suprême » ou « l'espace suprême » – signification sanskrite du terme Paradêsha que les Occidentaux ont adopté sous la forme « Paradis ». En effet, le Paradis terrestre est le Centre du Monde suprême, la Terre Sainte et le Cœur du Monde, même si d'autres traditions l'ont appelé Tula, Luz, Salem, ou Agarttha[4].

---

[1] Guénon, *La Grande Triade*, p. 138.
[2] Guénon, *Le Roi du Monde*, p. 39.
[3] Guénon, *ibid.*, pp. 95-96.
[4] Guénon, *Symboles fondamentaux*, pp. 108-109. « Il faut remarquer que le mot *Salem*, contrairement à l'opinion commune, n'a jamais désigné en réalité une ville, mais que, si on le prend pour le nom symbolique de la résidence de

Le Centre 93

Pour les traditions judaïque et chrétienne, la terre sainte est la terre promise à Abraham et nécessairement localisée où se trouve Jérusalem ; cependant, puisque tous les centres secondaires – fondés afin d'adapter la Tradition primordiale à des conditions spatiales et temporelles spécifiques – sont des images du centre suprême, Jérusalem pourrait être une image de Salem et virtuellement identique à lui, de la même manière que Sion en est une image. En outre, un centre secondaire est symboliquement équivalent au centre suprême, tandis que la terre sainte est non seulement la terre d'Israël, mais aussi un substitut du Paradis terrestre[1]. Comme Vulliaud l'a remarqué, « Le Tabernacle de la Sainteté de Jéhovah, la résidence de la Schekinah, est le Saint des Saints qui est le cœur du Temple, qui est lui-même le centre de Sion (Jérusalem), comme la sainte Sion est le centre de la terre d'Israël, comme la Terre d'Israël est le centre du monde »[2].

Il n'y a rien d'exceptionnel dans tout ceci, puisqu'en nous référant au rituel d'*ashwamedha* nous comprenons que si l'humanité devait être normalement constituée, le monde entier devrait être une terre sainte émanant du centre, avec le respect d'une hiérarchie symbolique des approximations successives du Pôle spirituel, comme cela se retrouve dans le cas de la Kabbale juive ou dans certains contes de fées, où les « puissances » sacrées s'imbriquent et se cachent telles des poupées russes les unes dans les autres. Ceci est illustré, par exemple, dans un conte où l'on trouve deux mouches, se cachant dans un canard, se cachant dans un lapin, se cachant dans un ours, se cachant dans une caverne. Guénon est allé plus loin dans la description rigoureuse du centre, considérant l'Arche d'Alliance dans le Tabernacle et, sur l'Arche d'Alliance elle-même, le lieu de manifestation de la Shekinah entre les deux Chérubim, marquant le « Pôle spirituel »[3]. À partir de ce Pôle, nous notons

---

Melki-Tsedeq, il peut être regardé comme un équivalent du terme Agarttha » (Guénon, *Le Roi du Monde*, p. 49).
[1] Guénon, *ibid.*, p. 57.
[2] Paul Vulliaud, *La Kabbale Juive*, Émile Nourry, Paris, 1923, I, p. 509.
[3] Guénon, *ibid.*, p. 56, *Écrits*, p. 112.

alors une série de prolongements graduellement assignés à la notion du centre, l'appellation « Centre du Monde » ou « Cœur du Monde » étant légitimement appliquée à chacun de ces prolongements[1].

Le *Tanakh* se rapporte à « Dieu qui demeure entre les Chérubim », qui est traditionnellement interprété comme siège de la Shekinah (c'est le propitiatoire de la *Bible* : « Les Chérubim étendront les ailes par-dessus, couvrant de leurs ailes le propitiatoire »[2]); dans le *Livre de la Genèse*, les Chérubim sont décrits comme gardant la voie vers l'Arbre de la Vie, c'est-à-dire vers le centre. Le Cherub peut être rapporté au Karibu babylonien, placé comme gardien devant les portes du palais ou du temple, donc à l'entrée du centre, ce qui nous permet de comparer les deux Chérubim aux piliers du temple de Salomon, bien qu'ils aient, en plus de la fonction de gardien, un rôle intermédiaire en relation avec les influences spirituelles, comme la Shekinah elle-même.

De la même façon que les Chérubim gardent le Paradis terrestre (la Terre Sainte suprême), ou que les piliers gardent le Temple de Salomon et qu'à l'intérieur de celui-ci, dans le Saint de Saints, le Chérubim en bois d'olivier recouvert d'or garde l'Arche d'Alliance, les Templiers ont gardé la terre sainte sur laquelle est bâtie Jérusalem. Mais il y a autant de « terres saintes » particulières qu'il existe de formes traditionnelles[3], et toutes auront leurs gardiens. C'est en vertu de cette constitution traditionnelle et universelle que Guénon a indiqué que les Druses et les Assassins (ou Ismaéliens) se sont appelés des « gardiens de la terre sainte », qui était une terre autre que la Palestine[4]. Chaque terre sainte est le centre spirituel d'une forme traditionnelle orthodoxe, et chaque peuple, tout comme les israélites, a été en possession d'un espace sacré avec un centre

---

[1] Guénon, *Symboles fondamentaux*, p. 106.
[2] *Exode* 25:20.
[3] Guénon, *ibid.*, p. 108.
[4] Guénon, *ibid.*, p. 105.

spirituel, qui a rempli un rôle comparable à celui du Temple de Jérusalem pour les juifs[1].

La série de prolongements qui se dégagent graduellement à partir de la notion de centre, comme Vulliaud et René Guénon l'ont signalé pour la tradition judaïque, se retrouve dans la tradition islamique, qui regarde le saint emplacement de la Kaaba comme créé avant toute autre partie de la terre ; Allâh n'a eu qu'à étendre celle-ci autour d'elle, en une série de cercles concentriques : Bekka, Mekka, puis le *haram* et enfin le reste de la terre. Cette architecture du lieu saint permet de symboliser le rayonnement des influences spirituelles qui partent du centre pour s'étendre à travers une série de circonférences, un centre qui est désigné comme « la mère des cités » (*umm el qurâ*), « le centre du monde » (*wast ed dunya*) ou « le nombril de la terre » (*surrat el ardh*)[2].

Concernant la dernière expression, on peut se reporter au *Roi du Monde* de René Guénon qui a consacré un chapitre entier à ce symbole du centre. Il a précisé qu'omphalos (mot grec signifiant « ombilic ») était un des symboles les plus remarquables et les plus largement diffusés[3] ; l'omphalos le plus connu est celui du temple de Delphes, symbolisant le centre spirituel de toute la Grèce antique[4]. La représentation matérielle de l'omphalos se faisait habituellement sous la forme d'une pierre sacrée, un *bétyle*, c'est-à-dire une « maison de Dieu » (de l'hébreu Beith-El), qui était proprement l'« habitacle divin » (*mishkan*), le siège de la Shekinah, suivant la désignation qui sera donnée plus tard au Tabernacle[5].

Dans la tradition islamique, la pierre sainte a également un rôle essentiel. Quand Abraham plaça la pierre noire (*Al-hajar Al-aswad*) à l'angle de la Kaaba, il en jaillit une flamme qui se

---

[1] Guénon, *ibid.*, p. 107.
[2] Gaudefroy-Demombynes, *Le pèlerinage à la Mekke*, Paul Geuthner, Paris, 1923, p. 30.
[3] *Le Roi du Monde*, p. 74.
[4] *ibid.*, p. 76, *Écrits*, pp. 90-91.
[5] *Le Roi du Monde*, p. 77. Il est très important de noter que Guénon a ajouté ici, d'une façon subtile, que « tout ceci se rattache naturellement à la question des "influences spirituelles" (*berakoth*) ».

répandit jusqu'aux limites du *haram*. Les démons, épiant tous les actes du prophète, sont alors accourus, mais frappés par la lumière, ils s'arrêtèrent aux lieux où sont les marques, aux points où Abraham les dressa pour garder le sanctuaire. Le *haram*, a dit le Prophète Muhammad, a été créé en même temps que le ciel et la terre, et les anges envoyés par Allah pour protéger Adam contre Satan se sont tenus sur l'emplacement des pierres levées qui marquèrent plus tard les limites du *haram*, et c'est Jabril (l'ange Gabriel) qui a enseigné à Abraham leur position exacte[1].

Du centre spirituel (Kaaba, la pierre noire) la présence divine se répand comme langues de feu (semblable au Saint-Esprit de la tradition chrétienne) produisant l'espace saint, le *haram*, alors que les pierres marquant les limites de la terre sainte sont les projections de la pierre noire, plus ou moins de la même façon que les points d'une circonférence sont les projections du centre[2].

Une des circonférences symboliques les plus célèbres est le Zodiaque. Chacune des circonférences concentriques rayonnant du point central, a une fonction zodiacale et pourrait être une image zodiacale, mais le Zodiaque correspond en premier lieu et dans sa signification la plus usuelle, à la limite de la terre sainte comme « cadre » du Cosmos. Cependant, comme pour ce qui a été expliqué précédemment à propos de la hiérarchie symbolique des approximations successives du Pôle spirituel, le même symbolisme employé pour décrire le Centre pourrait être attribué au Temple, à la ville sainte, à la terre sainte, et, dans une certaine mesure, au monde saint. René Guénon a dit : « cette constitution "zodiacale" se retrouve très généralement dans les

---

[1] Gaudefroy-Demombynes 24.
[2] Philostrate écrivait : « À trente stades de ce fleuve, ils rencontrèrent des autels avec ces inscriptions : À mon père Ammon. À mon frère Hercule. À Minerve Providence. À Jupiter Olympien. Aux Cabires de Samothrace. Au soleil indien. À Apollon de Delphes. Ils virent aussi une stèle d'airain sur laquelle étaient gravés ces mots : ici Alexandre s'arrêta. Il est à croire que les autels furent élevés par Alexandre, jaloux de marquer ainsi glorieusement les limites de son empire » (Philostrate, *Apollonius de Tyane*, II, 43).

centres spirituels correspondant à des formes traditionnelles diverses »[1].

Le mot « temple » vient du grec *temno*, « couper, séparer », d'où le mot grec *temenos* « un morceau de terre découpé » ou « un morceau de terre consacré à un dieu »; ce qui donne comme sens au mot latin *templum*, « un lieu sacré ». Découper un morceau de terre signifie réellement séparer d'une façon ou d'une autre cette partie intérieure et faire alors de la terre extérieure l'équivalent des « ténèbres extérieures », qui devient un lieu profane et sombre. La terre intérieure quant à elle devient la moelle sacrée, le lieu illuminé par lui-même, le « temple », la terre sainte. En latin, nous trouvons un mot indo-européen *seco*, « couper » dont la racine a donné les mots *sacer* « saint, sacré » et *sacrificium*, « sacrifice, immolation »[2]. Un « découpage » rituel est par exemple le sillon circulaire creusé par Romulus lors de la fondation de Rome, mais il peut être également le mur dont la fonction primitive est de protéger et de défendre, non seulement en tant que protection physique mais aussi en tant que protection spirituelle, semblable en cela au Chérubim qui protège le jardin d'Éden.

L'exemple le plus énigmatique et le plus célèbre de ville protégée est celui de l'Atlantide. Au-delà de la discussion historique de l'existence de l'Atlantide et de son emplacement, la description de Platon est l'image symbolique parfaite du centre du monde. La montagne et l'île sont les symboles emblématiques d'un centre spirituel : l'Atlantide a été bâtie sur une montagne située au centre d'une île ; la montagne est l'*Axis Mundi*, le Meru hindou. Platon dit que Poséidon, dieu de la mer, a protégé l'Atlantide en l'enfermant à l'aide de deux remparts et de trois fosses circulaires, en alternant terre et eau[3]. L'Atlantide

---

[1] Guénon, *Symboles fondamentaux*, p. 115. D'après d'Alveydre, le cercle le plus élevé et le plus rapproché du centre mystérieux Agarttha se compose de douze membres et correspond à la Zone zodiacale. « Dans la célébration de leurs Mystères magiques, ils portent les hiéroglyphes des signes du Zodiaque » (Saint-Yves d'Alveydre, *Mission de l'Inde en Europe*, Dorbon, 1949, p. 34).
[2] *The Everlasting Sacred Kernel*, p. 61.
[3] La tradition tibétaine décrit le Centre comme suit : « Au centre était la grande montagne, Rirab Lhunpo ("le centre de notre univers"), un pilier de pierres

est ainsi devenue inaccessible, aucun homme ne pouvant parvenir au centre spirituel[1]. Poséidon a édifié les clôtures, jouant de la sorte le rôle du Grand Architecte de l'Univers. Tout ceci montre que le « découpage » sacré est d'une importance telle que les dieux eux-mêmes s'impliquent comme maçons pour bâtir la clôture divine.

C'est pour cela que le Zodiaque est l'archétype céleste de la ville terrestre[2], qui renferme l'Univers de la même manière que le « découpage » renferme la « terre sainte ». Dans la Maçonnerie, la « chaîne d'union » qui entoure la loge maçonnique à sa partie supérieure et jalonnée habituellement par douze nœuds, est une image du Zodiaque[3] ; la « chaîne d'union » renferme et garde rassemblés tous les éléments de la loge, symbolisant le Zodiaque encadrant le Cosmos.

Dans la tradition chrétienne, l'*Apocalypse* représente la fin du monde et la naissance d'un autre entièrement neuf, comme l'exprime l'extrait suivant : « Puis je vis un nouveau ciel et une nouvelle terre ; car le premier ciel et la première terre avaient disparu, et la mer n'était plus. Et je vis descendre du ciel, d'auprès de Dieu, la ville sainte, la nouvelle Jérusalem, préparée comme une épouse qui s'est parée pour son époux »[4]. La Jérusalem céleste est décrite avec douze portes, ce qui rappelle évidemment le symbolisme du Zodiaque ; la production d'un nouveau Cosmos est symbolisée par la fondation d'un « lieu sacré », d'un centre spirituel, d'une ville sainte avec un cadre zodiacal. Le Zodiaque garde, rassemble et ordonne tous les éléments du Cosmos, des plus lumineux aux plus ténébreux. Les divers éléments constitutifs du lieu ou les nœuds innombrables sont des réflexions du Centre du Monde, de la ville suprême,

---

précieuses, la demeure des dieux. Autour de lui s'étend un lac, et autour du lac un cercle de montagnes d'or. Au-delà des montagnes d'or était un autre lac, encerclé encore alternativement. En tout il y avait sept lacs et sept anneaux de montagnes d'or. Sept fois la terre, sept fois l'eau » (Thubten Jigme Norbu, *Tibet*, Simon and Schuster, New York, 1970, pp. 19-20).

[1] Platon, *Critias* 113.
[2] Guénon, *Symboles fondamentaux*, p. 121.
[3] Guénon, *ibid.*, p. 388.
[4] *Révélation* 21:1-3.

Brahmapura, et peuvent devenir à leur tour des clôtures de la ville sainte ou des villes saintes secondaires.

Comme nous le voyons, le « découpage » représente non seulement une protection contre les forces maléfiques ou, par rapport à un autre point de vue, un obstacle contre l'ignorance, mais également un cadre pour soutenir et ordonner les éléments de la clôture. Le moindre changement du cadre sacré briserait l'harmonie, l'équilibre et la paix, menant au chaos et à l'invasion par les diables. Quand Phaéton, le fils d'Hélios, conduisit le char de son père, le véhicule solaire, il ne put suivre la voie zodiacale, et sa « transgression » détruisit l'ordre en brûlant le monde. Remus, le frère jumeau de Romulus, a été puni et tué parce qu'il avait franchi le « découpage » sacré de Rome[1] ; après cet évènement, une règle romaine a été instituée punissant de mort tout soldat qui franchirait le mur du camp sans utiliser la porte[2].

C'est la porte qui incarne le seul endroit sûr et légitime pour franchir le « cadre », mais elle est aussi le passage gardé par la seule autorité légitime représentée dans les mythes par les Cherubim, les lions, les dragons, les monstres ou les sphinx qui sont les *dvârapâlas*, c'est-à-dire « les gardiens du seuil » examinant les « élus » et punissant les intrus. La porte est en elle-même une image du centre (« la porte du ciel » de Jacob), sens explicitement illustré par les cathédrales médiévales où le Zodiaque enveloppe la porte[3], pour matérialiser le symbolisme spirituel de Jésus – la Porte et le Centre – entouré par les douze apôtres. Ici, les douze disciples ne représentent pas le Zodiaque comme cadre du Cosmos, ni non plus comme cadre de la terre sainte; ils symbolisent « le cercle intérieur », les influences spirituelles envoyées du centre vers le monde pour le rendre

---

[1] Un sacrifice accompagne toujours la fondation d'un centre. Trophonius, l'architecte légendaire qui construisit le temple d'Apollo à Delphes, a décapité son frère Agamèdes avant d'établir l'oracle dans son antre célèbre à Lébadeia.
[2] Jackson Knight, *Vergil, Epic and Anthropology*, Barnes & Noble Inc., 1967, p. 219.
[3] Jean Hani, *Le Symbolisme de Temple Chrétien*, Guy Trédaniel, 1978, p. 94.

saint. Ils sont les douze fenêtres du *Ming-Tang*[1], les douze portes de la Jérusalem céleste, qui sont les « yeux » du centre mesurant par la vue l'existence toute entière. De la même façon, le retour au Centre signifie le retour des douze rayons vers le point central et il y a une allusion à ce symbolisme dans la tradition judaïque quand Moïse, obéissant à l'ordre de Dieu, a envoyé douze hommes pour explorer le pays de Canaan[2]. Mais en se rapportant au symbolisme du Zodiaque, les douze espions représentent les douze tribus d'Israël, parabole équivalente à celle où Dieu « ordonne » le campement des enfants d'Israël : le Tabernacle au centre, « les Lévites camperont autour du tabernacle du témoignage »[3] pour le garder (le cercle intérieur), alors que les douze tribus camperont séparées en quatre groupes de trois tribus répartis à chaque point cardinal (le cercle zodiacal externe)[4].

Dans le cas d'une terre sainte, la différence entre le centre et les points zodiacaux de la circonférence, ou entre la Kaaba et les pierres pointant les confins du *haram*, est la même que la différence entre la Shekinah et les Chérubim, ou entre l'Autorité spirituelle et le Pouvoir temporelle. Comme le disait Guénon, les dépositaires et dispensateurs de la doctrine se tiennent à la source, qui est proprement le centre même ; de là, la doctrine se communique et se répartit hiérarchiquement aux divers degrés initiatiques, suivant les courants représentés par les fleuves du Pardes. Les « gardiens » (qui sont la « couverture extérieure ») se tiennent à la limite du centre spirituel, pris dans son sens le plus étendu, ou à la dernière enceinte, celle par laquelle ce centre est à la fois séparé du « monde extérieur » et mis en rapport avec celui-ci. Ce rôle de gardien et de défenseur est la fonction légitime des *Kshatriyas* ; ces données, pour la tradition

---

[1] Guénon, *La Grande Triade*, p. 141, Marcel Granet, *La pensée chinoise*, Albin Michel, Paris, 1980, pp. 150-151, Luc Benoist, *Art du Monde*, Gallimard, Paris, 1941, p. 90.
[2] *Nombres* 13:17.
[3] *Nombres* 1:53.
[4] Les douze tribus et les quatre animaux d'Ezéchiel (correspondant aux quatre pointes cardinaux) sont inclus dans le rituel *The Holy Royal Arch* (Wilmshurst 155-156).

chrétienne, justifient l'existence et la nécessité des ordres de la Chevalerie comme gardiens de la terre sainte, comme elles justifient l'édification du Temple de Salomon comme symbole, bien que pour les Templiers celui-ci ne soit pas seulement un édifice matériel, mais avant tout le Temple idéal, symbole du Centre suprême[1].

Assurément, au cours du présent *Manvantara* il y a eu des terres saintes distinctes en différents lieux, de manière à s'adapter aux diversités des conditions d'espace et de temps. Cependant, pour qu'une terre sainte soit sainte, elle doit obligatoirement abriter la présence divine ; dans la tradition judaïque, la présence divine s'appelle Shekinah et le Tabernacle est considéré comme l'« habitacle de Dieu » (*mishkan*), un mot dérivant de la même racine verbale que Shekinah[2]. Les autels d'Abraham sont des habitacles de la Shekinah qui représentent des modalités secondaires du point principiel, leur « centres vitaux » reflétant le centre suprême, alors que les nœuds sacrés du tissage garantissent la sainteté de la « terre sainte ». Et lorsque le point de vue profane commence à régner, la Shekinah se retire faisant de la terre sainte une coquille vide. Pour maintenir la présence de la Shekinah lors de la décroissance du cycle, il est nécessaire d'instituer des rites plus élaborés accomplis plus souvent et d'augmenter le nombre de degrés spirituels pour permettre aux influences spirituelles d'opérer plus efficacement pour garder la terre sainte ; mais parce qu'à la fin des temps les hommes justes manquent, le centre disparaît sous terre, transformant la terre sainte en un désert stérile, en une terre de désolation.

Avec la descente cyclique, les influences spirituelles et le centre spirituel sont « perdus », cachés et inaccessibles, ce qui revient à dire qu'ils se retirent du sommet de la montagne dans l'abîme de la caverne, dans un souterrain, dans les profondeurs de la terre, ou dans le cœur de la montagne. C'est pour cela que les différentes traditions font état d'un monde souterrain mystérieux qui communique invisiblement avec toutes les

---

[1] Guénon, *Symboles fondamentaux*, pp. 110-112.
[2] Vulliaud, *La Kabbale Juive*, I, p. 493, Guénon, *Le Roi du Monde*, p. 25.

régions de la terre ; la grotte est la cavité du cœur, le centre de l'être, l'athanor hermétique, le lieu de l'initiation, *Beith-El* (la maison du Dieu), mais aussi Agarttha, nommé auparavant Luz, ville mystérieuse située sous la terre, donc complètement cachée[1].

> On doit (...) parler de quelque chose qui est caché plutôt que véritablement perdu, puisqu'il n'est pas perdu pour tous et que certains le possèdent encore intégralement ; et, s'il en est ainsi, d'autres ont toujours la possibilité de le retrouver, pourvu qu'ils le cherchent comme il convient, c'est-à-dire que leur intention soit dirigée de telle sorte que, par les vibrations harmoniques[2] qu'elle éveille selon la loi des « actions et réactions concordantes », elle puisse les mettre en communication spirituelle effective avec le centre suprême. Cette direction de l'intention a d'ailleurs, dans toutes les formes traditionnelles, sa représentation symbolique ; nous voulons parler de l'orientation rituelle : celle-ci, en effet, est proprement la direction vers un centre spirituel, qui, quel qu'il soit, est toujours une image du véritable « Centre du Monde »[3].

---

[1] Le schéma de la montagne est un triangle dont le sommet est dirigé vers le haut ; celui de la caverne est un triangle dont le sommet est dirigé vers le bas (Guénon, *Symboles fondamentaux*, p. 224). Guénon ajoute : « Si l'on veut représenter la caverne comme située à l'intérieur (ou au cœur, pourrait-on dire) même de la montagne, il suffit de transporter le triangle inversé à l'intérieur du triangle droit, de telle façon que leurs centres coïncident. (...) D'autre part, si l'on fait les côtés du triangle inversé égaux à la moitié de ceux du triangle droit, le petit triangle divisera la surface du grand en quatre parties égales » (pp. 225-226) : c'est une image centrale et lumineuse du *Royal Arch*.
[2] Dans le prochain chapitre, nous allons montrer l'importance symbolique des vibrations harmoniques par rapport au centre et aux influences spirituelles.
[3] Guénon, *Le Roi du Monde*, p. 69.

VI

LE CENTRE ET LES INFLUENCES SPIRITUELLES

UN CENTRE spirituel véritable doit être considéré comme représentant la Volonté divine dans ce monde[1] ; pour la tradition extrême-orientale ce centre est l'« Invariable Milieu » où se manifeste l'« Activité du Ciel »[2] ; pour la tradition juive, « un tel centre, constitué dans des conditions régulièrement définies, devait être le lieu de la manifestation divine », c'est-à-dire de la Shekinah[3].

Il est évident que le centre du monde, comme point de contact entre le Ciel et la Terre, est dépositaire des éléments « non-humains » qui représentent l'essence immortelle des symboles, des rites, de la doctrine traditionnelle elle-même (se traduisant par la forme symbolique de son expression[4]) et de l'homme qui transmet la doctrine, qui accomplit un rite, ou qui parcourt une voie initiatique[5]. Bien sûr, tout ceci est beaucoup plus complexe et nous ne pouvons aborder que les aspects essentiels, suivant l'exemple du peintre daoïste pour qui l'essentiel est le vide plutôt que le dessin. Le centre transmet les éléments « non-humains » et les maintient par une vibration ininterrompue qui s'harmonise avec les vibrations propres du

---

[1] René Guénon, *Aperçus sur l'initiation*, Éd. Trad., Paris, 1992, p. 68.
[2] Guénon, *Symboles fondamentaux*, p. 88.
[3] Guénon, *Le Roi du Monde*, p. 23.
[4] Guénon, *Aperçus sur l'initiation*, p. 285.
[5] « L'intervention d'un élément "non-humain" peut définir, d'une façon générale, tout ce qui est authentiquement traditionnel » (Guénon, *ibid.*, p. 26).

monde ; mais lorsque la décadence devient prépondérante, la révolte contre l'autorité spirituelle est victorieuse et le point de vue profane devient dominant, cette transmission cesse et les vibrations se retirent dans le centre, le monde solidifié étant incapable d'y répondre, si bien que, progressivement, les symboles ne sont plus compris, les rites sont altérés ou oubliés, mais surtout ils perdent leur efficacité, et l'homme, pour sa part, devient accaparé par le « moi » avec telle une force, qu'il en vient à nier toute réalité « non-humaine ».

Les éléments « non-humains » descendent du Centre absolu (identique au Principe lui-même) par la Voie suprême (Dao) ou l'Axe du Monde. La Voie, représentée par l'axe vertical rappelle Guénon, se rapporte à l'« Homme Universel » qui s'identifie au « Soi », alors que la « Vérité », représentée par un des deux axes horizontaux de la croix spatiale, se rapporte à l'« homme intellectuel » et la Vie (représentée par l'autre axe horizontal) à l'« homme corporel »[1]. C'est une interprétation métaphysique de la parole de l'Évangile de Saint Jean que René Guénon a donnée, dans laquelle le Logos ou la Volonté du Ciel à l'œuvre est « la Voie, la Vérité et la Vie »[2]. Au début de l'*Évangile de Saint Jean* nous trouvons les paroles bien connues : « Au commencement était la Parole, et la Parole était avec Dieu, et la Parole était Dieu. En elle était la vie, et la vie était la lumière des hommes. Cette lumière était la véritable lumière, qui, en venant dans le monde, éclaire tout homme ». Bien sûr, la lumière et la vie sont avant tout des symboles remplaçant la Lumière et la Vie

---

[1] Guénon, *Le symbolisme de la croix*, p. 123. L'homme intellectuel avec l'homme corporel constituent l'« homme véritable ».
[2] « Jésus lui dit: Je suis la voie, la vérité, et la vie » (*Jean* 14:6). Il est très important de remarquer que c'est dans l'*Évangile de Saint Jean* que nous trouvons les meilleurs attributs symboliques du Christ : « Je suis le pain vivant qui est descendu du ciel » (6:51) ; « Celui qui croit en moi, des fleuves d'eau vive couleront de son sein » (7:38) ; « Je suis la lumière du monde ; celui qui me suit ne marchera pas dans les ténèbres, mais il aura la lumière de la vie » (8:12) ; « Pendant que je suis dans le monde, je suis la lumière du monde » (9:5) ; « Je suis la porte. Si quelqu'un entre par moi, il sera sauvé » (10:9) ; « Je suis le bon pasteur » (10:11) ; « Je suis la voie, la vérité, et la vie » (14:6) ; « Je suis le vrai cep, et mon Père est le vigneron » (15:1). On notera l'importance de la lumière et de la vie.

principielles, symbolisme que René Guénon a exposé dans un article intitulé *Verbum, Lux et Vita*.

Nous avons déjà vu que Dieu, par Son Verbe, devient le Centre du Monde, et Manu, qui est l'Intelligence cosmique, réfléchit la Lumière spirituelle[1]. De plus, Guénon dit que le centre spirituel est « le lieu de la manifestation divine, toujours représenté comme "Lumière" ». Cette Lumière est la Shekinah, la « présence réelle » de la Divinité, et « il faut noter que les passages de l'Écriture où il en est fait mention tout spécialement sont surtout ceux où il s'agit de l'institution d'un centre spirituel : la construction du Tabernacle, l'édification des Temples de Salomon et de Zorobabel »[2].

La Shekinah est la présence immédiate de Dieu au sein du monde et de l'homme ; elle est la lumière universelle produite au premier jour[3].

> Le mystère de sa fonction se cryptographie *Yod Beth Koph*, c'est-à-dire par les initiales de *Ykouda* (Unité), *Beraka* (Bénédiction), *Kedoscha* (Sainteté). La Schekinah est l'intermédiaire par qui se réalise l'Union du monde inférieur avec le Saint, béni soit-il, elle est l'organe des Bénédictions de haut en bas et de bas en haut, et elle est enfin le principe de la Sanctification. Les bénédictions se transmettent par l'intermédiaire de la Schekinah à travers les artères de l'organisme universel[4].

Ce passage de Vulliaud est très important. René Guénon nous dit, dans le chapitre *La « Shekinah » et « Metatron »* de son *Roi du Monde*, après avoir introduit les deux intermédiaires célestes : « Nous n'avons pas à entrer dans le développement de la théorie des "influences spirituelles" (nous préférons cette expression au mot "bénédictions" pour traduire l'hébreu *berakoth*, d'autant plus que c'est là le sens qu'a gardé très nettement en arabe le

---

[1] Nous trouvons ici un autre terme essentiel et « central » : l'Intelligence.
[2] Guénon, *Le Roi du Monde*, p. 23. Vulliaud, *La Kabbale Juive*, I, p. 489.
[3] Vulliaud, *ibid.*, I, p. 501.
[4] Vulliaud, *ibid.*, I, p. 508.

mot *barakah*) »[1]. Nous pouvons donc reformuler la dernière phrase du passage de Vulliaud et dire que les influences spirituelles se transmettent par l'intermédiaire de la Shekinah dans le centre spirituel. L'influence spirituelle constitue l'élément « non-humain » véhiculé par les rites, l'accomplissement desquels implique « l'action d'une influence d'ordre supérieur, qui peut être dite proprement "non-humaine", ce qui est à la fois le cas des rites initiatiques et celui des rites religieux »[2].

> Nous dirons donc ceci : toute religion, au vrai sens de ce mot, a une origine « non-humaine » et est organisée de façon à conserver le dépôt d'un élément également « non-humain » qu'elle tient de cette origine ; cet élément, qui est de l'ordre de ce que nous appelons les influences spirituelles, exerce son action effective par le moyen de rites appropriés, et l'accomplissement de ces rites, pour être valable, c'est-à-dire pour fournir un support réel à l'influence dont il s'agit, requiert une transmission directe et ininterrompue. (...) S'il en est ainsi dans l'ordre simplement exotérique, à plus forte raison devra-t-il en être de même dans un ordre plus élevé, c'est-à-dire dans l'ordre ésotérique[3].

Guénon a ajouté : « Le rite comporte toujours un enseignement en lui-même, et la doctrine, en raison de son caractère "non-humain", porte aussi en elle l'influence spirituelle »[4] ; « Il faut encore ajouter que, lorsqu'il s'agit de rites et de symboles véritablement traditionnels, leur origine est pareillement "non-humaine" »[5].

L'interruption de la transmission de l'influence spirituelle est équivalente à une fissure ou à une rupture dans la chaîne initiatique (l'arabe *silsilah*, l'hébreu *shelsheletk*) et comparable aux fissures produites dans la « Grande Muraille » par les influences

---

[1] Guénon, *Le Roi du Monde*, p. 23.
[2] Guénon, *Aperçus sur l'initiation*, p. 54.
[3] Guénon, *ibid.*, pp. 55-56.
[4] Guénon, *ibid.*, p. 285.
[5] Guénon, *ibid.*, p. 115.

maléfiques[1] ; « Les actions coupables forment ce que la Kabbale appelle une *brèche* dans le Saint nom de Dieu. (...) C'est ainsi que les bénédictions ne peuvent plus s'écouler par les canaux séphirothiques que le péché obstrue. L'écoulement ne pouvant plus s'effectuer, la "Sainteté" cède son empire à celui du Démon »[2]. En fait, il y a, comme toujours, une double opération, céleste et terrestre : la brèche dans la transmission de l'influence spirituelle est doublée par la retraite de cette influence, par sa résorption dans le centre qui devient alors un centre occulté en raison de la profanation du monde. « La Schekinah s'éloigne ou s'approche de l'homme et de l'univers suivant le degré de Sainteté individuelle et collective ou de pureté qui est un des caractères de la Sainteté »[3].

Le premier juste [*tsaddiq*] qui ramena la Shekinah ici-bas a été Abraham[4]. « La Schekinah est bénédiction, bénie et encore bénie ; et elle bénit. Abraham et ses fils l'ont reçue en héritage »[5]. Nous comprenons maintenant le rôle essentiel d'Abraham comme bâtisseur d'autels : seul un homme consacré, béni avec la Shekinah et rempli de l'influence spirituelle, a les qualifications requises pour bâtir un autel, c'est-à-dire une « maison de Dieu », et de performer les rites mettant en œuvre l'influence spirituelle pour consacrer l'autel.

Dans la tradition islamique, Abraham apparaît comme un *hanîf*, un sage pur[6] et unitaire, consacré à une adoration absolue et illimitée de la Vérité métaphysique[7]. « Qui saurait être d'une meilleure religion que celui qui soumet sa face à Allâh, en agissant selon l'excellence, et qui suit la Règle d'Abraham en mode pur (*hanîfan*) ? Car Allâh avait pris Abraham comme ami

---

[1] Guénon, *Le règne*, p. 230.
[2] Vulliaud, *La Kabbale Juive*, I, p. 508.
[3] Vulliaud, *ibid.*, I, p. 509.
[4] Vulliaud, *ibid.*, I, p. 509.
[5] Vulliaud, *ibid.*, I, p. 510.
[6] « En vérité, Ibrâhîm n'était ni Juif ni Chrétien, mais il était un *hanîf* » (*Coran*, 3:67).
[7] Vâlsan, *L'Islam*, p. 131. « Abraham était un. Il était nommé ainsi parce qu'aucun de ses contemporaines n'a obtenu une telle foi en Dieu » (*Zohar*, I, 85 b).

intime (*khalîl*) »[1]. Comme « ami intime » de Dieu, Abraham est le bénéficier d'une réalisation spirituelle comportant le degré suprême d'amour[2] et il est, d'après Gilis, « une figure du Sacerdoce universel »[3]. Abraham est appelé « ami intime », nous enseigne Ibn 'Arabî, parce qu'il a « pénétré » et s'est assimilé les Qualités de l'Essence divine ; ou encore, son nom signifie que Dieu a pénétré essentiellement la forme d'Abraham[4]. Pour Gilis, lorsque l'on considère Abraham en tant qu'il pénètre et renferme toutes les qualités de l'Essence divine, c'est signifier qu'il réalise initiatiquement les Noms divins – c'est la réalisation ascendante ; alors que lorsque l'on considère que c'est Dieu qui pénètre la réalité actuelle de la forme d'Abraham, cela signifie la réalisation descendante[5].

Ce double processus initiatique se retrouve également dans la tradition judaïque. Abraham est le bien-aimé de Dieu et il aime Dieu parce qu'il aime la justice (*tsedeq*). Abraham est le juste (*tsaddiq*), contrairement à beaucoup de gens qui sont loin de Dieu et qui, refusant de s'approcher de Lui, sont ainsi loin de la justice ; et, parce qu'ils sont loin de la justice, ils sont loin de la paix et ne sont pas dans la paix[6]. Ce qui est suggéré ici est cette qualité particulière d'Abraham liée à la justice et à la paix, c'est-à-dire liée au centre du monde[7]. La relation extraordinaire entre Abraham et Dieu, sa capacité de ramener la Shekinah ici-bas, s'explique par le fait qu'il est « le juste » et qu'il aime la justice tout comme *Melki-Tsedeq*, qui lui est supérieur ; toutefois, on

---

[1] *Coran*, 4:124.
[2] Abraham accepte d'immoler son fils.
[3] Arabî, *Le livre des chatons*, I, p. 177.
[4] Muhyi-d-dîn Ibn 'Arabî, *La sagesse des prophètes*, Albin Michel, Paris, 1974, trad. Titus Burckhardt, p. 75, Arabî, *Le livre des chatons*, I, trad. Gilis, p. 168.
[5] Arabî, *ibid.*, I, p. 179.
[6] *Zohar*, I, 76 b. « *Melki-Tsedeq* est donc roi et prêtre tout ensemble ; son nom signifie "roi de Justice", et il est en même temps roi de Salem, c'est-à-dire de la "Paix" ; nous retrouvons donc ici, avant tout, la "Justice" et la "Paix", c'est-à-dire précisément les deux attributs fondamentaux du "Roi du Monde" » (Guénon, *Le Roi du Monde*, p. 49) ; et René Guénon ajoutait que Salem est un équivalent du terme Agarttha. Faisons remarquer que Melki-Tsedeq a béni Abraham.
[7] Le jardin d'Eden est le lieu où résident les justes (*Zohar*, I, 77 b).

ignore pourquoi les autres protagonistes sont éloignés de la justice, tous sauf Abraham.

La réalisation spirituelle d'Abraham suit les trois degrés de l'âme[1] : « il y a donc un trône sur un trône, et au plus haut, un trône »[2], c'est-à-dire *nephesh*, l'élan d'en bas, que le corps est attaché, *ruah* et *neshama*, mais il s'agit aussi d'un double processus initiatique :

> Lorsque Abram entra dans le pays, Dieu apparut devant lui et Abram reçut le *nephesh* et en cet endroit il éleva un autel au degré correspondant de divinité. Ensuite, il « partit, allant et se déplaçant vers le Sud », et il reçut le *ruah*. Il parvint enfin, par *neshama*, au point suprême de l'adhésion à Dieu, et alors « il construit un autel au Seigneur ». (…) Il descendit aussitôt en Égypte (…) et après il « remonta de l'Égypte » et il accéda au plus haut degré de la foi. Dès lors, Abram connut la sagesse suprême[3].

Il ne subsiste aucun doute sur le fait qu'Abraham « le juste »[4] ait été un initié. Il a bénéficié de l'apport des influences spirituelles dans une progression ascendante, mais il disposait aussi d'une aptitude ou d'une disposition naturelle (la « qualification » initiatique)[5] en rapport avec le degré de connaissance hérité de ses états antérieurs. Ibn 'Arabî, dans le chapitre sur Abraham, expliquait : « Il n'entre pas dans la possibilité de chaque être en ce monde que Dieu lui ouvre l'œil de son intelligence [intuitive] pour qu'il voit la réalité telle qu'elle est ; il y en a qui connaissent et d'autres qui ignorent. Donc, Dieu n'a pas voulu les guider tous et ne les a pas guidés tous, et Il ne voudra pas le faire »[6].

Nous avons vu précédemment qu'un centre secondaire doit être préparé et vidé de tous les obstacles et de toutes les

---

[1] « En scrutant ces degrés de l'âme, on parvient à pénétrer la sagesse suprême ».
[2] *Zohar*, I, 83 b.
[3] *Zohar*, I, 83 b.
[4] « Abraham dit: Que le Seigneur ne s'irrite point, et je ne parlerai plus que cette fois. Peut-être s'y trouvera-t-il dix justes. Et l'Éternel dit: Je ne la détruirai point, à cause de ces dix justes » (*Genèse* 18:32).
[5] Guénon, *Aperçus sur l'initiation*, p. 29.
[6] Arabî, *La sagesse des prophètes*, p. 79.

« mauvaises » influences, et qu'il doit être purifié d'une façon efficace, afin de devenir la maison de Dieu. De manière analogue l'âme doit être préparée pour recevoir la présence de Dieu (comme disait Maître Eckhart) ; Abraham est un sage pur non seulement dans le sens de la perfection, mais aussi en tant qu'homme purifié qui s'est préparé pour recevoir la Shekinah, et Guénon a montré que les épreuves initiatiques sont essentiellement des rites de purification, des rites préliminaires ou préparatoires à l'initiation proprement dite[1].

> *Melki-Tsedeq* est représenté comme supérieur à Abraham, puisqu'il le bénit. (…) La « bénédiction » dont il est parlé est proprement la communication d'une « influence spirituelle », à laquelle Abraham va participer désormais ; et l'on peut remarquer que la formule employée met Abraham en relation directe avec le « Dieu Très-Haut »[2].

La relation directe entre Abraham et Dieu est une communication directe avec le Centre suprême, de nature intellectuelle, intuitive et permanente, et non de nature religieuse, précision importante parce qu' « Il y a beaucoup de croyants et peu de connaissants intuitifs »[3]. René Guénon a dit :

> Admettons que … il s'agisse vraiment d'une communication avec les états supérieurs [supra-individuels] ; cela sera encore bien loin de suffire à caractériser l'initiation. En effet, une telle communication est établie aussi par des rites d'ordre purement exotérique, notamment par les rites religieux ; il ne faut pas oublier que, dans ce cas également, des influences spirituelles, et non plus simplement psychiques, entrent réellement en jeu, bien que pour des fins toutes différentes de celles qui se rapportent au domaine initiatique. (…) En ce qui concerne l'initiation, la simple communication avec les états supérieurs ne peut pas être regardée comme une fin, mais seulement comme un point de départ ; si cette communication doit être établie tout d'abord par l'action d'une influence spirituelle,

---

[1] Guénon, *Aperçus sur l'initiation*, p. 175.
[2] Guénon, *Le Roi du Monde*, p. 50.
[3] Arabî, *La sagesse des prophètes*, p. 80.

c'est pour permettre ensuite un prise de possession effective de ces états, et non simplement, comme dans l'ordre religieux, pour faire descendre sur l'être une « grâce » qui l'y relie d'une certaine façon, mais sans l'y faire pénétrer[1].

Abraham est un « connaissant intuitif » et non un simple croyant, ce qui requière une réalisation spirituelle complète. L'homme, en tant qu'homme, peut atteindre le Paradis terrestre, le centre de l'état humain intégral, considéré dans toute l'extension de ses possibilités, mais pour atteindre le Paradis céleste, le Centre suprême, il doit réaliser les états suprahumains, et « dans le symbolisme de la croix, la première de ces deux réalisations est représentée par le développement indéfini de la ligne horizontale [la Vérité et la Vie], et la seconde par celui de la ligne verticale [la Voie] »[2]. La communication directe avec les états supérieurs, a dit Guénon, repose sur l'existence de facultés transcendantes par rapport à l'individu, quel que soit le nom qu'on leur donne, « intuition intellectuelle » ou « inspiration »[3]. Les vérités métaphysiques, précise Guénon, ne peuvent être conçues que par une faculté qui n'est plus d'ordre individuel, et le caractère immédiat de cette opération est ce qui en fait une faculté intuitive, que l'on appelle intuition intellectuelle ou intellect pur[4] ; la métaphysique affirme l'identité foncière du connaître et de l'être, ajoute Guénon, et cette identité est essentiellement inhérente à la nature même de l'intuition intellectuelle, c'est-à-dire que cette identité est réalisée par l'intuition intellectuelle exclusivement[5].

---

[1] Guénon, *Aperçus sur l'initiation*, pp. 26-27.
[2] René Guénon, *Autorité spirituelle et pouvoir temporel*, Véga, Paris, 1976, pp. 98, 102.
[3] « L'intellect transcendant, pour saisir directement les principes universels, doit être lui-même d'ordre universel ; ce n'est plus une faculté individuelle » (René Guénon, *La métaphysique orientale*, Éditions Traditionnelles, Paris, 1993, p. 11).
[4] Guénon, *Introduction générale*, p. 94. Sans cette intuition intellectuelle pure il n'y a pas de métaphysique vraie (Guénon, *La métaphysique orientale*, p. 11). L'intuition intellectuelle se reporte à Buddhi (René Guénon, *L'homme et son devenir selon le Vêdanta*, Éditions Traditionnelles, Paris, 1991, p. 119).
[5] Guénon, *Introduction générale*, pp. 144-145.

Pour bien comprendre comment les influences spirituelles provenant du Centre transforment l'être humain et contribuent à la réalisation de l'identité *connaître = être*, qui, au fond, signifie la prise de possession effective des états supra-individuels et bien plus encore, il était nécessaire de rappeler ces quelques révélations de René Guénon pour souligner l'importance de l'intellect pur et de l'intuition intellectuelle.

Le premier degré de la manifestation d'*Âtmâ*, affirme la tradition hindoue, est l'intellect pur (*Buddhi*), première de toutes les productions de *Prakriti*, un principe d'ordre universel, c'est-à-dire un principe qui dépasse tout état individuel, y compris l'état humain[1]. Même si *Buddhi* est « la plus grande » (*Mahat*) des productions de *Prakriti*, il faut comprendre qu'elle est, au même titre que celle de la manifestation universelle intégrale, une opération simultanée de *Purusha* (ordre métaphysique) et de *Prakriti* (ordre cosmologique).

> L'origine et le développement de la manifestation peuvent être envisagés à la fois dans un sens ascendant et dans un sens descendant. S'il en est ainsi, c'est que la manifestation ne procède pas seulement de *Prakriti*, à partir de laquelle son développement tout entier est un passage graduel de la puissance à l'acte, qui peut être décrit comme un processus ascendant ; elle procède en réalité des deux pôles complémentaires de l'Être, c'est-à-dire de *Purusha* et de *Prakriti*[2].

Pour cela, si l'on regarde le « Soi » (*Âtmâ*) comme le Soleil spirituel qui brille au centre de l'être total – en lequel ce centre est identique à Âtmâ – Buddhi sera le rayon émané directement de ce Soleil, illuminant l'état individuel humain dans son intégralité[3]. René Guénon revient sur ce sujet en 1947, dans l'article *Esprit et intellect*, où il identifie *Spiritus* à *Buddhi* et insiste sur le fait que l'intellect n'est jamais individualisé comme l'esprit

---

[1] Guénon, *L'homme et son devenir*, p. 71.
[2] René Guénon, *Initiation et réalisation spirituelle*, Éditions Traditionnelles, Paris, 1980, pp. 241-242, Mircea A. Tamas, *About the Yi Jing*, Rose-Cross Books, Toronto, pp. 107-108.
[3] Guénon, *L'homme et son devenir*, p. 72.

n'est jamais réellement « incarné », et qu'il n'y a véritablement aucune différence entre l'esprit et l'intellect[1] ; en outre, il clarifie la nature de Buddhi : « si l'on envisage les choses à partir de l'ordre principiel, Buddhi apparaît comme le rayon lumineux directement émané du Soleil spirituel, qui est *Âtmâ* lui-même ; on peut donc dire qu'elle est aussi la première manifestation d'*Âtmâ* »[2].

Buddhi est le Rayon céleste ou solaire qui relie les centres de tous les états individuels et supra-individuels au Centre absolu, incluant le centre du monde ou le Paradis terrestre[3] ; en conséquence, le centre de l'être humain intégral est relié par Buddhi « à tous les états manifestés, individuels et non-individuels, du même être, et, par-delà ceux-ci, au centre lui-même »[4]. La réalisation spirituelle implique donc pour parvenir au but suprême une voie unique qui est ce rayon, Buddhi, par lequel l'être est relié au Soleil spirituel ; et Guénon souligne : « quelle que soit la diversité apparente des voies existant au point de départ, elles doivent toutes s'unifier tôt ou tard dans cette seule voie "axiale" »[5].

Il faut mentionner ici un point extrêmement important : quand nous parlons d'une réalisation spirituelle totale et de l'accession au Centre absolu par la voie « axiale », ce n'est plus l'être humain que nous devons envisager mais l'être total.

La raison est une faculté proprement et spécifiquement humaine[6]. Lorsqu'un homme est sur le point de mourir, la tradition hindoue nous enseigne, la parole, suivie du reste des dix facultés externes, est résorbée dans le sens interne (*manas*, le mental) ; celui-ci se retire ensuite dans le « souffle vital » (*prâna*), accompagné de toutes les fonctions vitales qui sont inséparables de la vie elle-même ; le « souffle vital » se retire à son tour dans

---

[1] Ainsi, l'influence spirituelle est fort apparentée à l'intellect.
[2] René Guénon, *Mélanges*, Gallimard, Paris, 1976, p. 34.
[3] La réalisation de l'individualité intégrale est désignée comme la reprise de possession du Paradis terrestre et la restauration de l'« état primordial » (Guénon, *La métaphysique orientale*, p. 17).
[4] Guénon, *L'homme et son devenir*, p. 72.
[5] Guénon, *Mélanges*, p. 36.
[6] Guénon, *La métaphysique orientale*, p. 11.

l'« âme vivante » (*jîvâtmâ*), qui est la réflexion d'*Âtmâ* dans l'état individuel humain par l'intermédiaire de Buddhi[1]. Mais ce n'est pas en tant qu'homme ou *jîvâtmâ* que l'homme peut parvenir au Centre suprême et à la connaissance métaphysique ; c'est parce que « cet être, qui est humain dans un de ses états, est en même temps autre chose et plus qu'un être humain[2] ; et c'est la prise de conscience effective des états supra-individuels qui est l'objet réel de la métaphysique, ou, mieux encore, qui est la connaissance métaphysique elle-même »[3]. Ainsi, quand on considère la lumière et la vie (ou le vital) comme caractéristiques décrivant les influences spirituelles il faut préciser que c'est seulement d'une manière symbolique que nous pouvons les étendre au-delà de l'être humain, même considéré dans toute l'extension de ses possibilités. Il faut noter que la lumière et le « souffle vital » appartiennent à la manifestation subtile, qui dans la tradition hindoue est appelée *Taijasa*, le « Lumineux »[4].

Âtmâ « se présente de deux façons : d'une part la Plénitude-du-Souffle-Vital (*Prâna*), de l'autre le Soleil. Ce sont aussi les deux Voies »[5]; « Le Souffle est Brahma »[6]. Le *Prâna* est un substitut de *Brahma*, de même que *Hiranyagarbha* en est un du Principe, comme l'Éther (*akâsha*) est un substitut d'*Âtmâ*[7], mais tout ceci est en rapport avec la méthode d'enseignement initiatique qui conduit au Brahma de proche en proche (*Arundhati-darshananyâya*). *Âtmâ*, comme l'a montré René Guénon, est véritablement le Centre universel contenant toutes choses, mais, en se reflétant dans la manifestation humaine, il

---

[1] Guénon, *L'homme et son devenir*, pp. 60, 73, 145-146. Mais l'intellect n'est point différent d'*Âtmâ* (Guénon, *ibid.*, p. 121).
[2] « Jésus les regarda, et leur dit: Aux hommes cela est impossible, mais à Dieu tout est possible » (*Matthieu* 19:26).
[3] Guénon, *La métaphysique orientale*, p. 11.
[4] Guénon, *L'homme et son devenir*, pp. 107, 109.
[5] *La Maitrâyanîya Upanishad*, trad. Jean Varenne, I, B. Les deux voies sont le *pitri-yâna* qui conduit à la Lune (correspondant au *Prâna*) et le *dêva-yâna* (correspondant à la Lumière). « Tous ceux qui s'en vont de ce monde arrivent à la lune. C'est grâce à leurs souffles vitaux que la lune croît » (*Kaushitaki Upanishad*, I. 2).
[6] *Kaushitaki Upanishad*, II. 1.
[7] *Chândogya Upanishad*, 8. 1. 1.

apparaît comme « localisé » au centre de l'individualité, et même, plus précisément, au centre de sa modalité corporelle, bien que ce reflet ne soit assurément qu'une apparence[1]. C'est pourquoi il est dit que c'est Brahma qui réside dans le centre vital de l'être humain, qui est non seulement le centre de l'individualité corporelle, mais aussi celui de l'individualité intégrale, susceptible d'une extension indéfinie dans son domaine, un centre identique au cœur, qui est non seulement le centre de la vie, mais le siège symbolique de l'Intelligence universelle ou de l'Intellect[2]. « Ainsi, ce qui réside dans le centre vital, au point de vue physique c'est l'Ether ; au point de vue psychique c'est l'"âme vivante" ; (…) au point de vue métaphysique, c'est le "Soi" principiel et inconditionné. C'est donc vraiment l'"Esprit Universel" (*Âtmâ*), qui est, en réalité, *Brahma* même »[3].

La manifestation formelle ou subtile est contenue en principe dans *Hiranyagarbha* – l'« Embryon d'or », qui est *Brahmâ* comme détermination ou effet (*kârya*) de *Brahma* enveloppé dans l'« Œuf du Monde »[4] ; *Hiranyagarbha* est l'« ensemble synthétique de vie » (*jîva-ghana*) et Guénon, en raison de la connexion de l'état subtil avec la vie, l'appelle la « Vie Universelle », appellation qui s'apparente aux paroles de l'*Évangile de Saint Jean* « Et la Vie était la Lumière des hommes »[5]. L'« Esprit Universel » (*Âtmâ*) projette le « Rayon Céleste » qui se réfléchit sur le miroir des « Eaux » et engendre *Hiranyagarbha*, la détermination du « Non-Suprême » *Brahma*[6].

René Guénon a expliqué :

---

[1] Guénon, *Initiation et réalisation spirituelle*, p. 237.
[2] Guénon, *L'homme et son devenir*, pp. 42-43.
[3] Guénon, *ibid.*, p. 46.
[4] Guénon, *ibid*, p. 112. Guénon soulignait que *Hiranyagarbha* « a un sens très proche de celui de *Taijasa*, car l'or, suivant la doctrine hindoue, est la "lumière minérale" ».
[5] Nous avons vu que la lumière et la vie sont citées avec insistance dans cet Évangile. La vie, affirmait René Guénon, « même envisagée dans toute l'extension dont elle est susceptible, n'est d'ailleurs qu'une des conditions spéciales de l'état d'existence auquel appartient l'individualité humaine ; le domaine de la vie ne dépasse donc pas les possibilités que comporte cet état » (Guénon, *L'homme et son devenir*, p. 113).
[6] Guénon, *Le symbolisme de la croix*, p. 127.

> Le voyage symbolique, accompli par l'être dans son processus de libération graduelle, depuis la terminaison de l'artère coronale (*sushumnâ*), communicant constamment avec un rayon du Soleil spirituel, jusqu'à sa destination finale, s'effectue en suivant la Voie qui est marquée par le trajet de ce rayon parcouru en sens inverse (suivant sa direction réfléchie) jusqu'à sa source [le Centre][1].

C'est le « voyage divin » (*dêva-yâna*), mais Guénon est vraiment très circonspect, connaissant la confusion qui règne entre « salut » et « délivrance », aussi insiste-t-il sur le fait que ce voyage divin, « qui se rapporte à l'identification effective du centre de l'individualité [intégrale] avec le centre même de l'être total, résidence de l'Universel *Brahma* »[2], ne s'applique qu'au cas où cette identification n'a pas été réalisée pendant la vie terrestre [*jîvan-mukti*], ni au moment même de la mort [*vidêha-mukti*], si bien que l'être « peut demeurer dans l'ordre cosmique et ne pas atteindre la possession effective d'états transcendants, en laquelle consiste proprement la vraie réalisation métaphysique »[3]. Dans ce cas, *Brahma-Loka*, but ultime du voyage divin, n'est pas le Centre de *Brahma*, mais celui de l'*Hiranyagarbha*, le principe de la manifestation subtile, donc de tout le domaine de l'existence humaine dans son intégralité, un « centre cosmique » identifié virtuellement avec le centre de tous les mondes[4] ; le « salut », soulignait Guénon, est proprement l'obtention du *Brahma-Loka* comme séjour de *Hiranyagarbha*[5].

Quatre ans plus tard, René Guénon a ajouté : « Le "Paradis céleste" est essentiellement le *Brahma-Loka*, identifié au "Soleil spirituel", et le "Paradis terrestre" est décrit comme touchant la "sphère de la Lune" »[6]. Mais pour atteindre réellement le « Paradis céleste » ou le Centre suprême, l'être doit voyager au-

---

[1] Guénon, *L'homme et son devenir*, p. 167.
[2] Guénon, *ibid.*, p. 169.
[3] Guénon, *ibid.*, p. 175.
[4] Guénon, *ibid.*, pp. 177-178.
[5] Guénon, *ibid.* p. 189.
[6] Guénon, *Autorité*, p. 102.

delà de *Hiranyagarbha*, au-delà du « courant des formes » (ou du monde des formes)[1], au-delà de la lumière et au-delà de la vie : c'est le voyage « axial » ou « vertical » suivant le Rayon céleste ; c'est la « Voie du Milieu » ou la « Voie du Ciel », symbolisée par l'axe vertical envisagé dans le sens ascendant[2], aboutissant à l'identification du centre de l'état humain au centre de l'être total, lorsque le pôle terrestre ne fait plus qu'un avec le pôle céleste. « Dès lors, il n'y a plus d'axe à proprement parler, comme si cet être, à mesure qu'il s'identifiait à l'axe, l'avait en quelque sorte "résorbé" jusqu'à le réduire à un point unique » – le Centre[3].

> Et maintenant, le canal *anâbhu* [l'axe vertical] : c'est lui qui conduit jusqu'au Soleil [le Centre] l'oblation que l'on offre dans le feu. Le suc qui en découle revient sous forme de pluie [l'influence spirituelle] : c'est *l'udgitha*. Grâce à lui il y a les souffles vitaux, et grâce aux souffles les créatures. À ce propos on a dit : « cette oblation que je verse dans le feu, elle ira jusqu'au Soleil ; et le Soleil la fera pleuvoir sur moi par ses rayons [le rayon céleste] ; ainsi aurai-je de la nourriture ; et de celle-ci naîtront les créatures ! »[4].

Cette nourriture est la Connaissance métaphysique assimilée par intuition intellectuelle et révélée ici-bas par les influences spirituelles descendues sous forme de rayons solaires et de pluie. « Jésus répondit: Il est écrit: L'homme ne vivra pas de pain

---

[1] Guénon, *La métaphysique orientale*, p. 19.
[2] « L'axe vertical est le lieu métaphysique de la manifestation de la "Volonté du Ciel" et il traverse chaque plan horizontal en son centre » (Guénon, *Le symbolisme de la croix*, p. 120).
[3] Guénon, *La Grande Triade*, p. 209.
[4] *La Maitrâyanîya Upanishad*, III, P. « Pour former le nuage, la vapeur s'élève d'abord de la terre ; et, de même, s'élève la fumée du sacrifice créant l'harmonie d'en haut et l'union de tout » ; et seulement après, Dieu avait fait pleuvoir sur la terre : c'est le désir d'en bas qui entraîne la perfection en haut (*Zohar*, I, 35 a). « Je vous le dis en vérité, tout ce que vous lierez sur la terre sera lié dans le ciel, et tout ce que vous délierez sur la terre sera délié dans le ciel » (*Matthieu* 18:18).

seulement, mais de toute parole qui sort de la bouche de Dieu »[1].

Buddhi, le Rayon céleste ou solaire, l'axe vertical, est la Voie conduisant l'initié au Centre, mais elle est la même Voie verticale où se manifeste le Logos ou la Volonté du Ciel, qui est aussi la Voie par où les influences spirituelles descendent dans les Trois Mondes et dans tous les degrés de la manifestation universelle. « La Schekinah est donc sainte, sanctifiée, sanctifiante. Se sanctifier corps, âme et esprit, c'est devenir le temple de la Schekinah »[2]. La Shekinah opère simultanément dans les Trois Mondes, c'est-à-dire que les influences spirituelles opèrent en même temps dans la manifestation informelle ou supra-individuelle, dans la manifestation subtile et dans la manifestation corporelle, ou dans *Spiritus, Anima* et *Corpus*. Le Rayon céleste traverse tous les états d'être, marquant le point central de chacun d'eux par sa trace sur le plan horizontal, mais, d'après Guénon, « cette action du Rayon céleste n'est effective que s'il produit, par sa réflexion sur un de ces plans, une vibration qui, se propageant et s'amplifiant dans la totalité de l'être, illumine son chaos, cosmique ou humain »[3]. D'une façon similaire, les influences spirituelles descendent avec le Rayon céleste et se propagent du Centre absolu au centre de chaque monde puis, ensuite, aux centres spirituels secondaires suivant un écoulement ininterrompu[4], et la manière la plus intelligible pour représenter l'influence spirituelle est le mouvement vibratoire.

René Guénon a symbolisé la Possibilité universelle (qui n'est pas différente de l'Infini[5]) par le « vortex sphérique universel », identique au mouvement vibratoire :

---

[1] *Matthieu* 4:4.
[2] Vulliaud, *La Kabbale Juive*, I, p. 510.
[3] Guénon, *Le symbolisme de la croix*, p. 126.
[4] C'est aussi la voie initiatique hésychaste, où la Prière du Cœur ininterrompue fait descendre l'intelligence, c'est-à-dire l'influence spirituelle, dans le cœur : « Seigneur [le Centre suprême], Jésus-Christ [le Rayon céleste], Fils de Dieu [le centre du monde], aie pitié [l'influence spirituelle] de moi, pécheur [l'être humain] ».
[5] René Guénon, *Les états multiples de l'être*, Guy Trédaniel, Paris, 1984, p. 18.

Le déploiement de ce sphéroïde n'est, en somme, pas autre chose que la propagation indéfinie d'un mouvement vibratoire, non plus seulement dans un plan horizontal, mais dans toute l'étendue à trois dimensions, dont le point de départ de ce mouvement peut être actuellement regardé comme le centre[1].

Et Guénon achevait avec une clarification essentielle :

Si l'on considère cette étendue comme un symbole géométrique, c'est-à-dire spatial, de la Possibilité totale, la représentation à laquelle nous avons ainsi abouti sera la figuration, dans la mesure où elle est possible, du vortex sphérique universel suivant lequel s'écoule la réalisation de toutes choses, et que la tradition métaphysique de l'Extrême-Orient appelle Tao, c'est-à-dire la « Voie »[2].

Il faut bien comprendre que le Rayon céleste n'a pas de direction spécifique ; il est le « septième rayon » – la Voie par laquelle l'être, ayant parcouru le cycle de la manifestation, revient au non-manifesté et est uni effectivement au Principe[3], la même Voie par laquelle les influences spirituelles se répandent en bas ; cette Voie est le Centre, elle est aussi le vortex sphérique universel, représenté par un mouvement vibratoire absolu. Guénon compare la vibration de l'influence spirituelle avec le *Fiat Lux* qui illumine le chaos, une illumination qui « est précisément constituée par la transmission de l'influence spirituelle »[4], et les épreuves initiatiques, accomplissant la « purification », ramènent « l'être à un état de simplicité

---

[1] Guénon, *Le symbolisme de la croix*, p. 112.
[2] Guénon, *ibid.*, p. 112.
[3] Guénon, *Symboles fondamentaux*, p. 350.
[4] Guénon, *Aperçus sur l'initiation*, p. 34, *Le symbolisme de la croix*, p. 141. La transmission d'une influence spirituelle doit s'effectuer selon des lois définies, très rigoureuses, qui présentent avec les lois qui régissent les forces du monde corporel une certaine analogie, et c'est cette analogie « qui nous a permis, par exemple, de parler de "vibration" à propos du Fiat Lux par lequel est illuminé et ordonné le chaos des potentialités spirituelles » (Guénon, *Aperçus sur l'initiation*, pp. 35-36).

indifférenciée, comparable à celui de la *materia prima*, afin qu'il soit apte à recevoir la vibration du *Fiat Lux* initiatique ; il faut que l'influence spirituelle dont la transmission va lui donner cette "illumination" première ne rencontre en lui aucun obstacle dû à des "préformations" inharmoniques provenant du monde profane »[1]. Nous pourrions ajouter que c'est là la raison profonde du jeûne ou du Hatha-Yoga[2] : il faut purifier *Corpus* et *Anima* pour être capable de recevoir la vibration de l'influence spirituelle.

L'idée d'un mouvement vibratoire a déjà été utilisée par Matgioi qui, parlant d'« actions et réactions concordantes », les a décrites comme « vibration ondulatoire »[3], mais c'est Nicolas de Cusa qui a introduit le mouvement descendant de l'esprit de Dieu par degrés, de l'univers dans le particulier[4]. René Guénon a relié le mouvement vibratoire à la production des *bhûtas*, considérant les cinq éléments comme différentes modalités vibratoires, le mouvement élémentaire à partir duquel l'éther engendre les autres éléments étant le prototype du mouvement vibratoire[5]. On pourrait considérer un mouvement vibratoire similaire pour décrire les influences spirituelles qui descendent par d'innombrables degrés et qui, arrivant dans l'état de l'être humain, opéreront une transformation essentielle des éléments corporels et subtils, à condition qu'ils soient purifiés et prêts à recevoir la vibration initiatique, la transformation signifiant aussi que tous ces éléments deviennent des supports valables pour les influences spirituelles[6]. Ainsi, la chair, le sang, le souffle vital, le mouvement et les gestes, la parole rythmée, etc. sont non

---

[1] Guénon, *ibid.*, pp. 176-177. Selon Maître Eckhart, l'expulsion des marchands du Temple est la représentation symbolique de cette purification.
[2] René Guénon, *Études sur l'hindouisme*, Éditions Traditionnelles, Paris, 1979, p. 141.
[3] Matgioi, *La voie rationnelle*, Éditions Traditionnelles, Paris, 1984, p. 144.
[4] Cusa, *De la docte Ignorance*, p. 148.
[5] Guénon, *Mélanges*, p. 113, *Études sur l'hindouisme*, p. 64.
[6] « Les influences spirituelles elles-mêmes, pour entrer en action dans notre monde, doivent nécessairement prendre des "supports" appropriés, d'abord dans l'ordre psychique, puis dans l'ordre corporel lui-même » (Guénon, *Le règne*, p. 248).

seulement des symboles dans les rites initiatiques ou même religieux, mais aussi des supports effectifs pour les influences spirituelles et, ce qui est encore plus important, ils sont des éléments réellement transformés par la vibration « non-humaine » et préparés pour le « grand voyage » purement intellectuel.

« Lorsque la Schekinah réside dans l'homme, dit le Zohar (I, 166 a), de nombreuses armées sacrées l'entourent. Les anges [les influences spirituelles][1] sont les degrés de la présence divine (Zohar, III, 52 b). Celui qui possède au plus haut degré la présence de Dieu est le Saint [l'Homme Universel], la Schekinah étant la totalité des degrés »[2]. Il y a une hiérarchie des influences spirituelles, de même qu'il y a une hiérarchie angélique[3], ce qui suppose donc, pour une réalisation spirituelle totale, autrement dit pour l'obtention de l'état absolument inconditionné (le Centre absolu), que la doctrine hindoue désigne par la « Délivrance », qu'il est nécessaire de dépasser toutes ces composantes individuelles et de monter dans la hiérarchie angélique au-delà de ces adjuvants et supports, dans le domaine de l'intellect pur où la Shekinah est la totalité des degrés. Par exemple, un *mantra* est sans effet s'il n'a pas été reçu directement de la bouche d'un *guru* autorisé, parce qu'il n'est pas « vivifié » par la présence de l'influence spirituelle dont il est uniquement destiné à être le véhicule ; il s'agit, a ajouté Guénon, de la communication de quelque chose de « vital », lié au souffle vital (*prâna*) et à la voix, mais le *prâna* lui-même n'est que le véhicule ou le support subtil de l'influence spirituelle qui se transmet du guru au disciple[4] ; aussi, l'expression d'une idée en mode vital n'est après tout qu'un symbole comme un autre[5]. Les moyens

---

[1] Guénon disait : « Les états "angéliques" sont en effet identiques aux états supra-individuels de l'être » (*Autorité*, p. 100). « Ne sont-ils [les anges] pas tous des esprits au service de Dieu, envoyés pour exercer un ministère en faveur de ceux qui doivent hériter du salut ? » (*Hébreux* 1:14).
[2] Vulliaud, *La Kabbale Juive*, I, p. 510.
[3] Il y a aussi une hiérarchie des centres spirituels.
[4] Guénon, *Aperçus sur l'initiation*, pp. 59-60.
[5] Guénon, *Articles et comptes rendus*, p. 35. « Les modernes semblent surtout inaptes à se dégager de la matière, et, quand ils essaient de le faire, ils ne

de la réalisation métaphysique doivent être à la portée de l'homme ; « c'est donc dans des formes appartenant à ce monde où se situe sa manifestation présente que l'être prendra un point d'appui pour s'élever au-dessus de ce monde même »[1] ; « La bénédiction ne peut pas descendre de ci-dessus vers un lieu vide, mais puisque vous avez de l'huile, ceci fournira un "lieu" approprié pour ce but »[2]. Mais tous les moyens et les supports individuels sont abandonnés quand l'être dépasse le centre du monde, le seul moyen légitime demeurant l'intuition intellectuelle, c'est-à-dire *Buddhi* elle-même, qui conduit directement et immédiatement au Centre absolu.

Cet être, qui est passé d'un état individuel à un état universel, résorbe les influences spirituelles, ainsi que la *Buddhi*, mais finalement c'est tout le vortex sphérique universel qui est résorbé jusqu'à devenir un point unique, qui est le Centre absolu, où le mouvement vibratoire s'éteint[3] dans le repos absolu, c'est-à-dire dans le Principe suprême[4], et les influences spirituelles qui se sont éparpillées dans la manifestation universelle (en apparence seulement si l'on se place au point de vue métaphysique), sont maintenant rassemblées dans le Centre et brillent d'une lumière muette, pure et incréée[5].

---

peuvent en tout cas sortir du domaine de la vie » (René Guénon, *Orient et Occident*, Éditions Didier et Richard, 1930, pp. 86-88).

[1] Guénon, *La métaphysique orientale*, p. 15.
[2] *Zohar*, I, 88 a.
[3] Cette extinction représente *Nirvâna* ou *Fanâ el-fanâi*.
[4] Cusa, *De la docte Ignorance*, p. 149.
[5] Ceci est conforme à la formule maçonnique d'après laquelle la tâche des Maîtres consiste à « répandre la lumière et rassembler ce qui est épars » (Guénon, *Symboles fondamentaux*, p. 301).

QUELQUES REMARQUES

COMME le symbolisme du centre est universel, il faut accepter de le découvrir dans les circonstances les plus inattendues, particularisé de mille façons, utilisé pour de multiples raisons, et c'est ainsi, alors qu'aujourd'hui la décadence est présente partout, qu'on le retrouve aussi interprété à rebours, parodié, et, bien sûr, profané.

C'est véritablement au cours des derniers siècles que s'est accentué le passage de la conception d'un centre symbolique et presque abstrait à un centre mystérieux mais concret, localisé au Tibet ou en Inde – de la même manière que l'on a dit que le royaume du prêtre Jean qui fut localisé en Inde, au Tibet ou en Éthiopie. Ce centre s'appellerait maintenant l'Agarttha. L'idée n'est pas neuve.

> Ils marchèrent encore quatre jours à travers un pays fertile et bien cultivé, puis arrivèrent à la citadelle des sages. (...) La colline occupée par les sages a la même élévation que l'Acropole d'Athènes ; elle s'élève au milieu de la plaine ; elle est fortifiée naturellement par un rocher qui l'entoure également de tout côté ; (...) la colline est entourée d'un brouillard au milieu duquel vivent les sages, se laissant voir ou se rendant invisibles, à leur volonté. (...) Apollonius, à la suite de l'Indien, monta par le côté méridional. La première chose qu'il vit, ce fut un puits large de quatre brasses. Une vapeur azurée montait jusqu'à l'embouchure de ce puits ; et quand le Soleil, à son midi, donnait sur ce puits, ses rayons attiraient cette vapeur qui s'élevait, en offrant aux regards les couleurs de l'arc-en-ciel. (...) Près de là est un bassin plein de feu, d'où sort une flamme plombée, sans fumée ni odeur : jamais il ne déborde, mais il est toujours rempli. C'est là que les Indiens se purifient de leurs fautes involontaires ; aussi les sages appellent-

ils ce puits le Puits de la Révélation, et le feu, le Feu du Pardon. Nos voyageurs nous disent avoir vu aussi deux tonneaux de pierre noire, l'un de la pluie, l'autre des vents. (…) *Les sages disent qu'ils occupent le milieu de l'Inde, et que leur colline en est le nombril*[1].

Apollonius de Tyane n'a pas besoin d'être présenté. Né en 2 ap. J.-C. à Tyane, il fut considéré comme « un philosophe néopythagoricien, un prédicateur et un thaumaturge ». Contemporain du Christ, il lui a été comparé, en raison des disciples qu'il eut et des miracles qu'il fit comme lui. Hiéroclès, dans les écrits duquel on retrouva cette comparaison, fut contredit par Eusèbe, qui a vu quant à lui Apollonius comme un magicien[2]. La vie exceptionnelle d'Apollonius, similaire à celle de Jésus sur bien des points, a éveillé, on s'en doute, l'intérêt des occultistes, de même que le gnosticisme qui fut adopté avec enthousiasme comme doctrine s'opposant au christianisme officiel[3]. La naissance miraculeuse d'Apollonius, apparentée à la doctrine des *avatâras*[4], ainsi que son voyage en Inde jusqu'à la forteresse des sages, ont échauffé les cervelles des occultistes modernes, qui

---

[1] Philostrate, *Apollonius de Tyane*, III, 10, 13, 14.
[2] Les défenseurs du christianisme ont dit que « *La Vie d'Apollonius de Tyane*, par Philostrate l'Ancien, est pleine de fables absurdes, d'erreurs géographiques et d'anachronismes. Philostrate est un sophiste et un sectaire plutôt qu'un historien (…) et son pythagoricien thaumaturge est une sorte de Christ païen » ; et quelques-uns ont admis une possible influence des livres évangéliques sur Philostrate. D'autre part, ils ont soutenu qu'Apollonius était probablement l'un des modèles de la figure du Christ, puisque beaucoup d'anecdotes de la vie d'Apollonius se sont retrouvées dans celle de Jésus ; selon une autre hypothèse, Apollonius ne serait autre que Saint Paul.
[3] Eliphas Lévi, Papus (Gérard Encausse se fit appeler Papus d'après le nom d'un esprit du *Nyctameron d'Apollonius de Tyane* d'Eliphas Lévi), Edouard Schuré, et surtout Helena Blavatsky ont apprécié et mentionné Apollonius.
[4] « On rapporte qu'il vint au monde dans une prairie, non loin de laquelle s'élève le temple qui lui est consacré. (…) Comme le moment de la délivrance approchait pour sa mère, elle eut un songe. (…) Pendant son sommeil, des cygnes, que nourrissait cette prairie, formèrent un chœur autour d'elle. (…) Réveillée par ce chant, elle se leva précipitamment et elle fut délivrée. (…) C'est une tradition du pays, qu'au moment où Apollonius vint au monde, la foudre tomba sur la terre » (Philostrate, *Apollonius de Tyane*, I, 5) (Pour la foudre comme *avatâra* voir notre ouvrage *About the Yi Jing*, p. 209).

ont imaginé qu'Apollonius avait reçu la connaissance secrète directement du centre mythique Shambhala[1].

Si la réaction des occultistes est, nous pouvons dire, habituelle, l'intérêt affiché par un écrivain célèbre pour la figure d'Apollonius de Tyane semble surprenant ; il s'agit d'Alexandre Dumas. Celui-ci a eu pour ambition d'écrire l'histoire du monde en s'appuyant sur les pérégrinations sans fin du juif errant, mais le projet demeura au stade d'ébauche, et tout ce qui en sorti fut le roman peu connu *Isaac Laquedem ou Le roman du Juif errant*[2], écrit en 1852. L'ouvrage contient deux parties, la première dépeignant la vie et la passion de Jésus-Christ[3], la seconde retenant Apollonius de Tyane comme héros et il est évident que l'auteur suggère par cette construction qu'il est possible d'établir un parallèle entre les deux hommes. Dumas a, lui aussi, les yeux fixés sur l'Inde, parce que Satan, selon lui, aurait emmené Jésus au sommet du mont Djavahir, au centre du Tibet, d'où il put

---

[1] C'est vrai que Philostrate reprend des notions provenant de la tradition hindoue, mais il n'est pas toujours en accord avec celle-ci. Iarchas, le chef des sages et des Brahmanes, explique à Apollonius l'existence du cinquième élément, l'éther (*Apollonius*, III, 34) (il semble que le Bouddhisme ait eu peu d'influence sur Apollonius) ; d'autre part, dans la tradition hindoue *Brahma nirguna*, le Principe suprême, produit les mondes « simplement pour jouer », comme passe-temps (*Brahma Samhitâ* XVII), ce qui pour Apollonius est inacceptable : « Dieu est donc peintre, Damis ? Il quitta donc le char ailé sur lequel il allait partir pour régler toutes les choses divines et humaines, afin de s'amuser à peindre des bagatelles, comme des enfants le font sur le sable ? Damis rougit en voyant à quelle conséquence absurde aboutissait sa proposition » (*Apollonius*, II, 22). Nous pouvons mentionner aussi le lien entre Bacchus et l'Inde, parce que l'Inde avait été regardée, déjà bien avant Apollonius, comme une « terre sainte » : « ils ajoutent que ce dernier se disait fils de Jupiter, qu'il prétendait avoir été gardé vivant dans la cuisse de son père pendant tout le temps que dure ordinairement la gestation, et avoir reçu de lui en présent le mont Méros (cuisse), voisin de Nysa » (*Apollonius*, II, 9) ; Guénon disait : « Le récit suivant lequel il naquit de la cuisse de Zeus repose sur une assimiliation verbale des plus curieuses ; le mot grec *méros*, "cuisse", a été substitué au nom du Mêru » (*Le Roi du Monde*, p. 47).
[2] Les Belles Lettres, Paris, 2005.
[3] On notera que Dumas, contrairement à d'autres auteurs, a décrit en détails, de façon très « concrète » et avec beaucoup d'effusion de sang, la passion de Jésus, sa narration inspirant, un siècle et demi plus tard, des descriptions similaires.

voir « l'Inde, c'est-à-dire l'aïeul du genre humain, le berceau des races, le point de départ des religions » (p. 138). Et Iarchas est présenté comme vivant :

> sur une *colline située au centre du monde ;* il y habite, avec six autres sages, un palais visible ou invisible, à la volonté de ses habitants. Lorsque Bacchus envahit l'Inde avec Hercule, la forteresse qui surmonte cette colline refusa de se rendre ; Hercule et Bacchus s'informèrent alors quelle garnison tenait cette citadelle, et ils surent que cette garnison n'était composée que de sept sages (pp. 327-328).

Il est intéressant de noter dans les propos de Dumas qu'il a considéré, contrairement à Philostrate bien qu'en le suivant sur d'autres aspects, le centre du monde peuplé par sept sages. Philostrate dit :

> Puis, voyant que les Sages étaient au nombre de dix-huit, il lui demanda quelle était la raison de ce nombre. En effet, ce n'est pas un nombre carré, ni un de ceux que l'on estime et que l'on honore, comme dix, douze, seize, et quelques autres semblables. Nous ne sommes pas les esclaves des nombres, répondit Iarchas, pas plus que les nombres ne sont les nôtres. (…) J'ai oui-dire que mon grand-père, lorsqu'il a été admis parmi les Sages, et cela dès sa plus tendre jeunesse, en était le soixante-dixième. (III, 30)

Louis Jacolliot, racontant le choix du Brahmatma, le chef d'Asgartha, affirma que celui-ci était désigné par les « Yoguys, ou membres du conseil des soixante-dix »[1]. Mais Dumas revient

---

[1] *Le spiritisme dans le monde*, La Croix, 1875, p. 85. Sur le nombre 70, nous rappelons la tradition évangélique : « Après cela, le Seigneur désigna encore soixante-dix autres disciples, et il les envoya deux à deux devant lui dans toutes les villes et dans tous les lieux où lui-même devait aller » (*Luc* 10:1). Une légende dit que Ptolémée, le pharaon d'Égypte a demandé, au moment de la construction de la Bibliothèque d'Alexandrie, à soixante-dix sages, qui parlaient les langues hébraïque et grecque, de traduire, chacun à sa façon, l'Ancien Testament.

au nombre traditionnel des sages de la tradition hindoue, pour laquelle les *saptarshis* ont une importance spéciale[1].

Le fait qu'Alexandre Dumas s'est intéressé au « centre du monde » a retenu notre attention, et un examen plus minutieux nous a révélé que, trois ans avant de présenter la citadelle hindoue comme le centre du monde, Dumas avait décrit un autre « centre », situé aux Balkans.

René Guénon a affirmé : « La plupart des "Maîtres", avons-nous dit, sont censés habiter le Tibet. (...) Il en est pourtant quelques autres dont la résidence est moins lointaine, au dire des théosophistes, du moins depuis que les "Mahâtmâs" se sont décidément identifiés aux "Adeptes" au sens rosicrucien du mot ; l'un d'eux, notamment, séjournerait habituellement dans les Balkans »[2].

L'assertion de Guénon nous a définitivement convaincu d'entamer notre recherche sur la région des Balkans, et a donné naissance aux pages des prochains chapitres. Comme nous connaissions très bien les vestiges traditionnels roumains, nous nous sommes demandé par quelle voie on pouvait être amené à promouvoir un centre caché dans les Carpathes et nous avons considéré ce sujet particulier comme une parfaite illustration de la façon dont le symbolisme d'Agarttha a été déformé, avant que René Guénon n'apporte des éclaircissements sur le problème difficile et délicat du centre souterrain.

---

[1] Sur l'importance du nombre sept (les sept rois d'Edom, les sept Manus, les sept rois de Rome, les sept sages de la Grèce et les sept Rishis) voir Guénon, *Le Roi du Monde*, pp. 57-58. On pourra remarquer que l'histoire du Tibet commence avec les sept rois célestes immortels, qui sont descendus et montés au ciel en employant une corde (le premier roi est descendu « comme la pluie tombant du ciel pour nourrir la terre », c'est-à-dire comme *avatâra*).

[2] *Le Théosophisme : Histoire d'une pseudo-religion*, Éditions Traditionnelles, Paris, 1982, p. 58.

SECONDE PARTIE

I

LE CHÂTEAU DES CARPATHES : UN CENTRE MYSTÉRIEUX

ALEXANDRE DUMAS publia en 1849 *Les Mille et un fantômes*. Dans ce livre, il pousse le thème du « fantôme » à la limite : il décrit de fait un vampire en action. La Roumanie fut choisie comme patrie du vampirisme, ce qui est étrange de la part de Dumas, parce que les contes vampiriques ne sont pas spécifiques à la Roumanie. En plus, la Transylvanie, province du centre de la Roumanie, qui est communément considérée comme patrie de Dracula et associée à tort au vampirisme, n'est pas le lieu de son intrigue. Dumas avait choisi une région très traditionnelle, la Moldavie, ayant les Carpathes pour arrière-plan. Les montagnes cachent un château, « le Château des Carpathes », résidence des deux demi-frères qui sont les derniers descendants d'une famille princière roumaine : Grégoriska, le maître du château (le Soi, le « frère ») et Kostaki, le maître de la forêt (ce qui est souligné par l'auteur), un hors-la-loi, un vrai bandit (l'ego, le « non-frère »). Kostaki devient vampire à la fin de l'histoire.

La connexion entre la Roumanie, le vampirisme et Dracula est si notoire (étrangement notoire) que rien que de la mentionner est ennuyant. Pourtant, cette discussion vaut la peine d'être faite. Nous pouvons remarquer d'abord que le véritable « inventeur » du vampirisme roumain est Alexandre Dumas, pas Bram Stoker, connu comme « père » de Dracula, comte de Transylvanie. Nous observons encore que ce n'est pas la Transylvanie, mais la Moldavie, province située à l'est de la Roumanie, qui en est le « centre vampirique » : c'est là que Dumas situa le château des frères Brankovans, dans les montagnes des Carpathes.

Alexandre Dumas représente un cas typique pour les « Siècles des Lumières ». Certains de ses romans contiennent des données initiatiques importantes, héritage de l'époque médiévale et des temps traditionnels, mais aussi des éléments anti-traditionnels et « sataniques », qui coexistent. Lors de son arrivée à Paris, en 1823, Dumas put assister à la représentation du *Vampire* de Nodier[1]. En 1844, l'année de la publication de son best-seller, *Les Trois Mousquetaires*, Dumas publia aussi *Le Château d'Eppstein*, dont l'héroïne était un fantôme. Milady des *Trois Mousquetaires* est une « apparition », un revenant, un fantôme qui revient du tombeau ; le comte de Monte-Cristo est décrit comme un vampire et il est, lui-aussi, un fantôme qui revient du tombeau[2]. Notons qu'un an après *Les Mille et un fantômes*, en 1850, Dumas publia un autre roman étrange *La Femme au collier de velours* ; son personnage principal, Hoffman, vit une nuit d'amour avec un fantôme décapité. Les contes macabres publiés par Hoffman trente ans auparavant firent de lui un personnage intéressant pour Dumas. E. T. A. Hoffmann (1776-1822), artiste, musicien et écrivain de grand succès, avait en fait influencé bien des écrivains qui lui ont succédé et par conséquent la mentalité moderne. Son penchant pour les ténèbres, pour les contes sataniques, et pour le vampirisme (son conte de vampires, *Der Vampyr*, fut publié en 1821) est plus qu'une simple expression de son imagination riche et de sa nature sensible au fantastique et au grotesque ; il serait intéressant de savoir qui le manipulait. En tout cas, Dumas, qui se servit des contes de Hoffmann et qui l'introduisit parmi ses personnages, fut influencé par le côté satanique de l'artiste[3].

---

[1] Sous son signe, il publia en 1850 une pièce de théâtre intitulée *Le Vampire*.
[2] Voir *The Everlasting Sacred Kernel*.
[3] À signaler que dans *Isaac Laquedem*, Dumas a décrit les noces de Clinias, le disciple d'Apollonius de Tyane, avec Meroë, une créature infernale.

En 1892, Jules Verne publia *Le Château des Carpathes*, un roman étrange, dont le titre nous rappelle le roman vampirique de Dumas. L'intrigue se passe toujours en Roumanie et les influences de Hoffmann et de Dumas sont évidentes. Jules Verne vint à Paris en 1848 et eut l'occasion de faire la connaissance d'Alexandre Dumas, qui devint ensuite son mentor et son père « spirituel ». Mathias Sandorf, selon Jules Verne lui-même, est une image de Monte-Cristo. L'idée d'une cantatrice qui meurt sur scène comme un cygne, épisode central du *Château des Carpathes*, a été empruntée par Verne à un autre récit singulier de Dumas, *La Femme au collier de velours*. Le personnage principal de l'histoire de Dumas est Hoffmann lui-même, amoureux d'un « oiseau à voix divine » qui s'appelle Antonia, fille d'une cantatrice morte sur scène, comme Stilla de Jules Verne. Hoffmann est amoureux en même temps d'une ballerine, Arsène, qui sera guillotinée, devenant ainsi un fantôme décapité qui passera une nuit d'amour avec Hoffmann. Chez Dumas, le maître d'Hoffmann s'appelle « maître Gottlieb Murr », musicien et chef d'orchestre, ce qui témoigne d'une autre influence, puisqu'en 1820 Hoffmann écrivit un récit étrange, *Le Chat Murr*. Cependant, Gottlieb von Murr, Rosi-crucien, a réellement existé, sa mort survenant dix ans avant la publication du récit de Hoffmann[1]. L'ami de Hoffmann s'appelle Zacharias Werner dans le roman de Dumas. Les deux amis sont présentés comme frères ; en fait, leurs mères étaient folles et avaient transmis leur maladie aux deux fils, d'où l'imagination fantastique de Hoffmann et la mélancolie de Werner[2]. Le choix de Zacharias Werner comme héros est curieux, parce qu'il est notoire parmi les occultistes et quelques « guénoniens », en tant qu'auteur de deux pièces de théâtre sur les « Fils de la Vallée » : Werner écrivit en 1803 *Die Söhne des Tales*, qui comprend deux pièces en six actes chacune, *Les*

---

[1] Arthur Edward Waite, *The Brotherhood of The Rosy Cross*, Univ. Books, New York, p. 41.
[2] Alexandre Dumas, *La Femme au collier de velours*, Gallimard, 2000, p. 38 ; nous devons mentionner que la folie des deux mères était réelle : la mère de Zacharias croyait que son fils était une incarnation de Jésus-Christ.

Templiers de Chypre et *Les Frères de Croix*. L'idée de l'existence d'un noyau invisible de l'Ordre des Templiers, nommé « les Fils de la Vallée », y est développée. A. E. Waite souligne, dans un livre peu connu, *La Franc-Maçonnerie emblématique*, que Werner occupa une haute position dans la hiérarchie franc-maçonnique et qu'il fut membre de la Stricte Observance. Dans ses pièces de théâtre, il élabora de manière admirable la légende de l'origine templière de celle-ci. Ses drames suggèrent que la destruction de l'Ordre des Templiers fut l'œuvre de l'influence occulte des Fils de la Vallée, qui considéraient que l'Ordre était déchu et profané ; Philippe le Bel et le pape Clément V n'avaient été que les instruments visibles de la destruction de l'Ordre. Guénon dit lui aussi que certains individus peuvent être soutenus pour quelque temps par des pouvoirs occultes provenant des *Superiores Incogniti* du Centre Suprême ; ces pouvoirs peuvent être repris à tout instant et les individus sont abandonnés. Mais les Chevaliers du Temple n'ont pas été totalement abandonnés, d'après Werner et Waite ; un petit groupe s'est caché en Écosse, se prétendant francs-maçons et Robert de Heredom, initié par les Fils de la Vallée, devint le gardien du Palladium Secret et le Maître du nouveau Temple. Cinq cents ans plus tard, le Temple réapparaît comme la Stricte Observance. Il est intéressant de noter que la Vallée y est décrite comme le dépôt de toutes les religions et le centre de tous les initiés, de Horus à Vishnu (Jésus est assimilé à Osiris et Sainte Marie à Isis) et que Robert est initié dans une grotte. La Vallée de Zacharias Werner ressemble beaucoup à Agarttha, et les Fils de la Vallée (*Superiores Incogniti*) ressemblent aux Maîtres du centre souterrain[1].

Le Château des Carpathes de Jules Verne décrit un centre similaire. Le château correspond à celui moldave de Dumas. Jules Verne choisit lui aussi la Roumanie pour lieu de son intrigue : il la situe en Transylvanie, paraît-il, mais l'action se

---

[1] Nous signalons qu'en 1908, René Guénon fut chargé de la résurrection de l'Ordre du Temple, dans des circonstances bizarres. Nous citons, parmi les « guénoniens » qui se sont occupés de Zacharias Werner, Jean Tourniac (*Principes et problèmes spirituels du Rite Écossais Rectifié*, Dervy, 1969, p. 97), Jean Robin (*Seth le dieu maudit*, Guy Trédaniel, 1986, p. 172) et Jean Parvulesco (*La Place Royale*, Oct. 1986, p. 52).

déplace imperceptiblement vers le Sud, vers la Valachie. La région choisie pour fond au *Château des Carpathes* est en fait la plus ancienne région sacrée des Roumains, appelée dans les documents du Moyen-Âge *terra Harszoc*, ou « pays de Hatszeg »[1]. C'est là que les Daces, les aïeux des Roumains, bâtirent leur capitale, *Sarmizegetusa* ; c'est là aussi que les Daces érigèrent leurs temples. Les plus anciennes églises roumaines, du temps du bas Moyen-Âge, et les étranges forteresses aux tours centrales se trouvent dans cette même région de Hatszeg. Verne la décrit comme « l'ancien pays des Daces » et « la plus sauvage (région) de la Transylvanie »[2] ; « le pays transylvain », écrivait Jules Verne, « est encore très attaché aux superstitions des premiers âges », ce qui justifie le choix d'un fond roumain pour son roman. Il continue : « La Transylvanie est des plus superstitieux (pays d'Europe) ».

En 1897, cinq ans après la parution du roman de Verne, Bram Stoker publia son roman *Dracula*, où l'influence de Dumas, ainsi que celle de Verne sont évidentes[3]. Le comte Dracula ressemble au comte de Monte-Cristo. Il vit dans son Château des Carpathes[4], mais celui-ci est situé en Bucovine (et non en Transylvanie), dans une province du nord de la Roumanie, comme souligné par Stoker lui-même[5]. La cause de l'association du vampirisme à la Transylvanie doit être recherchée ailleurs. Bram Stoker lui-même considérait, comme Jules Verne, que « toute superstition connue dans le monde s'est formée dans l'espace en fer à cheval des Carpathes ». Mais chez Stoker cela n'est qu'une raison apparente du choix de la Roumanie pour lieu de l'intrigue du roman ; son inspiration est en fait occultiste. Chez Verne, au contraire, les influences anti-

---

[1] La région de Hatszeg est située au sud de la Transylvanie, qu'elle unit à la Valachie au Sud et au Banat à l'Ouest.
[2] Jules Verne, *Le Château des Carpathes*, Presses Pocket, 1992, p. 27. Voir aussi *The Everlasting Sacred Kernel*.
[3] Bram Stoker, *Dracula*, Signet Classsic, 1965, chap. 1.
[4] Notons que chez Jules Verne le Château des Carpathes est nommé « le Château du Chort », ce qui veut dire exactement « Château de Dracula », parce que *chort* signifie « diable » dans la mythologie slave.
[5] Stoker 13, 19.

traditionnelles et les données traditionnelles pures puisées au fond roumain coexistent[1].

Le monde occidental considère la Roumanie comme étant un pays « exotique », une sorte d'Orient lointain, un territoire magique propice aux contes bizarres contenant revenants, fantômes et dragons. Jules Verne et Bram Stocker ont vu juste : les « superstitions » représentent une partie importante de l'héritage traditionnel roumain, transmis jusqu'à nos jours sous forme de ballades, de légendes, de chants de Noël, de contes, de traditions, etc. En fait, ces « superstitions » ne sont devenues telles qu'après la disparition du centre spirituel, qui a retiré son soutien divin, en laissant les formes vides de contenu. C'est dans ce pays que les Daces bâtirent leur société traditionnelle, en vénérant Zalmoxis et sa doctrine de l'immortalité. Georgel suppose même que la Dacie a été un important centre spirituel secondaire[2]. Jusqu'à la Renaissance les Roumains[3] avaient été des « moins que rien », gardant un anonymat étrange qui ressemble de façon analogue à l'état de non-manifestation. Quand ils ont fait surface dans le monde historique, leur premier roi, selon la légende, fut *Negru-Voda*, « le Prince Noir », ayant l'aspect de *Harap-Alb*[4]. Nous y ajoutons un autre exemple, puisé à l'héraldique. On attribua pendant le Moyen-Âge à la

---

[1] Il nous semble étrange que le commentateur de Verne dans notre édition française n'ait eu aucune idée de l'existence des légendes roumaines. Il est beaucoup moins « informé » que Verne lui-même, puisqu'il croit que Mioritza, le Maître Manole et Rodolphe le Noir, mentionnés dans *Le Château des Carpathes*, sont de pures inventions de Verne (Jules Verne, *Le Château des Carpathes*, Presses Pocket, 1992).
[2] Gaston Georgel, *Les Quatre Âges de l'Humanité*, Archè Milano, 1976, p. 262.
[3] Les Roumains, dit Stoker, « sont les descendants des Daces » (Stoker 12).
[4] *L'histoire de Harap Alb* est un conte de fées roumain profondément spirituel et symbolique. Il est peu connu en Occident, et pourtant il est si sacré et parfait que nous devons le mentionner. *Harap* vient du roumain *arab* et signifie « Maure », « teint brun, foncé » ; *Alb* vient du latin *albus*, « blanc ». *Harap Alb*, le héros du conte de fées est donc le « Maure blanc » ou le « Noir Blanc » (*Folk Tales from Roumania*, Routledge and Kegan Paul, 1952). *Harap Alb* est le correspondant roumain du Roi du Monde, et les deux couleurs, le noir et le blanc, sont des éléments du symbolisme du Centre suprême caché, qui peut être le *Monastère blanc* ou le *Château noir*. Voir aussi Geticus, *La Dacie hyperboréenne*, Études Traditionnelles, 1936-1937.

Valachie et à la Moldavie des armoiries très singulières, représentant trois têtes noires, couvertes d'écharpes blanches. Chez Saint-Yves d'Alveydre et chez Ferdinand Ossendowski, le Roi du Monde est décrit comme ayant le visage noir d'un Éthiopien enveloppé d'une écharpe blanche. Les deux auteurs ont souligné que le Roi du Monde avait deux adjudants, Mahâtmâ, l'autorité spirituelle, et Mahânga, le pouvoir temporel. Il nous paraît raisonnable de supposer que les deux adjudants sont les projections du chef suprême, et qu'ils pourraient être décrits, par conséquent, de la même manière que lui. Voici les armoiries mythiques des Roumains, avec leurs trois têtes de Noirs-Blancs.

D'innombrables vestiges traditionnels, transmis tels quels de génération en génération, et considérés comme « superstitions » par Verne et Stocker, sont la preuve convaincante d'un passé traditionnel et spirituel. Jules Verne a saisi un fragment de ce « monde disparu », dont il mentionna les légendes et les mythes, mais il a été influencé aussi par le récit de Dumas sur le vampire Kostaki. Stocker a été influencé lui-même par Dumas et par Verne, mais chez lui l'aspect occultiste remplace toute trace de tradition authentique[1].

---

[1] Même le nom « Dracula » a une histoire sacrée. Il provient du roumain *drac*, qui signifie « diable » ; mais le mot roumain *drac* nous rappelle que, du point de vue étymologique, ce que nous appelons à présent diable est en fait le dragon

Ce sont les théosophistes[1] qui proclamèrent la Transylvanie comme patrie des vampires et des forces démoniaques, profitant de la loi sacrée de l'ambivalence des symboles. Tout symbole, pour être véritable, doit offrir de nombreuses significations et doit avoir la capacité d'illustrer divers points de vue. Bien plus, il doit présenter une paire de significations apparemment opposées, s'intégrant ainsi dans un monde constitué, par définition, par des paires de contraires, comme le chaud et le froid, le bon et le mauvais, etc.[2] Souvent, lors de la rotation du

---

(*drac* vient du latin *draco*, dragon). La bannière des Daces représentait un *draco* avec une tête de loup. Romula, la mère de l'empereur Romain Galerius, était une prêtresse dace, mariée, selon la légende, à un dragon, ou « Dracula » (Sextus Aurelius Victor, *Épitome*, Panckoucke Éd., Paris, 1846, p. 389). Bien des années plus tard, pendant le Moyen-Âge, un prince roumain devint Chevalier de l'Ordre du Dragon, et fut nommé *Dracul*. Son fils, Vlad l'Empaleur, fut identifié au comte Dracula de Stoker (Andrew Mackenzie, *Dracula Country*, Arthur Barker Ltd., 1977, p. 27). Il y a bien des « fantaisies » plus ou moins innocentes concernant la « tradition roumaine ». L'occultisme, par exemple, considère la Roumanie comme le « pays du Dragon » dans un sens infernal, et considère que l'Ordre du Dragon est le « siège de l'initiation vampirique » (Jean Robin, *La véritable mission du comte de Saint-Germain*, Guy Trédaniel, 1986, pp. 58, 72).

[1] Nous faisons une distinction entre « théosophe » et « théosophiste », comme entre Rose-Croix et Rosicrucianisme.

[2] Voir René Guénon, *Du double sens des symboles*, Études Traditionnelles, n° 211, juillet 1937.

cycle et de la chute du monde, un symbole peut perdre sa signification supernale et ne garder que sa signification infernale ; c'est ainsi que Saturne, régent de l'Age d'Or, devint Satan et que la faux, son arme, devint l'instrument de la Mort ; de la même manière, le Loup perdit son aspect lumineux et spirituel, pour se trouver à présent, dans la mémoire du peuple, comme le « mauvais loup » ; c'est aussi ce qui arriva à la couleur noire.

Dans le cas de la Transylvanie, il semblerait que ce même processus, qui fait parfois perdre le sens divin et garder uniquement le sens satanique, explique la présentation des vestiges traditionnels roumains comme pures superstitions. Selon Guénon, le numéro sept a joué un rôle particulier dans le cycle humain actuel (*Manvantara*), qui est le septième cycle depuis le début du super-cycle (*Kalpa*) ; d'où, l'importance accordée à la croix tridimensionnelle, composée de six directions plus le centre, et aussi aux « sept pays » dont parlent la Kabbale juive et la tradition hindoue[1], les sept collines de Rome n'étant qu'un aspect particulier de cet archétype mythique. Les armoiries de la Transylvanie sont une autre projection du même archétype : on y retrouve non seulement les sept collines, qui marquent le « centre » de chaque région, mais aussi le « centre du centre » y est marqué, car le sommet de chaque colline est mis en évidence par une tour. Autrefois, la Transylvanie était nommée *Siebenbürgen*, c'est-à-dire, en allemand, « les sept cités ».

Le symbolisme des armoiries de la Transylvanie est particulièrement important. La « tradition roumaine »[2] parle généralement de trois tours ; une variante de la ballade des *Trois Cygnes*, transmise par Dem. Teodorescu, précise que les cygnes, qui symbolisent « les lumières » des Trois Mondes constituant l'Existence universelle, se posent chacune sur une croix au sommet d'une tour. Les trois tours représentent les axes

---

[1] Guénon, *Le Roi du Monde*, pp. 57-58.
[2] L'expression « tradition roumaine » ne représente pas la définition d'une tradition véritable, mais nous entendons par elle les vestiges traditionnels qui ont survécu dans la région carpatique.

secondaires des Trois Mondes et leurs croix viennent renforcer l'idée de manifestation universelle. Au pays de Hatszeg, zone spirituelle fondamentale des Roumains, où se situe l'action du roman de Verne, les anciens châteaux moyenâgeux ont été construits autour d'une tour centrale, tel le château de Coltz qui a servi de modèle à Verne[1]. Cela nous conduit au pôle opposé, parce que la tour, comme tout symbole, présente deux aspects, l'un bénéfique, l'autre maléfique.

Dante décrit dans l'*Inferno* une haute tour qui annonce la cité de Dis, résidence des démons. Selon les Pères de l'Eglise, le diable est le singe de Dieu, c'est pourquoi dans la *Divine Comédie* Dante présente Satan habillé d'une fourrure de singe et assis la tête en bas. La tour de la cité de Dis est une singerie, une parodie de la tour centrale sacrée et bénéfique. De la même manière, la tour de Babel, dont le nom signifiait à l'origine « porte de Dieu », devint plus tard une tour satanique. Les cartes de Tarot sont une illustration du même symbolisme : la XVe carte représente le Diable, et la XVIe représente la tour foudroyée par Dieu.

En conclusion, il existe des centres spirituels qui ont une influence bénéfique sur notre monde, mais il y en a aussi qui ont une influence satanique et qui contribuent à propager le mal. Ces derniers s'appellent « les sept tours du Diable » : Satan parodie le numéro sept et le symbolisme de la tour, parce qu'il ne peut pas s'abstenir d'imiter. Il serait intéressant, évidemment, de savoir où sont situées les sept tours du Diable.

En 1927, fut publié un livre singulier, intitulé *Aventures en Arabie*[2], et William D. Seabrook y raconte son voyage dans les pays arabes et musulmans : un chapitre spécial est consacré aux « Tours de Shaitan » (p. 316). Il y parle de « sept tours »

---

[1] La plus célèbre tour est évidemment celle de Pise, dont l'inclinaison est devenue une attraction suspecte pour les touristes ; nous disons cela parce que l'inclinaison de la tour est survenue exactement à la fin de la société traditionnelle et au début de la civilisation profane en Europe, ce qui nous semble significatif et symbolique. La tour penchée de Pise représente à sa manière la chute biblique et correspond à l'inclinaison de l'axe terrestre, qui revêt la même signification.

[2] William B. Seabrook, *Adventures in Arabia*, Paragon House, 1991.

fabuleuses, ou « Centres du Pouvoir ». Seabrook consigne une légende très populaire en Orient sur la chaîne des sept tours du Diable, qui s'étendent le long de l'Asie, depuis le nord de la Mandchourie jusqu'en Kurdistan, en traversant le Tibet et la Perse. Chacune de ces tours est la résidence d'un disciple de Satan qui transmet des vibrations maléfiques au monde entier, en répandant ainsi le Mal. Seabrook affirme n'avoir jamais cru à cette légende, qui lui paraissait tout aussi mythique que le « royaume souterrain » chinois et les grottes de Sinbad. Pourtant, à peine arrivé à Bagdad, il fut conduit vers le Nord, à la frontière kurde, au pays de Yezides, où il vit de ses propres yeux une des tours du Diable[1].

Déroutés probablement par les armoiries de la Transylvanie avec leurs sept tours, les occultistes et les théosophistes ont promu une image fantastique de la région, qu'ils considéraient non seulement comme le pays des vampires, mais aussi comme un centre de Lucifer ; l'aspect lumineux du symbolisme des sept collines disparut ainsi au profit de son aspect infernal[2] :

> Te voilà tombé du ciel, Astre brillant, fils de l'aurore ! Tu es abattu à terre, Toi, le vainqueur des nations ! Tu disais en ton cœur : Je monterai au ciel, J'élèverai mon trône au-dessus des étoiles de Dieu ; Je m'assiérai sur la Montagne de l'Assemblée, à l'extrémité du septentrion ; je monterai sur le sommet des

---

[1] René Guénon commente les informations de Seabrook sur les Maisons ou les Tours de Satan dans une note publiée dans la revue *Études Traditionnelles* (1935) et les confirme (voir aussi René Guénon, *Aperçus sur l'ésotérisme islamique et le Taoïsme*, Gallimard, 1978, p. 134). Dans une lettre de mai 1936, envoyée à Vasile Lovinescu, René Guénon donne quelques précisions : il dit que, selon des données traditionnelles, une tour se trouverait en Iraq, une autre en Sibérie, et une troisième en Turkestan. Il y aurait d'autres « tours » situées en Syrie, au Soudan et au Niger (zone d'où sont venus les sorciers qui se sont opposés à Moïse). Jean-Marc Allemand discute, à sa manière si caractéristique, toutes ces informations dans le livre *René Guénon et les Sept Tours du Diable*. Il propose une carte des sept tours du Diable, où elles forment exactement la constellation de la Grande Ourse, ce qui est une parodie sinistre des « Sept Lumières polaires ou des Sages ».

[2] Même phénomène dans le cas de l'Égypte qui, de « pays sacré » et centre initiatique, est devenu le pays des sorciers, comme le Pharaon devint l'emblème de Satan. De là, le nom anglais des gitans, *gypsies*.

nues, Je serai semblable au Très Haut. Mais tu as été précipité dans le séjour des morts, Dans les profondeurs de la fosse[1].

Les occultistes ont situé la montagne de Lucifer, ou « Montagne de l'Assemblée » du nord, dans les Carpathes, près de Curtea-de-Arges[2].

---

[1] *Ésaïe* 14:12-15.
[2] Voir Robin, *St-Germ.*, p. 63. Nous signalons aussi les fantaisies selon lesquelles *rephaim* (*Génèse* 14:5), les anges déchus, se seraient retirés dans les Carpathes roumains, où ils furent connus comme vampires, ou *Nosferatu*. D'aucuns ont essayé naïvement d'expliquer *nosferatu* par le grec *nosophoros*, alors qu'il n'est qu'une forme corrompue des noms roumains « Necuratu » ou « Nefârtatu » pour le diable.

II

LE CENTRE ET L'OCCULTISME

APRÈS l'« âge sombre » du Moyen-Âge, pendant et surtout après la Renaissance, une chute toujours plus grave de la spiritualité vers la matérialité fut notée, phénomène que l'histoire profane qualifie à tort « siècles des lumières ». Les « Siècles des Lumières » qui ont suivi à l'« âge sombre » ont produit une pseudo-spiritualité pernicieuse, une action anti-traditionnelle toujours plus subversive, une campagne forte et toujours plus vaste de manipulation et de confusion des esprits, qui a accéléré la marche vers la fin du monde. De nos jours, un candidat sincère recherchant la sagesse n'a pas la moindre chance de réussir. Le conseil évangélique « cherche et tu trouveras » s'avère presque impossible à appliquer, parce que les prédicateurs menteurs annoncés par Jésus sont légion aujourd'hui.

La science des symboles représente les « ténèbres extérieures », mentionnées par les Évangiles et considérées comme chaos, figurées parfois sous la forme d'un labyrinthe où l'ignorant s'égare, d'autres fois sous la forme d'une forêt épaisse et broussailleuse ; ce symbole exprime parfaitement notre situation actuelle, qui correspond à l'ère de l'informatique. Les gens sont bombardés de partout par des informations si diverses qu'ils s'égarent finalement dans cette *selva selvaggia*[1].

---

[1] On fait aujourd'hui l'erreur grave, entretenue par les mass-media, de considérer que « le public a le droit d'être informé », et que, par conséquent, « être informé » est quelque chose de positif et d'utile. Or, la plupart des informations ne sont que des bavardages ou des indiscrétions, de la même qualité que les médisances qui ont toujours existé dans toutes les

Dans le domaine traditionnel, par exemple, après un « complot », qui a tenté de faire le silence sur l'œuvre de René Guénon (considéré comme « l'ennemi publique n° 1 » ; en réalité, l'ennemi de l'ignorance, de la pseudo-spiritualité et des actions diaboliques), on assiste aujourd'hui à une tentative pour suffoquer le public avec une excès d'information. On use et abuse du nom et de l'œuvre de Guénon, comme de toutes les doctrines traditionnelles[1]. Les gens de bonne volonté ne retrouvent plus la bonne voie dans cette forêt de symboles, surtout lorsque la vérité n'est que légèrement modifiée par des éléments subversifs et contre-initiatiques. D'ailleurs, sans l'intervention providentielle de René Guénon, l'occident, et même l'orient, auraient été complètement vulnérables, des proies trop faciles pour les forces de l'Adversaire. Qu'ils soient théosophistes ou occultistes, spiritistes, évolutionnistes, darwinistes, New Age, OVNI-istes, néo-protestants ou pseudo-guénoniens, tous se sont donné la main avec enthousiasme pour créer une confusion générale et pousser le carrosse du monde vers le gouffre de l'ignorance. Les méthodes employées furent innomb-

---

communautés archaïques et auxquelles les gens sérieux et honnêtes n'avaient jamais prêté l'oreille. De plus, accumuler des données quantitatives, ce qui est communément synonyme de s'informer, ne rend pas l'homme plus intelligent, ni plus habile : le fait de savoir que des septuples sont nés au Japon, dont cinq ont survécu, n'a aucun effet sur la vie d'un individu, ni sur son processus cognitif. Enfin, plus les informations qui s'emparent de l'esprit humain sont inutiles ou insignifiantes, et plus le processus de confusion et de solidification mentale est important et les chances de trouver la juste voie sont diminuées.

[1] Après avoir extrêmement banalisé le Yoga, qui, de voie spirituelle dans les doctrines hindoues, s'est transformé à présent en méthode de gymnastique physique (voie profane correspondant au *mens sana in corpore sano*), et après avoir massacré la Kabbale juive, c'est au tour du pseudo-Soufisme d'être à la mode. Tel l'Afghan Idries Shah, qui écrivit nombre de livres sur le soufisme, son propre soufisme, celui qui a déconcerté la plupart des lecteurs. Pendant quelques années, les théosophistes n'ont pas été seuls : ils étaient accompagnés par un faux prophète russe, Gurdjieff et ses descendants, Ouspenski et Bennett. « L'école » de Bennett a été continuée par Idries Shah. Robert Graves, le célèbre écrivain, a signé l'introduction de son livre, *The Sufis*, se laissant leurrer lui-aussi par Shah. Précisons que Guénon avait déjà signalé à l'époque, dans *Le Théosophisme* (p. 256), la connexion entre l'Ordre des Soufis d'Inayat Khan (fondé en Amérique en 1910) et le théosophisme.

Le centre et l'occultisme 145

rables ; la pseudo-spiritualité s'accrocha à tout ce qui était sain, qu'elle déforma et étrangla ; du langage jusqu'aux concepts, aux idées et aux voies effectives, les forces diaboliques corrompent tout et tournent tout en dérision[1]. Malheur à ceux qui se laisseraient séduire par leurs appâts !

L'intérêt pour les pays roumains en général et la Transylvanie en particulier a commencé bien avant l'apparition du roman de Dumas, par le voyage de Körösi Csoma Sandor en Inde, en Himalaya, et au Tibet[2]. Son expédition créa un pont, voire une correspondance entre la Transylvanie et le Tibet. Csoma était parti pour trouver le « berceau » des hongrois, c'est pourquoi son aventure devint « un retour aux sources », symbole des

---

[1] De même que la doctrine d'Hermès Trismégiste devint de la magie pour les occidentaux, de même que Virgile fut admiré en tant que magicien pendant la Renaissance et que son œuvre devint un manuel de divination, *Yi Jing*, le texte fondamental de la tradition extrême-orientale, fut popularisé lui aussi comme manuel de divination et profané ensuite excessivement. Dès la chute cyclique, les Trois Mondes constitutifs de la manifestation universelle, correspondant aux trois niveaux *Corpus, Anima, Spiritus*, tombèrent l'un sur l'autre ; c'est pourquoi un seul monde est visible à présent, le monde corporel, matériel, le plus banal et périssable ; c'est pourquoi à la spiritualité s'est substitué le spiritisme, à la doctrine des cycles cosmiques s'est substitué l'évolutionnisme et la théorie absurde de la réincarnation ; c'est pourquoi on assiste partout au succès du vampirisme et des histoires de fantômes, qui réduisent tout au corporel, entretenant ainsi l'illusion inepte de la « matérialité » des Mondes supérieurs.
[2] Csoma est né au village de Körös (Cris), dans le département de *Trei Scaune* (« Trois Chaises »), une zone très proche des lieux où naquirent le légendaire Prince Noir (*Negru-Voda*, ou « le Roi du Monde » roumain) et le prince Vlad l'Empaleur (le modèle de Dracula). En 1819, il commença son voyage téméraire à travers l'Orient (la Palestine, l'Iraq et la Perse), jusqu'en Inde et au Tibet. Il y apprit le sanskrit et le tibétain et se retira dans les monastères tibétains pour y étudier d'innombrables manuscrits et pour écrire le premier dictionnaire tibétain-anglais. Entre 1836 et 1839, Csoma publia à Calcutta l'analyse de plusieurs dizaines de textes tibétains (voir Alexander Csoma de Koros, *Analysis of Kanjur*, Sri Satguru Publications, 1982). Le séjour à Lhasa ne lui ayant pas été accordé, il mourut à Darjeeling, en 1842, sans avoir résolu le problème de l'origine du peuple hongrois. Nous signalons une coïncidence étrange : Csoma est né du peuple des Sécouïs, comme le comte Dracula de Stocker, qui le dit ouvertement dès le début du livre : « we Szekelys » veut dire « nous, les Sécouïs » (Stocker croyait que les Sécouïs étaient venus d'Islande, c'est-à-dire de l'Hyperborée, et avaient Thor et Wodin comme dieux).

voyages initiatiques ayant pour objectif une réalisation spirituelle, voire même un retour au Principe. Ce sens symbolique ne pouvait échapper aux occultistes : ils déclarèrent ainsi qu'il existait deux « centres » mystérieux, l'un en Transylvanie, l'autre au Tibet-Himalaya. Loin de nous l'idée présomptueuse de mettre sur un pied d'égalité les doctrines spirituelles encore vivantes en Inde et au Tibet et les vestiges traditionnels roumains ; mais, à part les élucubrations bizarres des occultistes qui conduisent vers une telle correspondance, il y a une parenté symbolique et profonde incontestable, expliquée par l'existence d'une Tradition primordiale commune, d'où toutes les traditions dérivées tirent leur substance.

René Guénon dit :

> Nous ajouterons encore un mot en ce qui concerne spécialement l'origine des textes tibétains soi-disant très secrets que Mme Blavatsky a cités dans ses ouvrages, notamment les fameuses *Stances de Dzyan*, incorporées dans la *Doctrine Secrète*, et la *Voix du Silence*. Ces textes contiennent bien des passages qui sont manifestement « interpolés » ou même inventés de toutes pièces, et d'autres qui ont été tout au moins « arrangés » pour les accommoder aux idées théosophistes ; quant à leurs parties authentiques, elles sont tout simplement empruntées à une traduction de fragments du *Kandjur* et du *Tandjur*, publiée en 1836, dans le XXe volume des *Asiatic Researches* de Calcutta, par Alexandre Csoma de Körös. Celui-ci, qui était d'origine hongroise, et qui se faisait appeler Scander-Beg, était un original qui avait voyagé longtemps dans l'Asie centrale pour y découvrir, par la comparaison des langues, la tribu dont sa nation était issue[1].

---

[1] Guénon,*Théosoph.*, p. 97. Guénon dit encore (*Théosoph.*, p. 325) : « Du *Kandjur* et du *Tandjur*, Alexandre Csoma de Körös a publié une analyse et traduit des fragments, dans le XXe volume des *Asiatic Researches*, Calcutta, 1836, et c'est là que la fameuse Mme Blavatsky a pillé à l'aveuglette une bonne part de cette fameuse *théosophie*, qu'elle prétend avoir reçue, par télépsychie, de stylites cachés au cœur du Tibet, sans doute non loin de l'*Asgaard* de M. Renan (voir *Dialogues et Fragments*, Paris, 1876) (Augustin Chaboseau, *Essais sur la Philosophie buddhique*, p. 97) ». Csoma est mentionné aussi par Roerich : « Un homme énigmatique, d'origine hongroise, qui vécut à la fin du XVIIIe siècle, est enterré dans le cimetière de Darjeeling. Il y est venu en traversant la Terre de

Helena Petrovna Blavatsky, née en 1831 d'une famille russo-allemande, fut la fondatrice et la première présidente de la Société Théosophique (en 1875). Guénon a écrit un livre volumineux, *Le Théosophisme*, pour la démasquer. Nous devons signaler un aspect étrange concernant ce livre. En 1911, le directeur de la revue *La France Antimaçonnique* (où Guénon était collaborateur) y publia un article bizarre sur la visite d'un « génie » ou « esprit », qui se présenta comme Swâmî Narad Mani, venu d'Adyar, chef de l'Observatoire secret européen. Des articles publiés la même année, signés par Narad Mani lui-même, contenaient des textes démasquant le théosophisme ; une partie de ces textes réapparaissaient dans le livre de Guénon. Narad Mani dit dans un de ces articles :

> Le véritable Centre hindou, spiritualiste par essence, et avec lequel aucun des *leaders* du blavatskisme n'a jamais été en rapport, c'est « l'AGARTTHA ». Et que celui qui a des oreilles pour entendre entende : il se trouve, a dit Saint-Yves d'Alveydre, dans certaines régions de l'Himalaya. (…) Un autre centre masque celui-là : c'est la Maçonnerie des Taychoux-Marous, inconnue des blavatskiens, et dont les rameaux s'étendent secrètement en Asie et dans beaucoup de contrées chrétiennes[1].

Chacornac raconte[2] que Swâmî Narad Mani était le pseudonyme de Hiran Singh, un Hindou ou Sikh très bien informé sur l'occultisme occidental, dont la documentation fut utilisée par Guénon pour *Le Théosophisme*. Ce qui est encore plus

---

la Hongrie au Tibet, où il habita pendant de longues années dans des monastères inconnus. Dans les années trente du siècle passé, Csoma de Körös, de son nom, y mourut. Dans ses écrits, il souligna l'importance des doctrines de Shambhala, désignant la nouvelle hiérarchie qui succèderait à Bouddha. Ce n'est pas par hasard que ce savant vint de la Hongrie. Son activité fut totalement énigmatique » (Nicholas Roerich, *Altaï-Himalaya A Travel Diary*, Adventures Unlimited Press, 2001, p. 49).
[1] Bruno Hapel, *René Guénon & Le Roi du Monde*, Guy Trédaniel, 2001, pp. 15-16. Swâmî Narad Mani, *Baptême de lumière*, Archè, Milano, 2003, pp. 51-52.
[2] Paul Chacornac, *La Vie simple de René Guénon*, Éditions Traditionnelles, 1996, p. 53.

étrange, c'est que Hiran Singh lui présenta vers 1913-1914 (selon Chacornac) un jeune peintre allemand, qui devint célèbre plus tard sous le pseudonyme de Bo Yin Râ, comme étant le seul membre européen des Taychoux-Marous[1]. Nous nous demandons d'autre part si le « génie » Narad Mani, qui se prétendait venu d'Adyar, siège de la Société Théosophique, ne serait pas également une « opération » subtile de la part de Guénon[2].

La vie aventureuse et pleine de mensonges d'Héléna Blavatsky est peu intéressante pour notre livre. Il est pourtant important de noter que, dans sa jeunesse, elle eut des relations avec les cercles spiritistes qu'elle tenta de renier plus tard ; elle se présentait aussi comme disciple d'Allan Kardec, de qui venaient ses idées sur la réincarnation ; elle connaissait les milieux révolutionnaires de 1848 ; elle se rallia à Garibaldi en 1866, ainsi qu'Alexandre Dumas l'avait fait en 1861 ; elle ne visita l'Inde qu'en 1878. Héléna Blavatsky est morte à Londres, en 1891.

Bien qu'elle eût profité des œuvres de Csoma, Madame Blavatsky ne le considérait pas suffisamment imposant et mystérieux (même si les théosophistes après elle essayèrent de le présenter ainsi) pour jouer un rôle de « maître » ; ou c'est peut-être le fait de s'être inspirée de ses écrits qui lui dictait sa discrétion[3]. De toute façon, la Transylvanie ne fut pas oubliée et

---

[1] Dans une lettre adressée à Evola, Guénon écrit que, même si « Bo Yin Râ est partiellement coupable de charlatanisme et de mystification, il y a pourtant quelque chose de plus en lui, puisqu'il fut membre d'une organisation très particulière, située quelque part en Turkestan, qui représentait une version plus ou moins non-orthodoxe du Tantrisme ». Guénon révèle que Bo Yin Râ était connu sous le nom de Joseph Schneider à Paris, où des membres de son organisation le présentèrent à Guénon comme leur seul membre européen (Julius Evola, *René Guénon, A Teacher for Modern Times*, p. 33).
[2] Voir aussi Mircea A. Tamas, *Agarttha, the Invisible Center*, Rose-Cross Books, Toronto, 2003, p. 41.
[3] Bien que généralement présenté comme un savant mystérieux, nous ne pouvons pourtant considérer Csoma que comme un érudit et un explorateur au sens profane du mot. Son analyse des textes tibétains et son dictionnaire témoignent d'un travail minutieux et appréciable, qui ne présumait pas une réalisation spirituelle pour autant. Il est peu probable que sa démarche ait dépassé l'ordre rationnel et discursif, et pourtant il est resté dans la mémoire

les « Maîtres de la Sagesse » ou « Mahâtmâs », dont les théosophistes se prétendaient les disciples, furent localisés au Tibet et en Transylvanie[1]. Guénon traite du problème des « Mahâtmâs » avec discernement ; il affirme catégoriquement que les théosophistes ne bénéficiaient pas d'une telle source spirituelle[2], mais que cela ne veut pas dire que les « Maîtres », y compris le mystérieux « Maître R. », furent de pures inventions. Quant à ce dernier, il résidait la plupart du temps aux Balkans et Guénon l'identifia au comte Rákóczy de Transylvanie, qui n'était que le comte de Saint-Germain lui-même[3]. Guénon raconte qu'il avait même été invité à rencontrer le « Maître R. », mais que ce ne fut finalement qu'une charlatanerie des

---

des bouddhistes extrême-orientaux comme un saint sage, voire comme un « boddhisatva », selon Claudio Mutti.

[1] « La plupart des "Maîtres", avons-nous dit, sont censés habiter le Tibet... Il en est pourtant quelques autres dont la résidence est moins lointaine au dire des théosophistes, du moins depuis que les "Mahâtmâs", se sont décidément identifiés aux "Adeptes" au sens rosicrucien du mot ; l'un d'eux, notamment, séjournerait habituellement dans les Balkans » (Guénon, *Théosoph.*, p. 58). Jean Calmels dit dans une lettre du 27 juin 1943 : « Et on ne peut manquer d'évoquer le fait que certaines organisations dont l'inspiration est plus ou moins suspecte ont, au cours de dernières décades, insinué que les Rose-Croix authentiques vivent dans certains (*sic*) régions de la péninsule balkanique » (Alexandre de Dánann, *Les secrets de la Tara Blanche*, Archè, Milano, 2003, p. 128). En ce qui concerne Alexandre de Dánann, on doit remarquer le mot-clé « secrets » du titre, la plupart des œuvres néo-occultistes, New Age et antitraditionnelles l'utilisant avec une étonnante avidité : par exemple, en 2004, a paru le livre douteux de Mark Sedgwick ayant le sous-titre *Traditionalism and the Secret Intellectual History of the Twentieth Century* ; en 2005, l'œuvre de Paul Naudon, *Les origines de la Franc-Maçonnerie* (Dervy, 1991) fut publié par Inner Traditions avec le titre *The Secret History of Freemasonry* ; en 2006, plusieurs ouvrages sur la Maçonnerie furent publiés avec les titres suivants : *The Secrets of Freemasonry* (Robert Lomas, Magpie Books), *The Secrets of Freemasonry* (Pat Morgan, Capella), *Freemasonry, Symbols, Secrets, Significance* (W. Kirk MacNulty, Thames and Hudson), *Mysteries and Secrets of the Masons* (Lionel & Patricia Fanthorpe, The Dundurn Group) ; pour ne pas même mentionner des « œuvres » lamentables comme *The Da Vinci Code*, où l'auteur fait miroiter toutes sortes de soi-disant secrets.

[2] Swâmî Narad Mani écrivait : « le mouvement pseudo-théosophique procède d'un milieu obscur qui n'a rien de commun avec l'"AGARTTHA" » (*Baptême de lumière*, p. 50).

[3] *Théosoph.*, p. 318.

théosophistes ; pourtant, il souligne que cela ne voulait pas dire que ce « Maître » n'existait pas[1].

Parmi les personnages célèbres pris de main basse par les théosophistes, le comte de Saint-Germain fut des plus appréciés : Mme Blavatsky était considérée elle-même comme le « Saint-Germain du XIX-ème siècle » et, plus encore, elle fut identifiée au comte[2]. Pour les théosophistes, le comte de Saint-Germain fut « l'Adepte » et le plus illustre messager de la « Grande Loge Blanche » qui représentait leur « centre »[3]. Annie Besant, qui devint présidente de la Société Théosophique en 1907, publia un livre sur Saint-Germain, où elle mentionnait, parmi les « incarnations » de celui-ci, le comte Rákóczy, prince de Transylvanie, et Jean Hunyadi, gouverneur de la Transylvanie[4]. D'autres occultistes ont nommé Jean Hunyadi « le chevalier blanc de la Valachie », suggérant qu'il était une incarnation de Christian Rosenkreutz[5].

---

[1] *Théosoph.*, p. 58. Voir aussi Chacornac, *Vie*, p. 62, qui précise que l'affaire relatée par Guénon concernait la création de l'Albanie autonome. Marcel Clavelle ajoute, dans son « Document inédit », que la personne que Guénon devait rencontrer, le « Maître R. », était Sir Basil Zaharoff, agent secret et ami intime de la reine Maria de Roumanie.

[2] Paul Chacornac, *Le Comte de Saint-Germain*, Chacornac Frères, 1947, pp. 249, 253.

[3] Chacornac, *St-Germ.*, p. 254. Le comte de Monte-Cristo du roman de Dumas ressemble beaucoup au comte de Saint-Germain (il prend divers noms et apparences, il est toujours mystérieux, il peut se passer de nourriture) ; Cagliostro, qui imita Saint-Germain, fut un héros important de l'œuvre de Dumas, qui le décrivait comme appartenant à une organisation maçonnique imaginaire (Guénon, *Théosoph.*, p. 415).

[4] Chacornac, *St-Germ.*, p. 256, Guénon, *Théosoph.*, p. 331.

[5] Chacornac, *St-Germ.*, p. 256, Guénon, *Théosoph.*, pp. 202, 318. Annie Besant écrivait : « Le dernier survivant de la maison royale de Rákóczy, connu comme Comte de Saint-Germain par l'histoire du XVIIIe siècle, comme Bacon au XVIIe siècle, comme Le Moine Robertus au XVIe, comme *Jean Hunyadi* au XVe, comme *Christian Rosenkreutz* au XIVe … a été disciple dans toutes ces nombreuses vies laborieuses et maintenant il a atteint au rang de Maître, comme "Adepte hongrois" du Monde occulte ». Jean Hunyadi est considéré comme Roumain par les Roumains, et comme Hongrois par les Hongrois ; voilà un bon exemple de la combinaison des influences roumaines et hongroises, qui, entremêlées, ont alimenté l'image occulte de la Transylvanie, et même de la Valachie et de la Moldavie. Nous faisons mention du fait que

Il n'est pas sans intérêt de noter un autre fait : l'Abbé Prévost mentionna déjà en 1731, dans son roman célèbre, *Manon Lescaut*, la Société de jeu de l'*Hôtel de Transylvanie*, dont les profits étaient recueillis par un mystérieux « M. le prince de R. »[1]. Celui-ci fut identifié (par Léo Mouton, en 1905) avec Francis II Rákóczy, prince de Transylvanie, et il paraît que le surnom créé par Prévost, « le Prince de R. », fût le modèle pour le « Maître R. » des théosophistes. On sait que Rákóczy fut forcé de se réfugier en France en 1713, après sa révolte ratée contre l'Empire autrichien et que l'Hôtel de Transylvanie était sa résidence à Paris. Le même Hôtel de Transylvanie fut décrit par Prévost, vingt ans plus tard, comme « nid du diable », un lieu de jeu et de débauche[2].

De là jusqu'à Dracula il n'y a qu'un pas. Jean Robin associe le comte Dracula au comte Rákóczy, prince de Transylvanie et « incarnation » de Saint-Germain[3]. Nous avons déjà vu que Dumas lança le prototype ; d'abord dans *Le Comte de Monte-Cristo*, publié en 1845-1846, où il décrivait un comte qui ressemblait beaucoup au Comte Dracula : celui-ci ne mangeait pas (Monte-Cristo mangeait très peu), et s'habillait de noir ; il était très pâle comme Monte-Cristo[4] ; plus tard, dans *Les Mille et un fantômes*, publié en 1849, Dumas désigna le pays de Dracula du syntagme « royaume des vampires ». De même que Blavatsky s'était servie des écrits de Csoma, Bram Stocker se servit, pour

---

Vlad l'Empaleur fit la guerre pendant sa jeunesse, semble-t-il, sous les ordres de Jean Hunyadi. Nous remarquons aussi la prédilection des théosophistes pour le blanc, ce qui nous rappelle l'explication de l'ermite des contes du Graal, qui disait que le blanc est à Satan et le noir est à Dieu ; les forces anti-traditionnelles ne font que parodier, et encore elles ne peuvent pas arborer le noir de peur de trahir ainsi leur appartenance aux ténèbres infernales.
[1] Abbé Prévost, *Manon Lescaut*, Deloffre et Picard, 1995, p. 64.
[2] Récemment, ce même Hôtel de Transylvanie à Paris fut présenté comme étant la résidence du Comte de Saint-Germain, qui perdit du grade à cette occasion quand il fu présenté comme étant un vampire. Nous observons aussi que Manon, l'héroïne de Prévost, est partiellement le modèle de Milady de Dumas ; même le nom « Milady » fut employé par Prévost avant Dumas, dans ses *Mémoires d'un Homme de qualité* (sixième chapitre).
[3] Robin, *St-Germ.*, p. 71.
[4] Stoker 25-27.

Dracula, d'une source hongroise, le juif Arminius Vambery, considéré lui aussi comme un fervent explorateur de l'Asie, à la manière de Csoma[1] ; d'aucuns affirment de façon arbitraire que le mot anglais *vampire* est d'origine hongroise[2]. Mais la source véritable de Stocker était occultiste. Stocker fut membre de la *Golden Dawn*, organisation contre-initiatique, qui était étroitement liée à la Société Théosophique[3] ; il est remarquable qu'au moment de la publication du roman de Stocker, le grand maître de la *Golden Dawn* était Aleister Crowley, magicien noir et sataniste, qui fut expulsé de l'organisation en 1900 ; le célèbre A. E. Waite tenta ensuite de réformer l'Ordre. Jean Robin, se basant sur des sources peu fiables, signalait une autre connexion entre la *Golden Dawn* et Sigismond de Luxembourg, roi de Hongrie et empereur germanique, qui créa l'Ordre du Dragon (1418) auquel appartenait Vlad Dracul, père de Vlad l'Empaleur[4] ; bien entendu, le Dragon suggère aux occultistes des forces sataniques, et l'auteur fait mention de « l'initiation vampirique » secrète de l'Ordre. Robin trouvait que l'on ne pouvait justifier l'association entre la Bessarabie (ancienne province roumaine) et « le pays du Dragon », et établissait à partir de ses sources une correspondance entre la région carpato-danubienne et l'Agarttha, voire même avec l'Inde[5]. Une autre fantaisie occultiste est entretenue par Michel Lamy, qui considérait à tort que Zalmoxis, le dieu de l'immortalité des Daces, était un « magicien » et que le messager sacrifié des Daces revint d'outre-tombe sept jours plus tard, les Daces étant ainsi à l'origine du vampirisme[6]. De telles aberrations sont destinées à discréditer les vestiges spirituels authentiques de la région et à créer une « terre occulte » fantaisiste.

---

[1] Robin, *St-Germ.*, p. 58. Ainsi que d'autres occultistes, Vambery a fonctionné comme espion anglais.
[2] Robert Hendrickson, *Word and Phrase Origins*, Checkmark Books, 2000, p. 696.
[3] André Nataf, *The Occult*, Chambers, 1991, p. 121, Robin, *St-Germ.*, p. 58.
[4] Robin, *St-Germ.*, p. 58.
[5] Robin, *St-Germ.* pp. 72-73.
[6] Michel Lamy, *Jules Verne, initié et initiateur*, Payot, 1999, pp. 177-178.

III

PSEUDO-AGARTTHA DE TRANSYLVANIE

UNE VÉRITÉ se dévoile à partir de tout ce que nous avons examiné jusqu'à présent : les théosophistes, les spiritistes et les réincarnationnistes ont promu les pays roumains au rang de « pays occultes », avec leurs « adeptes » et « maîtres emplis de sagesse », leurs vampires et fantômes, résultats de l'action d'influences contre-initiatiques.

Les Daces, ainsi que d'autres peuples traditionnels, sont restés à travers les siècles dans la mémoire des Européens comme un peuple mythique. La Dacie et sa tradition sont devenues, comme Troie ou l'Égypte, un « centre mythique » qui a abrité jadis l'esprit divin descendu parmi les hommes. L'importance spirituelle des Daces apparaissait si grande, que la Dacie a été considérée comme une sorte de garant de la transmission ininterrompue des principes divins, de la Loi (*Dharma* de la tradition hindoue) et du « droit divin » ; d'autres peuples se sont créés une « généalogie spirituelle », ayant pour origine la Dacie[1]. Un livre célèbre, intitulé *Getica*, de Jordanès,

---

[1] Nous devons souligner qu'aujourd'hui, toute référence à l'existence d'un centre spirituel dans cette région ne serait que pure imagination. Il y existe aussi une opinion selon laquelle la Roumanie serait le pays avec « les plus grand nombre de guénoniens » (Claudio Mutti, *La Grande Influence de René Guénon en Roumanie*, Akribeia, 2002, p. 22). Ce rapport ne signifie rien. Tout d'abord, dans le domaine traditionnel la quantité n'a aucune valeur, ainsi l'idée d'une sorte de « partie de guénoniens » contenant de nombreux membres est quelque chose de ridicule. Deuxièmement, comme nous l'avons déjà dit, le terme « guénonien » est peu convenable, aussi bien que le terme

prétend que les ancêtres mythiques des Goths sont les Gètes (un autre nom des Daces), qu'il décrit au superlatif. De même, les Espagnols (peuple à l'héritage visigoth important) s'accaparèrent des données sur les Daces et sur Zalmoxis, puisqu'ils se considéraient leurs héritiers[1]. L'histoire symbolique de la Maçonnerie mentionne, parmi divers ordres chevaleresques, trois ordres de Malte : un ordre romain officiel, un ordre russe, et un ordre réformé ; ce dernier s'appelle le « Prieuré de la Dacie de Danemark ». En fait, pendant le Moyen-Âge, le Danemark s'appelait Dacie et les Danois étaient assimilés aux Daces ; les chroniques de l'époque présentaient Zalmoxis et Deceneu comme des rois-philosophes admirables et comme les ancêtres mythiques des Danois[2]. Plus encore, le philosophe suédois Carolus Lundius publia en 1687, en latin, un livre singulier, *Zalmoxis, primus getarum legislator*, une apologie des Daces (Gètes), où il présentait Zalmoxis comme le proto-géniteur divin de la Scandinavie (l'équivalent du Manu hindou,

---

« traditionaliste », et si en Roumanie il y a beaucoup de « traditionalistes », cela ne donne aucune raison d'en être trop fier. L'idée que la Roumanie est le pays avec les « guénoniens les plus nombreux » n'est pas nouvelle ; Michel Vâlsan, en 1968, parlant du succès des travaux de Guénon en Roumanie dans les années 40, a ajouté qu'il était au courant du fait que « le nombre [de lecteurs roumains de l'œuvre de René Guénon] dépasse toute supposition » (Michel Vâlsan, *Études et documents d'Hésychasme*, *Études Traditionnelles*, n°s 406-407-408, 1968, p. 168). Aujourd'hui, la situation en Roumanie n'est pas différente d'aucun autre pays, en ce qui concerne la tradition et René Guénon. Nous sommes particulièrement témoins d'une poussée de la part de la pseudo-initiation, du pseudo-ésotérisme et du « guénonisme » qui fait partie de la mentalité antitraditionnelle régnant sur le monde moderne.

[1] Voir Alexandru Busuioceanu, *Zalmoxis*, Ed. Meridiane, Roumanie, 1985. Nous précisons qu'il n'est pas question d'une confusion simpliste et formelle entre Gètes et Goths, il est question d'une continuité spirituelle. C'est pourquoi le roi Alphonse le Sage voyait Deceneu, le sacerdote des Daces, comme un apôtre chrétien qui nommait des évêques et enseignait la théologie aux Goths (Busuioceanu 182) ; plus encore, les armoiries des rois d'Espagne montrent des éléments qui confirment « le droit divin » : ce sont le joug et la flèche gétiques (Busuioceanu 185-186).

[2] Mircea Eliade, *De Zalmoxis à Gengis-Khan*, Payot, 1970. Dans son *Orlando Furioso*, Ariosto nommait délibérément le Danemark « Dacia » (Ariosto, *Orlando Furioso*, VI.16, Penguin Books, 1981, I, p. 225).

celui qui a donné le *Dharma* aux hommes). Enfin, il est tout aussi étrange qu'un bas-relief de la basilique de Saint-Pierre de Rome, représentant la rencontre du pape Léon le Grand et d'Attila, montre des soldats huns qui sont en fait des Daces, puisqu'ils portent leurs chapeaux et leur bannière – le dragon à tête de loup ; cela suggère que les Daces, comme les Troyens, ont joué un rôle d'êtres mythiques paternels dans la mentalité européenne[1].

Le caractère mythique attribué aux Daces a permis aux occultistes de développer une image fabuleuse de la Transylvanie. *Le Château des Carpathes* de Jules Verne précise sans ambiguïté que les héros sont Roumains, descendants des Daces et gardiens des légendes et des traditions archaïques. Bram Stocker le dit textuellement : « Les Roumains sont les descendants des Daces »[2]. Jules Verne affirme clairement et Stocker reprend ensuite l'idée que toutes les superstitions du monde se trouvent concentrées dans les Carpathes, précisant ainsi l'existence d'un pays mythique, habité par un peuple légendaire. Verne décrit la région comme la plus sauvage de la Transylvanie, et les habitants du village de Werst comme archaïques. Le Château des Carpathes est un lieu de rencontre de toute la mythologie roumaine ; il dit : « Sur ce plateau isolé, qui est inaccessible, excepté par la gauche du col de Vulkan, il n'était pas douteux qu'il abritât des dragons, des fées, des stryges, peut-être aussi quelques revenants » (p. 47). Il est évident que Jules Verne, influencé en partie par l'occultisme, décrit un « centre » *inaccessible*, caché dans les montagnes, sans voie d'accès, abritant des forces mythiques, qui ressemble au

---

[1] Il faut préciser que la zone située au nord du Danube fut connue depuis le temps des Croisades sous le nom de Dacie. La princesse byzantine Anne Comnène parle souvent, dans sa célèbre *Alexiade*, de la Dacie et de ses habitants, les Gètes (Daces), les Scythes et les Sarmates. Quoique sous ces noms se cachent en fait les Hongrois, les Coumans et les Pétchénègues, la princesse souligne l'importance traditionnelle de la Dacie, qui maintint son rôle mythique jusqu'au Moyen-Âge, les Daco-Gètes (le point de vue « mythique » ne tient pas compte du mélange de peuples qui s'abritent sous ce nom) continuant à habiter le nord du Danube.
[2] Stocker 12.

centre mystérieux d'Asie (du Tibet-Himalaya)[1]. Il paraît que Jules Verne connaissait très bien la région roumaine où il situa ce « centre ». Il parlait sans erreur des *zmei* (qui correspondent aux *asuras* hindous et aux *Titans* grecs), des *serpi de casa* (serpents domestiqués), des *babe* (vieilles sorcières), des *balauri* (dragons), employant les mots roumains corrects dans le texte français. Il était très bien informé également sur les noms de lieux, de montagnes, de rivières et de villes, qu'il mentionnait sans se tromper. Il connaissait aussi l'histoire des Roumains et des Hongrois, qui y habitent. Ce qui est encore plus remarquable, il connaissait les légendes du Maître Manole, du Prince Noir (*Negru-Voda*) et de Mioritza, l'agnelle noire prophétique. Pourtant, le nom du plateau inaccessible est Orgall, le village s'appelle Werst, et la rivière-guide côtoyant le château s'appelle Nyad : tous des noms inventés, qui n'ont pas été identifiés jusqu'à présent, ce qui est d'autant plus étonnant, que Verne faisait usage d'une remarquable précision par ailleurs.

Essayons de proposer une hypothèse. Supposons que Verne ait été au courant de l'analogie faite entre les pays roumains et les régions tibétaines, et qu'il ait participé, sinon involontairement, à l'entretenir. La carte de l'Asie centrale devant les yeux et ayant vraisemblablement des informations supplémentaires, Verne changea le nom du mont Everest en Werst[2]. Le plateau d'Orgall peut représenter les monts Orgakha Ola, proches d'Urga, dont Ossendowski parlera plus tard les associant au Roi du Monde et à l'Agarttha. Ajoutons que le premier personnage qui paraît dans le roman est le berger Frik, décrit comme sorcier, évocateur d'esprits, et maître des vampires (!) et des revenants ; le nom de Frik n'a aucun sens, si on le compare aux

---

[1] Khembalung, la vallée secrète du Tibet a pour centre un palais invisible, mais parfois de la fumée s'aperçoit au-dessus des arbres et des chansons peuvent s'y entendre (Bernbaum 58). Jules Verne décrit de la même manière son Château des Carpathes : « il y avait sans aucun doute de la fumée qui s'échappait au dessus du toit du donjon » (p. 20) ; le château résonnait lui-aussi d'une musique étrange.

[2] Le nom de Sir George Everest, gouverneur-général de l'Inde, fut donné au plus haut sommet de l'Himalaya en 1865 ; le nom népalais est *Sagarmatha* (déesse du ciel), et le nom tibétain est *Chomolungma* (déesse-mère du monde).

autres noms (parce qu'il n'est ni roumain, ni hongrois, ni allemand), sinon Frik est l'anagramme de *fakir*[1]. Notre hypothèse n'est pas trop risquée. Jules Verne avait écrit en 1892 non seulement *Le Château des Carpathes* mais aussi *Claudius Bombarnac* et, d'une manière ou d'une autre, les deux romans coexistaient dans son esprit. Même si apparemment ils sont radicalement différents (quant au style, à la structure et au sujet)[2], *Claudius Bombarnac* a pour personnages deux Roumains, dont les noms étranges sont considérés comme des anagrammes, ou du moins ce sont des noms à lettres réarrangées ; le roman décrit un voyage en Asie, tout juste au sud de la Mongolie, ce qui est un autre indice qui pourrait venir à l'appui de notre hypothèse[3].

Il y a bien d'autres bizarreries. Par exemple, Verne présente deux « mages », Hermod du village de Werst, et Orfanik du Château des Carpathes ; leurs noms, comme leurs fonctions, nous rappellent Hermès et Orphée. Or, les fantaisies occultistes, qui rassemblent tous les « grands initiés » dans le même lieu, sont bien connues. Saint-Yves d'Alveydre lui-même considérait que Moïse, Orphée, Pythagore, etc., avaient tous fait des études à l'Université d'Agarttha. Les théosophistes, qui l'avaient remplacé par un centre trans-himalayen nommé « La Grande Loge Blanche », ont répandu la théorie que la Loge se trouvait à l'origine de toutes les religions, et que même Jésus y fut initié[4].

---

[1] Bien que nous y reviendrons plus tard, notons que Louis Jacolliot publia *Le spiritisme dans le monde* en 1875, ouvrage où il traite du spiritisme, des fakirs, de l'Inde et d'Asgartha pêle-mêle.
[2] Simone Vierne, *Jules Verne*, Balland, 1986, p. 339.
[3] Le roman de Jules Verne comprend beaucoup de détails géographiques, ce qui prouve qu'il avait une bonne connaissance théorique de la région.
[4] D'ailleurs, les occultistes ont promu l'idée de la connexion entre Jésus-Christ et les esséniens, que certains considéraient comme bouddhistes (Guénon, *Théosoph.*, pp. 195-196) ; le fait que Nicholas Roerich prétendait avoir découvert les traces de Jésus en Asie ne doit pas nous étonner. Voir aussi le livre d'Edouard Schuré, *Les Grands Initiés*, paru en 1889, peu avant le livre de Verne. Schuré a été membre de la Société Théosophique, qu'il quitta en 1886 (pour Rudolf Steiner), pour y revenir en 1907. Rudolf Steiner naquit en 1861 à Kraljevici, qui se trouvait autrefois en Hongrie, aujourd'hui en Croatie (Guénon, *Théosoph.*, pp. 215, 225).

En ce qui concerne Hermod, disons qu'il est le messager d'Odin dans la tradition nordique et qu'il correspond à Hermès dans la tradition grecque[1]. Parlons, enfin, du nom de Franz de Télek. Jules Verne précise, lorsqu'il introduit sur scène Franz de Télek, qu'il est Roumain de Craïova. Comme Dracula, Monte-Cristo ou Saint-Germain, Franz est comte et voyage à travers le monde. Une version dit que le comte de Saint-Germain se déclarait fils de Francis Rákóczy, prince de Transylvanie, et de sa première femme qui devint plus tard une Tékély[2] ; il est plausible que Franz de Télek soit une combinaison de Francis (identique à Franz) et de Tékély (anagramme de Télek), surtout que son adjudant s'appelle Rotzko, qui, phonétiquement, équivaut à Rákóczy[3].

Nous ne pouvons que faire des suppositions, sans jamais savoir réellement ce que Jules Verne a voulu nous dire, d'autant plus qu'il était lui-même, paraît-il, un simple instrument plus ou moins conscient. Il faisait usage dans ses œuvres d'un syncrétisme qui créait de la confusion. Selon Verne, le comte de Télek, par exemple, est issu d'une famille roumaine de souche ancienne, dont une seule branche survécut, celle qui vivait au château de Craïova ; pourtant, son nom n'est pas du tout roumain. Il nous semble que Verne ait essayé de transmettre le message que les noms ne sont pas ce qu'ils paraissent et qu'ils doivent être décodés et réarrangés. Dans *Le Château des Carpathes* il y a quelques « enchevêtrements » étranges : Verne écrit à bon escient Stilla pour Stella, Miriota pour Mioritza. Franz de Télek, qui a un nom allemand et hongrois, est en fait un Roumain de Valachie, et Rodolphe de Gortz, qui a un nom valaque pur est transylvain ; ce qui est encore plus grave, c'est que Verne décrit la descente en enfer comme une ascension au Mont du Purgatoire, ce qui témoigne d'influences suspectes.

---

[1] H. A. Guerber, *Myths of the Norsemen*, Dover Publications, 1992, pp. 154, 357.
[2] Chacornac, *St-Germ.*, pp. 16-17.
[3] Quant au torrent de Nyad, si nous permutons la première et la dernière lettre, nous obtenons *Dyan*, qui nous fait penser aux *Stances* d'Héléna Blavatsky ; mais Nyad peut aussi provenir de *naïade*, nymphe des rivières ; de la même manière, Télek peut provenir de Téleki, le nom du dernier gouverneur de la Transylvanie (avant 1848).

Pseudo-Agarttha de Transylvanie

Verne aimait beaucoup les sens cachés. Son œuvre est pleine de chiffres, d'anagrammes, de métathèses, de messages codés, ce qui justifie nos suppositions ci-dessus. Pour illustrer sa méthode, nous allons donner un dernier exemple : Stilla, du *Château des Carpathes*, meurt sur scène, en chantant un opéra composé par un musicien qui s'appelle Arconati. Son nom est évidemment une invention de Verne. Dans le roman *Mathias Sandorf*, publié avant *Le Château des Carpathes* (en 1885), mais écrit probablement simultanément, le héros est un comte qui vit au château d'Artenak, dans les Carpathes ; le comte réapparaît plus loin, voyageant à travers le monde comme Saint-Germain et Monte-Cristo ; il s'appelle cette fois-ci « le docteur Antekirtt » et il est doué de pouvoirs surnaturels, tel celui d'hypnotiser et de suggestionner comme les fakirs de l'Inde. Il est aussi le maître de l'île d'Anterkirtta. Verne a dédié ce roman à Alexandre Dumas, précisant que Mathias Sandorf est l'équivalent de Monte-Cristo. Comparons les noms *Arconati* (*Le Château des Carpathes*) et *Artenak – Antekirtt – Anterkirtta* (*Mathias Sandorf*) : il est évident tout de suite qu'ils proviennent d'une souche commune et d'un jeu d'anagrammes. Il est difficile de dire ce que Verne voulait nous transmettre, ou qui l'a influencé. Mais il y a une correspondance évidente entre *Le Château des Carpathes* et *Mathias Sandorf*, due aux Carpathes, au château et surtout aux noms *Arconati = Artenak*. Les deux romans décrivent le même « centre carpatique », mais nous pouvons établir une autre correspondance : l'île d'Anterkirtta qui, du point de vue symbolique et nominal correspond au Château d'Artenak, est en fait une imitation de l'Île Blanche Hyperboréenne, du Centre polaire suprême ; c'est pourquoi nous pouvons supposer qu'Anterkirtta est une anagramme d'Antarctique, ce qui fait du Château des Carpathes une sorte d'image du centre polaire. Nous pouvons nous tromper sur le jeu de mots, mais le message transmis, fortement marqué d'occultisme, est réel et pointe toujours vers les pays roumains. Une dernière remarque : dans son roman *Face au Drapeau* de 1896, Jules Verne introduit un autre héros ayant un nom étrange, Ker Karraje, alias le comte d'Artigas, qui vit dans une grotte sur une île. À part la correspondance du nom avec des noms réels (Artigas et Caragici sont des noms courants), Ker Karraje est la traduction exacte de *Negru-Voda* (le Prince Noire, « le Roi du Monde » en « tradition roumaine ») et Artigas est l'anagramme d'Asgarti ; cela pourrait sembler de la fantaisie pure, si l'on ne connaissait pas l'obsession de Verne pour les « embrouillaminis ».

Jules Verne n'est pas un cas isolé. En commençant par les révolutions américaine et française et continuant jusqu'aux révolutions européennes de 1848, la nécessité du mystère et de la conspiration ont rendu les anagrammes et les codes secrets très populaires. La Révolution française, la révolte populaire de Transylvanie de 1784, les révolutions de 1848, la Révolution américaine, toutes avaient des connexions souterraines avec le mouvement pseudo-spiritualiste et occultiste, avec certaines sociétés pseudo-initiatiques et même contre-initiatiques. Mme Blavatsky s'impliqua dans les milieux révolutionnaires, les Américains employèrent des symboles maçonniques, même Hitler dans sa période « révolutionnaire » usa d'anciens emblèmes traditionnels (le *swastika*, et Thulé, le nom du centre spirituel suprême).

La Société Philarmonique de Bucarest couvrait les activités des révolutionnaires pseudo-maçons roumains. Il est intéressant que la musique (surtout l'opéra), dont Hoffmann, Dumas et Verne se sont servis dans leurs écrits, fût impliquée dans l'occultisme. *Le Château des Carpathes* a pour centre l'opéra. Le comte de Saint-Germain jouait du violon comme un virtuose ; Hoffmann et Dumas ne cessaient de louer le violon : Dumas comparait le violon à l'arc d'Ulysse en tant que preuve initiatique, à la seule différence que le violon, qui d'un côté permet d'accéder à l'immortalité, est en même temps une invention de Satan, destinée à tenter l'homme et à perdre son âme. Hoffmann s'est donné le nom Amadeus, d'après Mozart ; Héléna Blavatsky donnait des leçons de piano privées en 1851 ; Jules Massenet mentionnait *l'Hôtel de Transylvanie* dans le IVe acte de son célèbre opéra *Manon* (dont la première eut lieu à Paris, en 1884), en suivant à la lettre le roman de l'Abbé Prévost. En 1838, la Société Philarmonique de Bucarest émit la médaille

Norma, ayant à l'avers le triangle maçonnique (comme sur le sceau américain[1]), contenant les sept tours de la Transylvanie, l'aurochs de la Moldavie et l'aigle de la Valachie ; au revers, une inscription mentionnait que l'opéra *Norma* avait été représenté à Bucarest : *Norma* est évidemment l'anagramme de *Roman* (la forme roumaine de « Romain »), et fut employé par les révolutionnaires roumains qui luttaient pour l'indépendance nationale. Verne était en bonne compagnie ![2]

Nous ne pouvons pas continuer sans mentionner l'opéra de Mozart, *La Flûte enchantée*, une des plus célèbres compositions qui touchent à l'ésotérisme. *La Flûte enchantée* est un chef-d'œuvre maçonnique très bien connu, qui cache un symbolisme initiatique. Moins connu est le fait que Mozart était à l'époque

---

[1] « Chose assez curieuse, le sceau des États-Unis figure la Pyramide tronquée, au-dessus de laquelle est un triangle rayonnant qui, tout en étant séparé, et même isolé par le cercle de nuages qui l'entoure, semble en quelque sorte en remplacer le sommet ; mais il y a encore dans ce sceau dont certaines organisations "pseudo-initiatiques" cherchent d'ailleurs à tirer parti d'une façon quelque peu suspecte, d'autres détails qui sont au moins bizarres » (René Guénon, *Formes traditionnelles et cycles cosmiques*, Gallimard, Paris, 1980, pp. 147-148).

[2] Notons qu'en 1861, Bulau disait qu'un des noms de Saint-Germain était Tzarogy ; or, ce nom est l'anagramme de Rakoczy (Chacornac, *St-Germ.*, p. 36).

sous l'influence profonde d'un franc-maçon de haut rang, le baron Ignaz von Born[1]. Le baron naquit en 1742, à Karlsburg (à présent Alba-Iulia), une ville importante de la Transylvanie. Après avoir fait des études à Hermannstadt (en roumain Sibiu), il s'établit à Prague et devint expert en minéralogie. Il fut nommé Conseiller des Mines en 1769 à Chemnitz, et son intérêt pour ce sujet est très significatif. En 1784, à Vienne, le baron devint Grand Secrétaire de la Grande Loge Nationale d'Autriche[2]. Nous pouvons noter une autre coïncidence : la même année, 1784, commença la plus forte révolte des Roumains de Transylvanie (avant 1848), considérée par les historiens comme une conséquence de la rébellion de Francis Rákóczy contre l'Autriche. Les chefs de la révolte roumaine avaient des liens avec la Loge pseudo-maçonnique Roumaine de Vienne, et surtout avec sa confrérie nommée « Les Frères de Croix », mouvement pseudo-initiatique qui appartenait aux *Illuminati*. Ignaz von Born fut très impliqué lui-même dans l'activité des *Illuminati* et, en même temps, vu sa haute expertise en minéralogie, devint membre de la Société Royale de Londres[3].

En 1660, longtemps avant la création des Sociétés Philarmonique et Théosophique, la Société Royale fut créée à Londres, pour servir, paraît-il, de couverture pour certains rosicruciens et membres de la Franc-Maçonnerie ; on parle d'un « Collège Invisible », qui a précédé la Société Royale ; en réalité, la société hérita de l'ésotérisme authentique du Moyen-Âge, héritage qui fut vite altéré et profané. La Société accueillit ensuite des individus comme Désaguliers et Crooks, le premier ayant une influence néfaste, antitraditionnelle sur la Maçonnerie, le second gagnant l'estime de Jacolliot pour ses « études » sur le spiritisme.

---

[1] Jacques Chailley, *The Magic Flute Unveiled*, Inner Traditions International, 1992, pp. 15-17.
[2] *Encyclopédie de la Franc-Maçonnerie*, Le Livre de Poche, 2001, pp. 96-97.
[3] On mentionne, comme curiosité, que l'une des sources présumées de Saint-Yves d'Alveydre a été Frédéric Auguste Le Play (1806-1882), élève de Polytechnique et de l'École des Mines, qui a exploité des mines jusqu'en Oural (*Clefs de l'Orient*, Introduction).

En 1668-1669, Edward Brown, membre de la Société Royale de Londres, fit un voyage dans les pays roumains, en Transylvanie, dit-on, où il s'intéressa aux mines, aux bains et au lac mystérieux de Zirchnitz, « le lac qui disparaîssait ». Jules Verne parla lui aussi du sous-sol de la Roumanie, confirmant l'opinion ancienne concernant ses richesses ; le château d'Artenak de Mathias Sandorf avait lui aussi pour voisinage des mines riches en fer et en cuivre.

Parlant du lac de Zirchnitz, nous allons mentionner un livre bizarre, publié par Casanova en 1788, l'*Icosameron*, où il décrit un voyage à l'intérieur de la Terre, ses personnages se laissant porter par le tourbillon du Maelström pour entrer dans le royaume souterrain. Bien des années plus tard, Edgar Allan Poe fit une description du pôle comme étant un abysse épouvantable, un tourbillon dans lequel, au milieu du tonnerre et des hurlements de la mer et de la tempête, le navire s'engouffra, tournant à toute vitesse en cercles concentriques[1]. Alexandre Dumas, contemporain de Poe, utilisa une image similaire dans *Isaac Laquedem*, où il y décrit le voyage infernal de Clinias, le disciple d'Apollonius de Tyane[2]. Mark Twain commença la rédaction en 1896 d'une histoire qui resta inachevée, et dans laquelle il décrivait un abysse infernal situé tout près du Pôle Sud[3]. Il est intéressant que Jules Verne termine son roman *Vingt mille lieues sous les mers* en faisant disparaître Némo et son sous-marin dans le tourbillon du Maelström. Les personnages de Casanova parvinrent à regagner la surface de la Terre par un lac mystérieux qui leur apparaît comme par enchantement ;

---

[1] Il nous semble assez intéressant de signaler que Poe décrit, dans son curieux roman *Pym*, le Pôle Sud comme un pays paradisiaque, situé au-delà d'un anneau de glace, ce qui ressemble à la description de Shambhala (Bernbaum 36).

[2] « Alors commença une course non plus directe (...) mais circulaire et se rétrécissant toujours ; et le murmure des arbres disait : "Au gouffre !" et le cri des oiseaux disait : "Au gouffre !" et le chant des sorcières disait : "Au gouffre !" (...) il y avait au centre de la forêt de Némée un profond abîme (...) On l'appelait le Gouffre. C'est là que nous conduisait la ronde terrible qui tournait autour de nous ! » (pp. 336-337).

[3] *Sacred Kernel* 193.

quelques enthousiastes ont identifié le lac décrit par Casanova comme étant le « lac qui disparaît » ou le lac de Zirchnitz, et l'ont situé en Transylvanie[1].

Un siècle plus tard, en 1871, Edward Bulwer, Lord Lytton, publia un roman fantaisiste, *The Coming Race*, qui décrit un monde souterrain auquel il accède en descendant dans une mine à l'aide d'une corde ; toujours par une mine, il revient à la surface à la fin de l'aventure[2]. Lord Lytton, écrivain occultiste, a connu Eliphas Lévi en 1854 et, en fait, plusieurs membres de sa famille ont été impliqués en diverses actions occultistes et spiritistes. En 1861, Lord Lytton devint le « Grand Patron » de la Rose-Croix d'Angleterre. Son fils, vice-roi de l'Inde, a entretenu des relations avec Saint-Yves d'Alveydre, et sa nièce avec Roerich[3]. Ce qui est assez étrange c'est que *The Coming Race* est un récit de science-fiction, où des automates comparables aux robots actuels y sont présentés ; nous pouvons y voir les racines occultistes de la science-fiction[4]. *The Coming Race* de

---

[1] Voir Casanova, *Les vingt journées d'Édouard et d'Élizabeth (Icosameron)*, Pygmalion, 1977, pp. 318-320. Casanova, ne l'oublions pas, affirmait avoir rencontré le comte de Saint-Germain et vu de ses propres yeux qu'il pouvait transformer une pièce d'argent en or. Nous signalons que Jules Verne avait décrit, comme Casanova, un voyage à l'intérieur de la Terre tellement chargé d'éléments symboliques que Mircea Eliade le compara à un voyage initiatique. Voir aussi Alexandre Dumas, *Isaac Laquedem*, où il décrit le voyage du juif errant au centre de la terre, par l'antre de Trophonius (p. 421). Trophonius est directement lié au symbolisme du centre, car il a construit le temple d'Apollon à Delphes ; l'antre de Trophonius se trouve à Lébadeia, non loin de Delphes, et il constituait selon Dumas, un lieu d'initiation : « Après les épreuves, l'initié apprend qu'à l'extrémité de cette prairie s'ouvre une caverne par laquelle on peut descendre jusqu'au centre du terre. (...) Isaac tendit la main à Apollonius ; les douze prêtres levèrent leurs voiles... » (pp. 429-430). Ces douze prêtres se retrouvent en Agarttha décrite par Saint-Yves d'Alveydre : « Le cercle le plus haut et le plus proche du centre mystérieux comprend douze membres, qui représentent l'initiation suprême » (Alveydre, *Mission de l'Inde*, p. 34, Guénon, *Le Roi du Monde*, p. 38). Nous pourrions noter que certains ont localisé le soi-disant « centre des Balkans » en Grèce.
[2] Edward Bulwer Lord Lytton, *The Coming Race*, Woodbridge Press, 1979.
[3] Guénon, *Théosoph.*, pp. 300-301, 374 ; Joscelyn Godwin, *Arktos*, Thames and Hudson, 1993, p. 84 ; Roerich, *Altai*, p. 28.
[4] Plus tard, Isaac Asimov présentera, dans *The Caves of Steel*, toute l'humanité vivant dans des souterrains.

Lytton est dirigée par un « Collège des Sages »[1], qui est en fait une combinaison du « Collège Invisible » de la Société Royale et des « Maîtres de la Sagesse » des théosophistes ; la super-race souterraine possède une force miraculeuse nommée *vril*, qui correspond au « fluide vital » de Jacolliot ; celui-ci considérait, de manière fantaisiste, que ce fluide, qu'il nommait *agasa* était la cause suprême des phénomènes « surnaturels »[2] ; *agasa* est en fait le sanskrit *akâsha*, l'éther, qui en tradition hindoue représente la quintessence et le principe substantiel des éléments corporels, sans aucun rapport avec la démarche matérialiste des occultistes. Il est intéressant de noter que Saint-Yves d'Alveydre fait mention, lui-aussi, de « l'ineffable » agent *akasha*, qu'il traduit correctement par éther, force céleste d'Agarttha produisant une ivresse sainte et spirituelle ; les fakirs, disciples d'Agarttha, qui n'avaient pas eu accès aux degrés supérieurs, se servaient de l'éther pour produire leurs phénomènes[3]. Bulwer précisait qu'il garderait secret la location des deux mines, mais nous pouvons nous demander si l'une des mines ne se trouverait pas en Transylvanie[4].

Enfin, aux dires de Jean Calmels : « À propos de toute cette région qui forme l'arc des Karpates jusqu'aux Alpes de Transylvanie, il est, je crois, assez significatif de noter : a) que tous ces territoires sont peuplés de peuples en tribulation ou en errance, Juifs ou Bohémiens, qui s'y rassemblent volontiers. b) qu'il y a toujours eu dans ces régions des fabriques de monstres

---

[1] Lytton 15, 54.
[2] Louis Jacolliot, *Le spiritisme dans le monde*, La Croix, 1875, p. 232.
[3] Alveydre, *Mission de l'Inde*, pp. 71, 88. Plus récemment, en 1982, Alec Maclellan publia le livre *Le Monde perdu d'Agharti, Le Mystère du Pouvoir du Vril* (Souvenir Press, 1996), où il mélangeait sans discernement des informations diverses et présentait le *vril* comme la force d'Agharti, un royaume qui a des tunnels sous toutes les mers et sous tous les continents ; l'auteur, ignorant et peu sérieux, évitait de citer Guénon et *Le Roi du Monde*, mais il cita le charlatan Erich von Däniken.
[4] De toute manière, situer une de ces mines dans un pays roumain n'aurait qu'une importance secondaire.

humains (nains et autres[1]), ce qui est à rapprocher, en mode inversif, de certaines sciences de l'Agartha »[2].

Concluons ces considérations par une observation importante : certains personnes ont essayé, d'une manière fantaisiste ou à des fins antitraditionnelles, de faire de la Dacie le « nombril du monde » ou de suggérer l'existence d'un centre spirituel sur le territoire de la Roumanie moderne, de même qu'on a essayé de promouvoir d'autres pays, comme la France par exemple. Nos exemples ont eu uniquement comme objectif d'illustrer comment d'authentiques dates traditionnelles peuvent être corrompues et utilisées dans toutes sortes d'inventions occultistes, de la même façon que les caractéristiques communes du symbolisme du centre qu'on retrouve dans toutes les formes traditionnelles ont été exploitées pour créer des centres imaginaires, ce qui fait partie d'un plan bien mis au point par les forces adverses.

---

[1] Alexandre de Dánann, ajoute, tout en acceptant la fantaisie sur « les fabriques de monstres », qu'il s'agissait de « gnomes de Bucovine », une autre fantaisie.
[2] Dánann, *Tara Blanche*, p. 101.

IV

LE CENTRE MYTHIQUE

LA SITUATION de la montagne du Nord (ou polaire) dans les Carpathes correspond aux histoires de Dumas, de Verne, et de Stocker ; mais elle représente aussi une réminiscence du caractère hyperboréen de la société des Daces et de leurs descendants, les Roumains : la ville de Curtea de Arges est une projection du centre spirituel nommé *Insula Alba* («l'Île Blanche») ou *Manastirea Alba* («le Monastère Blanc»). Pausanias (III.19.11) décrivait une île, qui ressemble beaucoup à l'île d'Apollon l'Hyperboréen, située aux bouches du Danube, dans la Mer Noire des anciens Daces, les aïeux des Roumains. L'île s'appelait Leuke, c'est-à-dire l'Île Blanche (gr. *leuke*, «blanc», «lumineux») et représentait un symbole du «pays des immortels». C'était l'île où Achille continuait à vivre après sa mort et où il épousa Hélène de Troie. Les auteurs classiques (Pindare, Pline l'Ancien, Lucain, Quinte de Smyrne) parlent des hérons blancs qui gardaient le temple d'Achille sur l'île. Leuke est l'image du centre primordial, de Thulé, l'île d'Apollon l'Hyperboréen. Le blanc s'y ajoute au noir : l'Île Blanche dans les eaux de la Mer Noire – c'est le tableau par excellence de la manifestation (le blanc) qui prend naissance à partir de la non-manifestation (le noir, les Ténèbres supra-lumineuses). Elle symbolise aussi le centre spirituel pur et lumineux, pays de l'immortalité, entouré par la mer des passions humaines et par les vagues sombres de l'agitation éphémère et de l'ignorance.

L'admirable Nicolae Densusianu[1] soulignait la persistance du symbolisme du centre spirituel (blanc *ab extra*, noir *ab intra*) dans les vestiges traditionnels roumains, qui va de l'île de Leuke jusqu'au *Monastère Blanc* au bord de la Mer Noire : « Sur la grève de la Mer Noire/ Dans les blancs monastères/ neuf prêtres officiaient/ avec leurs neuf conseillers ». Le *Monastère Blanc* au bord de la Mer Noire, identique à Leuke, est évidemment un centre spirituel, où le blanc et le noir se font remarquer ensemble : « Île de mer/ Que ce soit de la Mer Blanche/ Ou bien de la Mer Noire », « Grève de la Mer blanche/ Dans tes blancs monastères/ Neuf vieux prêtres siègent ». L'île blanche est elle-même un *Monastère Blanc* comparé au Soleil magnifique, l'emblème du Principe : « Des eaux de la mer/ Le beau soleil s'est levé/ Ce n'est pas le soleil/ Mais un saint monastère/ où le service est officié./ Un petit navire y arrive/ D'anges chargé/ Et au milieu des anges/ Le Bon Dieu siègeait ». *Le Monastère Blanc* est comparable à l'Agarttha, le centre inaccessible et inviolable, car ceux qui connaissent « le petit sentier » qui y conduit sont peu nombreux ; il fut « commencé il y a long-temps/ À l'extérieur la mousse prend/ À l'intérieur ses murs sont peints/ De peintures dorées » ; on ne peut pas l'identifier à l'extérieur, parce qu'il est tout recouvert de mousse, mais à l'intérieur le monastère révèle sa lumière, car son or symbolise la lumière du Soleil spirituel. La tradition accentue la correspondance entre le Pôle céleste et le pôle terrestre : « Qu'est-ce qui est en haut et sur la terre ?/ - De hauts monastères y sont inscrits », « En haut il y a la lune et le soleil/ En bas les blancs monastères/ Dedans les monastères/ Des sièges dorés ». *Le Monastère Blanc*, selon l'opinion juste de Vasile Lovinescu, est une réflexion du Centre spirituel céleste dans le monde, *Sol-Luna*, et confirme le double pouvoir du Roi du Monde, qui gouverne le Monastère : « Sur

---

[1] Nicolae Densusianu, *Dacia preistorică*, Ed. Meridiane, Bucuresti, 1986, chap. VI. Sur l'île de Leuke et « le Monastère Blanc », décrits par Nicolae Densusianu, voir aussi les considérations traditionnelles sur le symbolisme du centre de Vasile Lovinescu (Geticus, *La Dacie Hyperboréenne*, *Études Traditionnelles*, 1936, n° 196). Certaines exagérations de Nicolae Densusianu peuvent être comparées à celles de Fabre d'Olivet ou de Saint-Yves d'Alveydre, mais aussi de Jacolliot.

l'île des mers/ Le Monastère des Princes/ Saint et blanc monastère », où les Princes sont ceux qui dirigent Agarttha, c'est-à-dire les *Superiores Incogniti*. La « tradition roumaine » donne au suprême Roi du Monde le nom de « Prince Noir » (*Negru-Vodă*), suggérant une image parfaite en noir et blanc : *le Prince Noir* siège dans *le Monastère Blanc*, ce qui veut dire qu'il est en même temps prêtre (autorité spirituelle) et roi (pouvoir temporelle).

Le « Monastère des Princes » correspond aussi au « royaume du prêtre Jean », où le sacerdoce (le monastère) est complémentaire à la royauté (les princes) ; il nous semble important de mentionner que l'étendard du prêtre Jean fut, paraît-il, une bannière blanche marquée d'une croix noire[1]. Comme le royaume du prêtre Jean, qui devint invisible après l'invasion musulmane et cessa de se manifester[2], situer aujourd'hui le *Monastère Blanc* est impossible. Après la création des Principautés roumaines, diverses substitutions, comme l'Église Blanche, ou le Monastère d'Arges, ne furent que des réflexions extérieures du centre caché, mythique. La légende du Monastère d'Arges, qui montre la collaboration du Maître Manole et du Prince Noir, comparable à celle des Franc-Maçons et des Templiers, puise ses sources au rite sacré de la construction du *Monastère Blanc*.

Dans *L'Histoire d'Arghir le bel et de la belle Hélène, la divine aux cheveux d'or*[3], le héros dont le nom signifie « le Blanc » (de la même famille que les mots *argent*, *argos* et *arges*) cherche son épouse-fée (symbolisant le Savoir divin, comme le Saint-Graal, comme Béatrice de Dante, ou comme Hélène de Troie), dans la *Cité Noire*. La fée du conte *Jeannot, Prince charmant*, transmis par Voronca[4], demande au prince de « venir dans la Noire Cité, où

---

[1] L'association blanc-noir réapparaît avec l'étendard des Templiers, *Beauseant*, qui est mi-blanc, mi-noir. On notera aussi les dires de Philostrate concernant le voyage d'Apollonius aux Indes : « Nos voyageurs rencontrèrent en cet endroit une femme noire depuis la tête jusqu'aux seins, et blanche depuis les seins jusqu'aux pieds » (*Apollonius*, III, 3).
[2] Guénon, *Le Roi du Monde*, p. 16.
[3] Lazar Saineanu, *Basmele române*, Carol Göbl, 1895, p. 266.
[4] Saineanu 284.

le vent ne souffle jamais » ; la mention « où le vent ne souffle jamais » suggère un centre secret, souterrain ; le fait que la même mention, « dans ce pays le vent ne souffle pas », apparaisse chez Lie Zi, lors de la description du paradis, nous semble remarquable.

La Cité Noire ou *la Noire Cité*, « où le vent ne souffle jamais », symbolise le centre mythique suprême, comme *le Monastère Blanc* ; mais, au contraire du *Monastère Blanc*, elle est la partie intérieure et secrète du centre, d'où sa couleur ténébreuse. *La Cité Noire* apparaît aussi dans la description de la résidence de la Vierge Noire. Le culte étrange de la Vierge Noire est bien connu, surtout en France. Si la vierge de la « tradition roumaine » n'est pas noire explicitement, elle vit dans un Château Noir. La ballade *Iovan Iorgovan*, transmise par G. Dem. Teodorescu, parle d'une jeune fille vivant « Dans une vallée profonde,/ Dans la solitude,/ Sous des dalles de pierre,/ Où le vent ne la bat/ Et personne ne la voit » ; ou elle vit « Sous un bloc de pierre/ À l'ombre cachée » où « le vent ne bat/ Et personne ne la voit ». Il est évident que la résidence de la vierge est *la Cité Noire*, « où le vent ne bat » ; son aspect est d'autant plus ténébreux que le bloc de pierre se trouve près des eaux du ruisseau Cerna (*cerna* signifie « noir ») : « Qu'elle est grande, la Cerna/ Et que ses eaux sont noires ». Plus encore, la ballade nous dit clairement que la jeune fille est cachée *sous* des dalles de pierres, à l'ombre d'une *vallée* profonde, suggérant que *la Cité Noire* est en fait un centre souterrain. D'ailleurs, *le Monastère Blanc* est décrit lui-même comme étant caché et « camouflé » : « Mais de quoi est-il recouvert ?/ De tuiles sombres partout », « à l'extérieur la mousse prend » ; de même, l'habitation de la vierge est marquée « D'un bloc de pierre/ De mousse envahi », ce qui suggère non seulement l'ancienneté du Centre, mais aussi son caractère souterrain, ou tout au moins caché.

Dans la tradition extrême-orientale, chez Lieu Zi, le Centre est décrit comme un gouffre immense, gardé par cinq montagnes en or et en jade, dont les animaux sont parfaitement blancs, et les fleurs et les fruits offrent jeunesse et vie éternelles quand ils sont mangés. Les habitants sont des sages, qui se déplacent en volant dans l'air. Le même Lie Zi décrit le paradis de la manière suivante :

> un pays situé sur le rivage septentrional de la mer du Nord. On ignore où sont les limites de ce territoire. Il ne pleut pas dans cette contrée, *ni ne vente*... il n'y a pas de trace de vie de quadrupèdes, d'oiseaux, d'insectes et de poissons et aucune espèce de végétation. Au centre de ce pays se dresse une montagne du nom de Hou Ling ; sa forme est celle d'une jarre ; à son sommet (on trouve) un orifice de la forme d'un anneau parfaitement rond du nom de Tse-kang [Zi Xue]. Une source appelée « fontaine divine » jaillit à cet endroit. Son parfum est plus pénétrant que celui de l'orchidée et du poivre. Son goût est supérieur à celui du *lao* et du *li*. La source s'épanche en quatre ruisseaux qui coulent de la montagne et traversent le pays entier dans toutes les directions[1].

Comme dans le paradis judéo-chrétien, le paradis décrit par Lie Zi a une source d'eau qui s'épanche en quatre ruisseaux ; elle correspond à la source d'Urd de l'Asgard nordique, située au pied du Frêne du Monde, et à la source de la grotte des nymphes où Apollonius de Tyane ressuscita[2].

---

[1] Lie tseu, *Le vrai classique du vide parfait*, Gallimard, 1961, pp. 148, 156. *Florian*, un conte roumain de Banat, parle d'une Montagne Noire située auprès d'un Lac Blanc, dont le sommet tient la fontaine d'eau vivante et d'eau morte, ou *Fons Vitae* (Saineanu 662) ; Lie Zi décrit lui-aussi la montagne polaire Hou Ling, dont le sommet a un orifice par lequel jaillit une source nommée « la fontaine divine ». Cette coïncidence étonnante entre les données de la « tradition roumaine » et celles de la tradition extrême-orientale n'est qu'un autre exemple de l'unité des diverses traditions qui sont toutes issues de la Tradition primordiale.

[2] Philostrate raconte qu'Apollonios s'est montré à Damis dans la grotte des nymphes d'Ogygie, l'île de Calypso, « où se trouve le bassin de marbre blanc dans lequel il y a une source qui ne déborde jamais et qui ne baisse pas quand l'eau est puisée ». Maintes traditions parlent de la source, de la fontaine, ou de la mer qui restent immuables, ayant toujours le même niveau, quelque soit la quantité d'eau puisée ou ajoutée ; elles sont des emblèmes du Principe et par conséquent, du Centre : vu que le Principe est l'Infini, rien ne peut être soustrait ou ajouté parce qu'il contient le Tout ; l'île d'Ogygie est d'ailleurs un symbole du Paradis.

Avant le début de l'Âge de Fer (*Kali-Yuga*), dit Guénon, Agarttha s'appelait *Paradêsha* (en sanskrit « contrée suprême », *para*, « suprême », *dêsha*, « territoire, espace ») ; à partir de ce mot, les Chaldéens ont fait *Pardes* et les Occidentaux *Paradis*[1]. En tant que « contrée suprême », c'est-à-dire située « très haut », sa meilleure position est au sommet d'une montagne, comme chez Dante, mais la description de Lie Zi nous permet de voir au sommet de la montagne un « orifice », une « fontaine divine » qui symbolise le Principe infini, surtout en tant que Possibilité universelle, d'où une autre image du Centre comme Abîme sans fond chez Lie Zi. Lao Zi dit : « L'Esprit de la Vallée ne meurt pas, cela se rapporte à la Mère noire et mystérieuse. La porte de la Mère noire, cela se rapporte à la racine du Ciel et de la Terre. Elle dure éternellement et sa fonction ne s'épuise jamais » (chapitre VI)[2].

Nous avons vu dans la « tradition roumaine » que la jeune fille (vierge) habite « Dans une vallée profonde,/ Sous un bloc de pierre,/ Où le vent ne la bat,/ Et personne ne la voit ». La Vallée profonde n'est qu'un autre nom pour le Principe suprême en tant que Possibilité universelle ; on retrouve le symbolisme de la vallée dans la tradition judéo-chrétienne, mis en pratique dans le processus initiatique. Les rituels maçonniques, par exemple, parlent de la première Loge qui eut lieu dans « une vallée profonde, où régnaient la paix, la vérité et l'union, vallée entourée des trois montagnes de Moriah, de Sinaï et de Heredom ». On dit qu'une autre organisation initiatique occidentale, l'Ordre des Templiers, avait pour noyau les « Fils de la Vallée » ; d'aucuns considèrent les « Fils de la Vallée » à l'origine de la Stricte Observance, et constituant les « Supérieurs

---

[1] Guénon, *Le Roi du Monde*, p. 73.
[2] « L'Esprit de la Vallée ne meurt jamais » est un vieux dicton de la tradition extrême-orientale. La Mère Noire y représente la Possibilité universelle, et la Vallée est l'Abîme en tant que séjour du Principe absolu et comme Nuit supra-lumineuse (ou méta-lumineuse) de la non-manifestation ; en tant que racine, elle correspond à celle du Frêne du Monde, Yggdrasil.

Invisibles » ou *Superiores Incogniti*[1]. D'anciennes ordonnances maçonniques, enfin, stipulaient que la loge devait se tenir sur « la plus haute montagne et dans la plus profonde vallée, qui est celle de Josaphat », ce qui évoque le symbolisme de la vallée, qui est énoncé formellement dans la Bible : « Que les nations se réveillent, et qu'elles montent vers la vallée de Josaphat ! Car là je siègerai pour juger toutes les nations d'alentour »[2]. « Je rassemblerai toutes les nations, et je les ferai descendre dans la vallée de Josaphat ; là, j'entrerai en jugement avec elles »[3]. On dit aussi que « Josaphat et son peuple (...) se sont rassemblés dans la vallée de Beraca, où ils bénirent l'Eternel »[4]. La vallée de Josaphat est le lieu du Jugement dernier, le centre, le Cœur du Monde, c'est pourquoi le Principe comme présence divine (*Shekinah*) y réside. Que son sens soit initiatique ou cosmique, la Vallée apparaît chaque fois comme emblème du Principe, un Vase contenant les Eaux ; les eaux sont non seulement le « milieu » de toutes les possibilités en germe, mais aussi les influences spirituelles de la caverne du cœur[5].

---

[1] Guénon souligne que le siège qui conserve la Tradition primordiale est Agarttha ; quoique bien des personnages historiques aient été probablement influencés directement ou indirectement par Agarttha, aucun ne pourrait être désigné avec certitude, parce que ses membres, comme les Rose-Croix, n'opèrent pas dans le monde extérieur ; c'est pourquoi les « Fils de la Vallée » véritables, ou *Superiores Incogniti*, que d'aucuns ont essayé d'identifier, ne seront jamais connus (voir Guénon, *Aperçus sur l'initiation*, p. 69). Nombre de faux « Supérieurs Invisibles » et de « Maîtres » inventés ont été présentés au grand public, pourtant il est évident que les *Superiores Incogniti* véritables, qui résident dans la vallée profonde et inaccessible, ou Agarttha, sont très réels.
[2] *Joel* 3:12.
[3] *Joel* 3:2.
[4] *2 Chroniques* 20:26.
[5] Selon Denys Roman, la formule maçonnique correcte est : « Sur la plus haute des montagnes, et dans la plus profonde des vallées, qui est la vallée de Josaphat, et en tout lieu secret et silencieux où l'on ne peut entendre chien aboyer ni coq chanter » (Denys Roman, *Réflexions d'un chrétien sur la Franc-Maçonnerie*, Éditions Traditionnelles, Paris, 1995, p. 125). La Vallée correspond donc à la résidence secrète et silencieuse ; or, le silence et le secret, comme le vide, sont, avec *wu-wei* (la non-action) et l'obscurité, des aspects de la non-manifestation et implicitement du Centre suprême des Ténèbres supralumineuses. Voir aussi Tourniac, *Principes*, pp. 96-103.

La tradition tibétaine comprend des contes sur la vallée sacrée secrète, qui ressemblent beaucoup aux contes sur le centre spirituel mystérieux de Shambhala[1]. Les vallées cachées se trouvent, paraît-il, en Himalaya, la plus connue et la plus importante étant celle de Khembalung, « La Vallée des Plantes d'Encens »[2]. Il y a des « guides » de Khembalung comme il y en a pour aller à Shambhala ; mais seulement les personnes « qualifiées », ou « choisies » ont la chance d'y aboutir. Le centre de Khembalung est un palais invisible, mais parfois de la fumée s'y élève au-dessus des arbres et des chansons peuvent être entendues[3]. Selon le guide de Khembalung, si le temps d'y aller n'est pas encore arrivé, absolument tout, les maisons y compris, est recouvert d'herbes et d'arbres et prend l'aspect d'une forêt et d'une prairie. Il n'y a que les initiés qui peuvent voir l'invisible ; les profanes y verront de la neige, des rochers, et des forêts désertes[4]. Bien des lamas croient qu'un « pays secret », comme le Khembalung, comprend plusieurs niveaux dont quelques-uns sont cachés par les autres. Les habitants du niveau extérieur peuvent ignorer les niveaux cachés ; la vallée intérieure secrète n'est visible que pour les yogis. Pour voir le palais invisible de Khembalung on doit ouvrir « l'œil du cœur », l'œil spirituel que certains lamas considèrent indispensable pour voir Shambhala[5]. Les Tibétains tiennent les vallées secrètes pour des centres spirituels « mis à l'écart des maux du monde extérieur »[6] et nous y voyons une ressemblance frappante avec Agarttha. Un conte dit qu'un roi méchant régna sur Khembalung avant de devenir invisible, il y a plus d'un millier d'années ; Padma Sambhava y vint comme Sauveur et, débarrassant la vallée de ses habitants

---

[1] Edwin Bernbaum, *The Way to Shambhala*, Jeremy P. Tarcher, 1989. Comparée à Agarttha, Shambhala est mentionnée, paraît-il, librement au Tibet. Bernbaum note que « les mythes de Shambhala et de la vallée secrète ont en commun beaucoup d'éléments intéressants et potentiellement significatifs » (Bernbaum 76).
[2] Bernbaum 70.
[3] Bernbaum 58.
[4] Bernbaum 61.
[5] Bernbaum 62.
[6] Bernbaum 63.

méchants, ferma ses frontières et la changea en ce pays secret caché qu'elle est restée jusque de nos jours[1]. Il est évident que la vallée de Khembalung est semblable à la cité de Dis de Dante[2] et que l'exploit de Padma Sambhava vient marquer le moment où le centre spirituel d'Agarttha devint souterrain. D'autres racontent qu'il y a des gens qui ont eu la chance de trouver la vallée secrète et qu'ils ont voulu revenir plus tard avec leurs familles dans cet endroit gouverné par la paix et le bonheur ; de retour, ils n'ont plus retrouvé le chemin de la vallée[3].

La vallée inaccessible, gardée par des montagnes, située parfois à l'extrême Nord, où le vent ne souffle pas, s'accompagne parfois, dans la « tradition roumaine », de l'idée de lieu souterrain ; la vierge habite non seulement une vallée profonde, mais elle se trouve sous un bloc de pierre. Si, du point de vue cosmogonique, la montagne symbolise le Principe actif, masculin, ou le Ciel (*Purusha*, dans la tradition hindoue) et si la Vallée symbolise le Principe passif, féminin, ou la Terre (*Prakriti*), alors, du point de vue métaphysique, le gouffre ou la vallée profonde désigne le Principe suprême sans dualité, les Ténèbres supra-lumineuses, le Vide taoïste. C'est pourquoi, nous devons considérer l'idée d'une vallée secrète et protégée, corrélée à celle de « lieu souterrain », comme correspondant à l'origine au symbolisme du Centre supra-lumineux de la non-manifestation. Ce qui ne veut pas dire qu'un tel Centre n'existe pas réellement, ou qu'il soit un lieu fabuleux, une sorte d'invention de la fantaisie humaine. Employer le verbe « exister » pour la non-manifestation peut paraître impropre, pourtant nous pouvons affirmer sans nous tromper que c'est le seul Centre qui existe réellement, comparé aux centres humains, qui n'existent qu'en puisant leur sève au Centre supra-lumineux. Les centres humains ne sont que des projections du Centre absolu ; si le centre spirituel primordial et unique a bien existé au début de notre civilisation, à partir du cycle actuel des centres

---

[1] Bernbaum 66.
[2] Voir *The Everlasting Sacred Kernel*.
[3] Bernbaum 72. Le désir de revenir dans le monde signifie qu'il n'y a pas eu de réalisation spirituelle et que l'individu reste un profane.

secondaires ont fait leur apparition et les symboles correspondants sont plus nombreux. Le sommet de la montagne, la grotte, la fontaine, la cité, l'église, etc., devinrent des symboles du centre, sans diminuer pour cela leur sens immédiat : le sommet de la montagne, par exemple, représente non seulement la position symbolique du centre, mais aussi sa situation réelle ; de même, la grotte a une valeur symbolique de centre supra-lumineux, et une valeur réelle dans la vie immédiate. Les Daces, ancêtres des Roumains, ont eu une tradition importante en ce qui concerne le centre souterrain ; selon Hérodote (IV.95-6), Zalmoxis, le dieu des Daces, « s'est construit une maison souterraine. Quand elle fut terminée, il descendit dans sa maison souterraine, où il vécut pendant trois ans ». La maison souterraine de Zalmoxis symbolise le Centre supra-lumineux, mais, en même temps, elle eut une réalité immédiate et une existence physique[1].

« La maison souterraine » acquiert une importance spéciale lors de la chute du monde. Au début du cycle actuel, le centre spirituel était la région « la plus haute », parfaitement visible de partout, symbolisée par le sommet d'une montagne. Ce centre situé si ouvert a disparu à présent ; en fait, il a disparu complètement du monde moderne, où aucun temple, ou palais, ou château, ou monastère ne peut prétendre être l'abri de ce centre. Nous nous rappelons que l'ascension directe vers le sommet de la montagne lumineuse fut interdite à Dante et, plus encore, que trois bêtes féroces gardaient le sentier qui menait au sommet[2]. Comme expression de la dégénération du monde, le

---

[1] Guénon dit à la fin du livre *Le Roi du Monde* (p. 96) : « Maintenant, sa localisation dans une région déterminée doit-elle être regardée comme littéralement effective, ou seulement comme symbolique, ou est-elle à la fois l'un et l'autre ? À cette question, nous répondrons simplement que, pour nous, les faits géographiques eux-mêmes, et aussi les faits historiques, ont, comme tous les autres, une valeur symbolique, qui d'ailleurs, évidemment, ne leur enlève rien de leur réalité propre en tant que faits, mais qui leur confère, en outre de cette réalité immédiate, une signification supérieure ».
[2] Faire l'ascension d'une montagne peut symboliser un voyage spirituel pour des êtres choisis. Mais dans notre monde profane l'alpinisme n'est qu'un sport, sans aucune signification sacrée. Il est bien étrange pourtant que Julius Evola et Marco Pallis, des promoteurs du savoir traditionnel, aient été des

centre situé au sommet de la montagne a disparu. Il s'est caché à l'ombre, sous la mousse épaisse, sous des dalles de pierre. Si, du temps de Dante, *le Monastère Blanc* pouvait encore être représenté par ses centres substitutifs au sommet de la montagne, à la fin du « siècle sombre », dès la Renaissance, *le Monastère Blanc* devint uniquement souterrain. Le concept de « centre souterrain » est évidemment beaucoup plus ancien et commun à maintes traditions. Si nous considérons tout le cycle cosmique de l'humanité actuelle, nous devons accepter le fait que le centre s'est retiré du sommet de la montagne pour aller au-dessous de la terre dès le début de l'Âge de Fer, des milliers d'années auparavant ; cependant, si nous considérons que les cycles secondaires et plus limités reflètent les cycles principaux et plus vastes, conformément à la loi des correspondances, nous retrouvons le même scénario de la dissimulation du centre pendant diverses époques de l'Âge de Fer lui-même. Nous devons y ajouter, comme essentiel et primordial, le symbolisme des Ténèbres supra-lumineuses : l'unique moyen de représentation du Centre suprême de la non-manifestation qui soit accessible à l'esprit humain est la « maison souterraine » ou « cachée ».

Ce symbolisme universel a existé aussi chez les Roumains. De la « maison souterraine » de Zalmoxis et jusqu'aux ballades du *Monastère blanc*, de *la Cité noire* et de la vierge cachée à l'ombre, le symbolisme du centre spirituel secret est présent sans avoir perdu sa signification. La Dacie a représenté un importante centre secondaire de la tradition hyperboréenne, c'est pourquoi il semble tout naturel que cette zone ait pu conserver tout au long de son histoire des vestiges traditionnels ; la concentration significative de ces vestiges explique le rôle étrange joué par les pays roumains dans l'histoire de l'occultisme pendant les deux siècles derniers.

---

alpinistes. Evola publia même des articles sur l'alpinisme (voir *Meditations on the Peaks*, Inner Traditions, 1998). Pallis fut connu pour son livre *Peaks and Lamas* (Alfred A. Knopf, 1949). Bernbaum lui-même fut alpiniste ; il fit l'ascension de l'Himalaya, et enseigna l'alpinisme (Bernbaum 317).

V

ASGARTHA, CENTRE ET PSEUDO-CENTRE

LA DESCENTE au monde souterrain est un mythe très ancien[1]. Les Mystères de l'Antiquité grecque incluaient « la descente aux Enfers » comme partie des rituels initiatiques. En fait, toute réalisation spirituelle suppose une mort initiatique (la descente aux Enfers), suivie d'une résurrection ; le voyage de Dante décrit le même scénario sacré. Les contes roumains contiennent, eux aussi, le même symbolisme initiatique. Mais, la science sacrée des symboles n'offre pas de solutions simples ; car il n'y a de simple que le Principe dans son unité et son immutabilité. La manifestation universelle est un réseau embrouillé, une trame de fils enchevêtrés ; vu que la manifestation universelle se compose de niveaux et d'aspects indéfinis, les symboles dissimulent des sens innombrables, parfois s'opposant apparemment l'un à l'autre et acceptant des points de vue indéfinis (ce que la tradition hindoue nomme *darshana*), et, plus encore, puisque le Principe est infini, le sens des symboles est pratiquement inépuisable ; c'est, d'ailleurs, ce qui les rend sacrés et opératifs.

Dans les contes roumains, le sens immédiat du monde souterrain est celui de « monde d'au-delà », ou de « pays des *zmei* (dragons) ». Les *zmei* représentent les *asuras* de la tradition hindoue et les Titans des Grecs. Ils sont les régents des mondes

---

[1] Nous utilisons « mythe » et « mythique » dans leur sens originel, c'est-à-dire de rite sacré ou initiatique, non dans le sens moderne, dépréciatif, de chose fabuleuse ou rare.

passés, des cycles révolus, ils sont des rois transformés en dragons, c'est pourquoi leur pays est infernal et ténébreux : c'est l'Enfer. Pourtant, au niveau suprême, comme la couleur noire, ce pays illustre la non-manifestation, les Ténèbres supralumineuses où les lumières s'absorbent quand elles doivent mourir. Les contes nous parlent de dragons qui volent le soleil, la lune et les étoiles ou les trois filles de l'empereur ; ce n'est qu'un geste rituel, qui symbolise la réabsorption de la lumière dans les ténèbres et de la manifestation dans la non-manifestation (le point de vue métaphysique), ou du cosmos dans le chaos (le point de vue cosmologique). Le héros descend sur une corde jusqu'au « pays d'au-delà » pour ramener le soleil ou les filles de l'empereur ; c'est ainsi qu'il régénère le monde, rétablit l'ordre (gr. *cosmos*) et la lumière, réalisant simultanément son initiation et un *Fiat Lux*.

Nous trouvons ici un symbolisme très important, qui devrait être comparé à la signification ésotérique du 9ᵉ degré (Maître Élu de Neuf) et 13ᵉ degré (Chevalier Royal-Arche) du Rite Écossais Ancien et Accepté. La comparaison avec la Maçonnerie *The Royal Arch* est encore plus importante. René Guénon disait :

> … du grade de Royal Arch, le seul qui doive être regardé comme strictement maçonnique à proprement parler, et dont l'origine opérative directe ne puisse soulever aucun doute. (…) Le mot qui représente dans ce grade la « parole retrouvée » apparaît, comme tant d'autres, sous une forme assez altérée. (…) Suivant l'interprétation la plus autorisée et la plus plausible, il s'agit en réalité d'un mot composite, formé par la réunion de trois noms divins appartenant à autant de traditions différentes. (…) Il doit être bien entendu que ce que nous disons ici se rapporte au Royal Arch du Rite anglais, qui, malgré la similitude de titre, n'a qu'assez peu de rapport avec le grade appelé Royal Arch of Henoch, dont une des versions est devenue le 13ᵉ degré du Rite Écossais Ancien et Accepté, et dans lequel la « parole retrouvée » est représentée par le

Tétragramme lui-même, inscrit sur une plaque d'or déposée dans la « neuvième voûte »[1].

Les contes roumains et le rituel *Royal Arch* présentent des similitudes avec le texte de Philostorgius[2], cité par Photius, le patriarche de Constantinople :

> Quand Julian ordonna que la cité de Jérusalem soit reconstruite au but de réfuter ouvertement les prédictions de notre Seigneur, il y apporta exactement le contraire de ce qu'il voulait. Au moment de la pose des fondations, ainsi que je l'ai dit, il y avait une pierre parmi les autres, à laquelle la base des fondations était fixée, qui glissa de sa place et révéla la bouche d'une caverne qui avait été creusée dans le roc. Le plancher de la caverne se perdait dans l'obscurité de sa profondeur. Les surintendants, désireux d'en apprendre davantage, attachèrent l'un des ouvriers à une longue corde et l'y firent descendre. Celui-ci, atteignant le fond, y trouva de l'eau qui lui arrivait à mi-jambes et, fouillant tous les recoins de ce lieu creux, conclut, aussi sûrement qu'il le pouvait par le sens du toucher, qu'il s'agissait d'un carré. Retournant vers l'ouverture, il heurta un petit pilier, guère plus haut que le niveau de l'eau, et, l'illuminant, y trouva déposé un livre, enveloppé d'un linge léger et propre. L'ayant pris, il indiqua par la corde qu'ils devaient le remonter. Sitôt remonté, il leur montra le livre qui suscita leur admiration, ayant été découvert immaculé et intact, en un lieu obscur et sombre. Le Livre, ouvert, stupéfia non seulement les juifs, mais aussi les Grecs, par ce qu'ils lurent sur ses premières pages, écrit en lettres sublimes : « Au commencement était le Verbe, et le Verbe était avec Dieu, et le Verbe était Dieu ».

La Parole cachée au souterrain équivaut au soleil ou aux filles de l'empereur volés par le dragon, dans les contes de fées.

Comparés aux élucubrations occultistes sur le monde souterrain, les contes roumains préservent un noyau sacré,

---

[1] Guénon, *Études sur la Franc-Maçonnerie*, II, pp. 42-43.
[2] Philostorgius, né en Cappadoce (comme Apollonius de Tyane), en 368, était l'adepte de l'Arianisme.

vivant, authentique et véritablement spirituel ; comparée à la descente sur la corde, décrite par Lytton, la descente décrite dans les contes conduit à une réalisation spirituelle, à une cosmogonie et au changement du cycle. Seule la tradition authentique peut inclure tous les sens majeurs et ce n'est qu'elle qui puisse nous dévoiler toujours des sens nouveaux, tous valides. C'est pourquoi « le monde d'au-delà » apparaît non seulement comme un pays infernal, mais aussi comme un centre suprême ; les contes, comme tous les rites, les symboles ou les légendes sacrées, n'acceptent pas de limites ou de schématisme. Si le héros descend parfois sur la corde dans l'empire des dragons (*asuras*, *zmei*), d'autres fois leur empire se trouve au-delà des mers et des océans, et il n'est pas souterrain du tout.

Dans *Pierre, le Prince Charmant*, conte transmis par Cristea Sandu Timoc, la « porte » vers l'au-delà est même « murée dans la terre », et permet à Pierre d'y descendre sur une corde. « Sous la terre, un autre monde s'ouvre, avec des jardins éclairés et des palais magnifiques tout en or et argent » ; cette description convient parfaitement au centre (souvent symbolisé par le palais ou le jardin), l'or et la lumière se rapportant au Soleil de Minuit : c'est le contraire du monde infernal et ténébreux. Les trois *zmei* (*asuras*, dragons) du conte correspondent à la « race supérieure » de Lytton, mais en tant que dragons, ils règnent sur les mondes passés et infernaux ; ce symbolisme combiné a donné du fil à retordre aux occultistes. Le héros du conte suit une voie spirituelle ascendante, qui le conduit du pont de cuivre au pont d'argent et ensuite au pont d'or (il sacrifie un dragon à chaque pont) : c'est un « retour » à l'Âge d'Or, c'est-à-dire au Paradis, au Centre qui est souterrain. Dans un autre conte, *Belle-Aile* (transmis par Ion Pop Reteganu), trois frères passent par des épreuves initiatiques, les ponts de cuivre, d'argent et d'or, et tuent les trois dragons, mais le pays de ceux-ci n'est pas souterrain, il se trouve au bout de la terre (« ils ont beaucoup marché à travers le monde et l'empire »). Dans le conte *Zorilă Mireanu* (transmis par D. Stancescu), la « porte » d'accès est « la bouche du vent », par laquelle le héros descend sur une corde dans l'empire souterrain des *zmei* (dragons) ; mais, là encore, nous ne pouvons pas prendre en considération uniquement le sens immédiat de « royaume infernal », parce que les trois degrés initiatiques (les habitations des dragons) sont marqués chacun par un jardin, qui est un symbole du Centre paradisiaque.

Benjamin le Robuste et les Pommes dorées, conte transmis par Petre Ispirescu, décrit l'accès comme un précipice où le héros se lance, lié à une corde, pour aller jusqu'au pays d'au-delà ; il défie les trois *zmei* (dragons), chacun dans son palais, le premier en cuivre, le deuxième en argent et le troisième en or. Les palais suggèrent la réalisation spirituelle, une voie inverse qui va de la circonférence vers le centre. Une voie à « contre-courant », vers l'origine, est aussi parcourue par Nic Deck du *Château des Carpathes* ; il suit, pour arriver au château, la rivière de Nyad en sens contraire, en montant vers les sources ; l'ascension s'y confond avec la descente en enfer. C'est ce qui se passe d'habitude chez les occultistes. L'occultisme présente apparemment les mêmes scénarios sacrés, les mêmes symboles, mais tout est pêle-mêle ; c'est pourquoi la confusion y règne et on ne saurait jamais distinguer l'authentique de ce qui est faux. L'empire souterrain a été et reste un sujet préféré de leur action qui ne fait que leurrer les esprits et pervertir la vraie tradition : à la présentation du noyau sacré des contes roumains, ils ont préféré la promotion de Dracula, d'une Transylvanie magique, et d'une satanique Curtea de Arges.

Dans le conte *Le Prince Charmant*, transmis par C. Radulescu-Codin, la porte vers le royaume souterrain est un « trou » situé au pied d'un chêne gigantesque[1]. Le chêne, arbre sacré de maintes traditions, est un symbole de l'Axe du Monde. Comme la connexion aux divers états de l'existence peut se réaliser seulement le long de l'Axe, situer la porte au pied de l'arbre n'était que prévisible : d'ailleurs, c'est une image universelle. Dans sa célèbre description de la grotte des naïades, Homère précisait que la grotte ombragée se trouvait au pied d'un olivier[2].

---

[1] Les trois étapes sont les mêmes que ci-dessus, les « Cours » des dragons sont en cuivre, en argent et en or ; c'est un voyage spirituel à « contre-courant », dans la direction contraire au sens du cycle : âge d'or, âge d'argent, etc.
[2] *Odyssée*, XIII, 144.

Guénon parlait de la ville mystérieuse de Luz (un des noms du centre spirituel), qu'il décrivait comme une ville souterraine à laquelle on accède par une grotte située au pied d'un amandier[1].

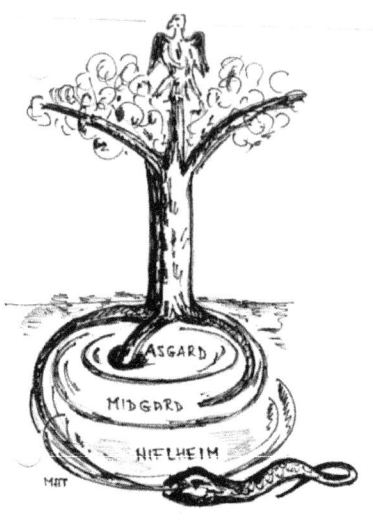

Mais le plus fameux est Yggdrasil, le Frêne du Monde de la tradition nordique, qui soutient neuf mondes. Les anciens mythes germaniques et scandinaves sont un riche dépôt de données traditionnelles, pas assez cohérentes malheureusement, mais utiles à la recherche spirituelle.

À première vue, le mythe cosmologique de l'Arbre du Monde et du Centre nous parle d'Yggdrasil, qui a pour extrémité inférieure le monde infernal (Niflheim), et pour extrémité supérieure le monde sublime des dieux (Asgard) ; les autres sept mondes s'égrènent dans l'espace délimité par les deux extrémités. Un dragon ne cesse de ronger la racine du

---

[1] *Le Roi du Monde*, p. 60. Guénon mentionne les traditions des peuples de l'Amérique du Nord, et ce qu'ils disent d'un monde souterrain qui communique avec le dehors par l'intermédiaire d'un arbre, et considère qu'il est possible que Lytton ait connu ces traditions.

Frêne, tandis qu'un aigle sage le garde du haut de sa couronne[1]. Une recherche plus poussée nous permet de découvrir une autre figure, plus compliquée. Quoique les Trois Mondes soient ordonnés hiérarchiquement sur une ligne verticale, Asgard en haut, Midgard au milieu et Niflheim en bas, ayant le Frêne pour essieu, en réalité chaque Monde est soutenu par l'une des trois racines de l'arbre Yggdrasil ; par conséquent, le royaume céleste des dieux Ases apparaît lui-même comme souterrain, ayant au centre la source d'Urd[2]. Bien entendu, on peut comprendre que le Monde céleste, ou Asgard, est soutenu par une racine « aérienne », la source d'Urd se trouvant dans les cieux ; l'eau de la source tombe sur la terre, comme la rosée de lumière de la Kabbale juive, symbolisant les influences spirituelles[3]. Mais la tradition nordique est ambiguë et peut créer parfois des malentendus. Par exemple, on considère que le nom des dieux Ases, qui habitent l'Asgard, est dérivé du sanskrit *asuras* ; pourtant, les Ases correspondent aux *zmei* roumains, et ressemblent plutôt aux Titans qu'aux anges[4]. Quoique céleste, Asgard est situé à la racine de l'Arbre du Monde, c'est pourquoi il correspond plutôt à l'image de l'accès du pied de l'arbre vers le monde souterrain. Un autre malentendu vient du fait que la porte d'accès à Niflheim, l'Enfer, ou le Monde inférieur, est située au Pôle Nord, ce qui a permis de l'identifier à l'Hyperborée[5]. Les démons et les anges se confondent, ce qui fournit une documentation idéale pour les occultistes : en fait, chacun s'est senti libre de tirer la conclusion qui lui convenait !

---

[1] La manifestation universelle y apparaît donc, comme dans la tradition hindoue, composée de trois mondes : souterrain, intermédiaire et céleste ; chaque monde a trois pays, il y en a donc neuf en tout. L'arc-en-ciel Bifröst unit le haut du Ciel à la Terre, correspondant aux ponts des contes roumains ; la source des dieux, Urd, se trouve sous une des racines de l'Arbre.
[2] Cette représentation se retrouve chez Kevin Crossley-Holland, *Norse Myths*, Penguin Books, 1993, pp. XX-XXIII, 6. Voir aussi Guerber 13.
[3] Cette eau produit le miel des abeilles (Guerber 14).
[4] La même chose arriva aux anciens Iraniens : dans leur tradition *ahura* (du sanskrit *asura*) sont des dieux, et *daeva* (du sanskrit *deva*) des démons, exactement le contraire de la tradition hindoue.
[5] Guerber 181, 344.

En réalité, Asgard, le centre spirituel de la tradition nordique, ressemble beaucoup au centre décrit dans les contes roumains présentés ci-dessus. Asgard pourrait être traduit par « le jardin des dieux Ases », et nous avons déjà vu que les Cours des dragons sont parfois présentées comme des jardins[1]. Asgard est en même temps céleste et souterrain, comme le monde « d'au-delà » des contes roumains. En Asgard il y a les palais dorés des Ases[2] et des palais semblables sont décrits dans le royaume des *zmei* (dragons). Bien plus, l'Asgard germanique eut le même sort que la « tradition roumaine », qui fut profanée et altérée par l'œuvre des occultistes, pour être réinterprétée ensuite de la manière la plus bizarre et la plus antitraditionnelle possible. L'œuvre d'un auteur autrement sérieux, Turville-Petre, recueille la version selon laquelle les Ases seraient venus d'Asie (d'où la racine « as » commune), et l'ancien Asgard, l'original, serait situé en Asie (Asland)[3]. La même idée se retrouve chez Ernest Renan, qui, voulant mettre en évidence la supériorité de la race arienne, considérait vers 1876 qu'une « fabrique d'Ases, un Asgaard, peut être reconstituée en Asie centrale »[4].

Un ancien théosophiste, Gaboriau, dans une critique sévère des charlataneries d'Héléna Blavatsky, disait en 1889 : « J'aime croire que les Adeptes du Tibet n'existent pas ailleurs que dans les *Dialogues philosophiques* de M. Renan, qui avait inventé, avant Mme Blavatsky et M. Olcott, une fabrique de Mahâtmâs au centre de l'Asie sous le nom d'*Asgaard* »[5]. Mais Renan n'est pas

---

[1] Le mot *cour* (racine KRT) est apparenté avec *jardin* (*garden* en Anglais, racine GRD) et avec le Roumain *gard*, « enclos, haie » ; en Hongrois, *kert* veut dire « jardin » et *kerites* « enclos, haie ». Nous trouvons la même racine dans *Agarttha*.
[2] Guerber 15.
[3] E. O. Turville-Petre, *Myths and Religion of the North*, Weidenfeld & Nicholson, 1964, pp. 23, 156. Asgard correspond à Troie, mais selon notre opinion il correspond aussi au centre tel que présenté dans les contes roumains. Il est question, évidemment, de données fondamentales qui proviennent de la Tradition primordiale. Tous les centres secondaires imitent autant qu'ils peuvent le Centre primordial, c'est pourquoi croire à la « théorie des emprunts » est une erreur.
[4] Godwin 40.
[5] Guénon, *Théosoph.*, p. 86.

seul, un autre « auteur peu sérieux » (selon Guénon) lui tient compagnie : c'est Louis Jacolliot, qui publia en 1875 un livre sur le spiritisme, présenté cette fois-ci en habits hindous[1]. Grand admirateur des fakirs, Jacolliot met tout le savoir acquis pendant son séjour en Inde dans son propre modèle mental pour en recréer ensuite une image fantaisiste. Il imagine une hiérarchie initiatique, où les fakirs et les spiritistes se situent au deuxième rang, les brahmanes au troisième rang, et, en haut de l'échelle, il y a un conseil supérieur présidé par Brahâtmâ, le chef suprême[2]. Brahâtmâ, qui est invisible, vit dans un palais immense ; son investiture suppose la connaissance d'un mot secret, que personne ne connaît ; le mot, gravé dans un triangle d'or, est conservé dans le sanctuaire du temple d'Asgartha[3].

En fait, Jacolliot mentionna déjà Brahmâtmâ et Asgartha en 1873, dans son livre *Les Fils de Dieu*[4]. Brahmâtmâ, dit Jacolliot,

> fut le chef religieux placé par les brahmes à leur tête, comme une manifestation visible et permanente de Dieu sur la terre. (...) Il était impossible de résister aux manifestations même les

---

[1] Jacolliot a été très apprécié par les théosophistes ; Olcott, l'acolyte de Mme Blavatsky, conseillait : « Je souhaite que vous obteniez le *Spiritisme dans le Monde* de Jacolliot, et que vous lisiez ce que font les Frères hindous. (...) Lisez Jacolliot et soyez sage » (*Baptême de lumière*, p. 106).
[2] Jacolliot, *Le spiritisme*, pp. 25-27. Une hiérarchie semblable existe en Asgard, où Odin préside les douze dieux (Ases) et les vingt-quatre déesses (Guerber 11).
[3] Jacolliot, *Le spiritisme*, p. 28. Le mot et le triangle étaient gravés aussi sur la bague portée par Brahâtmâ. Ce triangle joue un rôle très important dans le Rite Écossais (13e degré, Chevalier Royal-Arche) et nous pourrions faire un rapprochement significatif entre ces deux symboles similaires. Le candidat doit descendre au fond de la terre à l'aide d'une corde, d'où il recouvre la pierre cubique et le triangle d'or (John Blanchard, *Scotch Rite Masonry Illustrated*, Kessinger, I, p. 265) ; la Parole perdue est représentée par le Tétragramme lui-même, inscrit sur une plaque d'or déposée dans la « neuvième voûte » (Guénon, *Franc-Maçonnerie*, II, p. 43). Il nous rappelle également le triangle pseudo-maçonnique de la Société Philharmonique roumaine et celui du sceau américain. Jacolliot parle aussi des sanctuaires souterrains des pagodes où certains initiés acquièrent une augmentation du fluide vital nommé *agasa* (Jacolliot, *Le spiritisme*, p. 231) ; à remarquer l'analogie avec le roman de science-fiction de Lytton.
[4] Louis Jacolliot, *Les Fils de Dieu*, Albert Lacroix, Paris, 1873.

plus insensées de son autorité, du moment où il ne pouvait faire un geste ou prononcer une parole qui ne fussent immédiatement attribués à Dieu lui-même. (...) Le brahmâtmâ vivait invisible, au milieu de ses femmes et de ses favoris dans son immense palais. (...) Le service du palais de ce représentant de Dieu sur la terre dépassait tout ce qu'il serait possible à l'imagination la plus féconde de rêver, et les descriptions que les brahmes ont laissées du palais d'Asgartha laissent bien loin derrière eux les merveilles de Thèbes, de Memphis, de Ninive et de Babylone. (...) Une fois par an le brahmâtmâ se laissait voir au peuple, il faisait à pied le tour de la pagode de la ville d'Asgartha où il résidait[1].

Jacolliot affirma déjà dans *Les Fils de Dieu* qu' « il existait un mot consacré qui, en lui seul, renfermait toute la science divine et humaine, et dont le brahmâtmâ seul avait la connaissance. (...) Ce mot inconnu était gravé dans un triangle d'or et conservé dans un sanctuaire du temple d'Asgartha dont le brahmâtmâ seul avait les clefs » (p. 272), mot qui est, bien sûr, ce que la Maçonnerie nomme la Parole perdue.

Plus que Renan, Jacolliot fut une source d'inspiration pour les théosophistes, qui ont embrassé tout de suite l'idée d'un centre mystérieux, Asgartha, situé en Inde. Bien entendu, la grande question qui se pose est de trouver une connexion entre Asgard ou Asgaard et Asgartha. Dans *Les Fils de Dieu*, Jacolliot rappelle la révolte des frères Iodah et Skandah qui ont conquis et détruit Asgartha. Il identifie Iodah à Odin et considère que les deux frères ont conduit deux millions de Shudras d'Asie en Europe, en la colonisant ; Skandah a donné le nom de Scandinavie (pp. 300, 326). On observe tout de suite la ressemblance à la fantaisie de Renan, même si dans ce cas-là Odin, le roi d'Asgard, détruit Asgartha[2].

Guénon considère que, vraisemblablement, Jacolliot eut des informations sur le centre souterrain pendant son séjour en Inde

---

[1] *Fils de Dieu*, pp. 263-265.
[2] Il y a une similarité avec l'idée bizarre de la lutte entre Shambhala et Agarttha.

et qu'il les interpréta ensuite à sa manière fantaisiste[1]. Même si nous acceptons que l'Asgartha de Jacolliot est autre chose que l'Asgaard de Renan[2], la question qui se pose est la même : Asgartha est-elle réelle ou non ? Nous y répondons par une autre question : le Paradis est-il réel ? Comme le Principe représente la Réalité ultime, absolue, et tout ce qui vit y puise sa réalité, de la même manière le Centre suprême, vu comme *Cité noire* ou *Monastère blanc* dissimulé dans les Ténèbres supralumineuses, a une réalité suprême. Sa projection dans le monde, comme centre spirituel primordial de l'état présent de l'existence, est plus réelle que le monde lui-même, sans avoir nécessairement une existence visible et une localisation matérielle. Les centres secondaires, qui puisent leur réalité au centre primordial, peuvent être, eux aussi, plus ou moins accessibles. Au contraire, les centres substitutifs, qui ont pris divers noms au long des siècles, et qui ont représenté des « couvertures extérieures » pour le centre spirituel, ont une réalité immédiate et, par conséquent, visible. Puisque les données géographiques et historiques acquièrent, comme tout ce qui est corporel, une réalité immédiate et une valeur symbolique, ces centres ont la qualité de symboliser le centre spirituel suprême, sans pour autant perdre de leur réalité propre. Nous ne pouvons pas nous attendre à trouver le Royaume des Cieux, ou Asgard ici-bas sur la Terre[3]. Lors de la réalisation spirituelle, un centre n'est qu'une étape spirituelle, et représente un état que l'être acquiert ; elle a une correspondance dans le centre qui dirige le monde. L'Asgard de la tradition nordique, comme la Shambhala tibétaine, ou le *Monastère blanc*, peu importe le nom, ne sont que l'un et l'unique Centre ; de la même manière, diverses traditions secondaires ont à l'origine la même Tradition primordiale unique. C'est pourquoi nous trouverons des descriptions similaires et des éléments

---

[1] *Le Roi du Monde*, p. 7.
[2] Guénon compare, d'ailleurs, l'Asgaard de Renan au centre des théosophistes, le considérant donc comme une « invention », sans aucun rapport avec Agarttha (pas même phonétique).
[3] Le centre de la Rose-Croix est un temple invisible.

communs, qui, loin d'être des « emprunts », témoignent d'une source suprême commune. Il y a une parenté phonétique et un rapprochement géographique entre Asgaard et Asgartha ; cela ne veut pas dire que le centre souterrain mystérieux d'Asie n'ait pas de réalité propre. L'idée qu'il soit une « invention » copiée d'après l'Asgard d'Odin ou qu'Asgard soit dérivé d'Asie comme l'imagine Renan n'est pas acceptable. Il existe une parenté phonétique entre le nom roumain *Arges* et le grec Argos, mais cela ne les empêche pas d'avoir chacun sa réalité immédiate, ou de symboliser le centre chacun à leur tour. Si les occultistes et d'autres rêveurs ont interprété de manière fantaisiste les données traditionnelles authentiques comme mots, faits, lieux, textes et rites, cela ne doit pas nous décourager dans notre entreprise de discerner le vrai du faux, ou ce qui est important de ce qui peut être jeté à la poubelle.

Agarttha, telle que décrite par Guénon, est une réalité. Que le profane ne puisse plus l'atteindre, est autre chose. Y a-t-il quelqu'un qui pense sérieusement chercher « la bouche du vent », pour descendre au pays « de l'au-delà », où se trouvent des dragons et des palais en cuivre, en argent et en or ? Même si ce quelqu'un existe, pourrait-il jamais trouver « la bouche du vent » ?

VI

AGARTTHA

EN 1886, Saint-Yves d'Alveydre écrivit *Mission de l'Inde*, un autre livre étrange décrivant un royaume souterrain mystérieux nommé Agarttha, qui aurait des ramifications sous tous les continents et tous les océans de la Terre[1]. Rongé par le remords d'avoir dévoilé publiquement un secret qui aurait dû rester voilé, d'Alveydre détruisit toute l'édition, à l'exception de deux exemplaires (dont l'un lui appartenait et l'autre fut gardé en cachette par son éditeur). Son livre posthume ne fut publié qu'en 1910. Comparé aux œuvres de Jacolliot, de Renan et de Lytton, le livre de Saint-Yves d'Alveydre contient des données qui méritent un examen plus attentif, quoique son obsession de la synarchie (opposée à l'anarchie)[2] et le ton de son exposé puissent nous faire suspecter que l'auteur avait une imagination excessive. Le comble de l'ironie est qu'Héléna Blavatsky l'accusa directement de fantaisisme, voulant probablement parer au plus pressé à toute attaque de sa position et aux objections engendrées par ses propres élucubrations :

> les sources qu'on y trouve ne remontent pas plus haut que les visions personnelles du savant auteur. Je n'ai jamais lu l'ouvrage en entier, mais il m'a suffi d'en lire les premières pages et le compte rendu manuscrit d'un de ses fervents admirateurs pour m'assurer que ni les données ésotériques de la littérature sacrée des brahmes ni les recherches ésotériques

---

[1] Alveydre, *Mission de l'Inde*, pp. 35-36.
[2] D'Alveydre parle déjà de Synarchie dans *Clefs de l'Orient* (1877), son premier livre publié.

des sanskritistes ni les fragments de l'histoire des Aryas de Baratavarsha, rien, absolument rien de connu aux plus grands pandits du pays ou même aux orientalistes européens ne supportait cette thèse... C'est un livre fait pour éclipser en fiction savante les œuvres de Jules Verne[1].

En fait, d'Alveydre considérait les nombreux « Mahâtmâs » des théosophistes comme de la pure fantaisie, n'acceptant qu'un seul Mahâtmâ, ce qui n'était pas du tout du goût de Mme Blavatsky. Notons que d'Alveydre fut influencé pour *Mission de l'Inde*, dit-on, par un Afghan, Hardjij Scharipf, venu en France vers 1885, qui signait du nom de « Guru Pandit de l'Illustre École Agarthiène », et qui ne cessait de parler du « pays sacré d'Agartha »[2].

Agarttha, selon d'Alveydre, signifie « insaisissable à la violence, inaccessible à l'anarchie » ; c'est une « terre sainte », défendue par les Templiers ; c'est le Zéro mystique (Tout et Rien) introuvable[3]. Selon Saint-Yves, le nom d'Agarttha fut donné au Centre vers 3200 av. J.-C., à l'occasion du « schisme d'Irshou »[4], fils de l'empereur Ougra d'Asie. La date du schisme se situe donc vers le début de l'Âge de Fer. Le Zéro mystique est comparable au Zéro métaphysique de Guénon, qui exprime la non-manifestation et le Non-Être ; il en résulte qu'Agarttha est le centre même des Ténèbres supra-lumineuses, d'où son caractère souterrain. Nous signalons aussi que d'Alveydre considère le Bouddhisme comme un autre schisme, qui se produisit quand Bouddha ne fut plus accepté à Agarttha[5]. Nous savons que Guénon tenait en mauvaise estime le Bouddhisme et qu'il ne rectifia ses opinions que lorsque Coomaraswamy fit une distinction nette entre le Bouddhisme primitif et ses épigones[6].

---

[1] Saint-Yves D'Alveydre, *La Mission des Juifs*, Éditions Traditionnelles, Paris, 1991, Introduction.
[2] Godwin 83.
[3] Alveydre, *Mission de l'Inde*, pp. 27-30.
[4] Ce schisme est déjà brièvement mentionné dans *Clefs de l'Orient* (p. 29).
[5] Alveydre, *Mission de l'Inde*, pp. 84, 96.
[6] Une autre tribu expulsée d'Agarttha fut celle des gitans (Alveydre, *ibid.*, p. 87) ; il nous semble intéressant qu'ils soient mentionnés par Bram Stocker, Jules Verne et Ossendowski ; ce dernier avance la même idée sur leur

Le cercle le plus élevé et le plus rapproché du centre mystérieux se compose de douze membres[1], comme les douze prêtres de l'antre de Trophonius dans l'ouvrage de Dumas *Isaac Laquedem*, et comme les douze dieux Ases d'Asgard[2]. La hiérarchie d'Agarttha mentionne, à côté du cercle du zodiaque, les cercles des vingt et un Archis noirs et blancs[3]. L'autorité suprême d'Agarttha est le Souverain Pontife, le Brâhatmah [*Spiritus*], qui a deux assesseurs, Mahâtmâ [*Anima*] et Mahânga [*Corpus*][4]. Il est extrêmement intéressant pour notre discussion de préciser que le chef suprême d'Agarttha, Brâhatmah, est décrit comme un *Harap Alb* ou « Arabe Blanc », ou « Noir Blanc ». *Harap Alb* représente dans la tradition roumaine le Roi du Monde ; il est le héros d'un conte qui a été discuté par Vasile Lovinescu (Geticus) dans sa *Dacie Hyperboréenne*[5]. Nous avons déjà vu que le Centre est lui-même noir et blanc, *Cité noire* et *Monastère blanc ;* nous avons vu que le Roi du Monde est lumineux mais aussi ténébreux, blanc mais aussi noir ; nous avons vu que l'étendard du légendaire prêtre Jean est tout blanc avec une croix noire au centre. Brâhatmah monte un éléphant blanc et « ruisselle, depuis sa tiare jusqu'à ses pieds, d'une lumière éblouissante qui aveugle tout regard »[6]. Le Souverain Pontife d'Agarttha, nommé par Guénon « Le Roi du Monde », est marqué donc par le blanc, mais il transgresse en fait le blanc puisqu'il est marqué par le noir des Ténèbres supra-lumineuses et aveuglantes. Il porte une tiare avec sept couronnes.

---

expulsion (Ferdinand Ossendowski, *Beasts, Men and Gods*, Blue Ribbon Books, 1931, p. 311). Jean Calmels dans sa correspondance avec Marcel Clavelle disait : « la liaison entre les Bohémiens d'Orient et ceux d'Occident s'est faite jusqu'en 1914 par la Roumanie et la Bessarabie » (Dánann, *Tara Blanche*, p. 100).

[1] Alveydre, *ibid.*, p. 34.
[2] Il existe encore d'autres analogies. Les bibliothèques immenses d'Agarttha nous rappellent *la Cité du Soleil* de Campanella.
[3] Alveydre, *ibid.*, p. 41.
[4] Alveydre, *ibid.*, pp. 37, 42.
[5] Voir *Études Traditionnelles*, n° 214, octobre 1937, p. 335.
[6] Alveydre, *ibid.*, p. 97.

> C'est un vieillard issu de cette belle race *éthiopienne*, à type caucasique.... La figure complètement rasée, le Brâhatmah est nu de la tête à la ceinture.... Et au-dessus du chapelet et de l'écharpe *blanche*, qui tranche sur le brillant *noir* de son corps et retombe de ses épaules sur ses genoux, se dessine une tête des plus remarquablement caractéristiques[1].

Brâhatmah est un Éthiopien, un *harap*, mais la race dominante est la race blanche[2] ; il est donc un *Harap Alb*. L'écharpe blanche qui contraste avec le corps noir souligne la qualité de *Harap Alb* (« Noir Blanc »). Remarquons que le Roi du Monde est de race éthiopienne, mais de celle de l'Inde car, aux dires de Philostrate :

> Il y eut un temps où ce pays était occupé par les Éthiopiens, nation indienne. Il n'y avait pas alors d'Éthiopie, mais l'Égypte s'étendait au-delà de Méroé et des cataractes du Nil ; elle contenait dans ses limites les sources de ce fleuve, et se terminait à son embouchure. Tant que les Éthiopiens habitèrent ce pays et obéirent au roi Gange, la terre les nourrit abondamment, et les Dieux prirent soin d'eux. Mais ils tuèrent ce roi. À partir de ce moment, ils furent considérés par les autres Indiens comme impurs, et la terre ne leur permit pas d'y prolonger leur séjour[3].

Souvenons-nous aussi du *A Midsummer Night's Dream* de Shakespeare, où les jumelles Hermia et Helena sont l'une noire, l'autre du blanc le plus pur. Hermia est dite « l'éthiopienne » et représente la spiritualité suprême. Dans *Lover's Labour's Lost*, Shakespeare fait l'éloge de l'amour pour la « noire Rosaline », qui est un amour spirituel. Dans *The Winter's Tale*, le blanc pur est comparé à « la dent de l'éthiopien » (IV.III). *A Midsummer Night's Dream* présente le futur Roi du Monde, qui est un enfant d'Inde, ce qui montre une relation entre l'Inde et l'Éthiopie ; l'enfant noir de l'Inde est symboliquement de la même lignée

---

[1] Alveydre, *ibid.*, pp. 97-100.
[2] Alveydre, *ibid.*, pp. 116-117.
[3] *Apollonius*, III, 20.

que le Roi du Monde et la Vierge Noire. La relation entre l'Inde et l'Éthiopie se retrouve dans le mythe du royaume du prêtre Jean, situé en Inde, au Tibet et en Mongolie, mais aussi en Éthiopie (l'Inde, le Tibet et la Mongolie sont en connexion directe avec Agarttha). On dit qu'en Éthiopie il y avait des enfants aux cheveux blancs, donc des *harapi albi*[1]. Guénon a souligné que l'Antiquité a donné le nom d'« Éthiopie » à diverses régions, vu le sens primordial de la couleur noire (lettre à V. Lovinescu, juin 1936). D'Alveydre considère Agarttha comme constituant « ce que Moïse appelait le Conseil des Cycles antérieurs »[2], or, les pays des *zmei* (dragons) des contes roumains correspondent exactement aux cycles antérieurs. Brâhatmah monte sur le trône en 1848, année révolutionnaire, et son signe le plus extraordinaire est un « immense Triangle de Lumière, ou, si l'on veut, une Pyramide de feu » dont le tiers supérieur est entouré d'un Anneau de Lumière[3], ce à quoi ressemble beaucoup le sceau des États-Unis de l'Amérique[4].

Nous pouvons embrasser ou non les idées de Saint-Yves d'Alveydre, bien que l'ordre de la spiritualité pure ne fût jamais une question de foi, mais il est évident que certaines données transmises par d'Alveydre, comme la description du Roi de Monde, sont authentiquement traditionnelles, et communes aux traditions orthodoxes du monde. Peut-être que le récit de d'Alveydre sur le royaume souterrain d'Agarttha aurait été oublié si Ferdinand Ossendowski n'avait pas publié en 1922 son livre *Bêtes, Hommes et Dieux*, traduit en français en 1924, qui décrivait son escapade aventureuse à travers la Sibérie et la Mongolie et mentionnait le royaume souterrain et le Roi du Monde. En passant au long de la chaîne des montagnes d'Orgarkha Ola et de Bogdo-Ol, Ossendowski arriva à Ourga, où régnait le « Bouddha vivant » ou Bogdo Khan[5]. Notons

---

[1] Robert Silverberg, *The Realm of Prester John*, Doubleday & Co., 1972, p. 153.
[2] Alveydre, *ibid.*, p. 143.
[3] Alveydre, *ibid.*, pp. 118-120.
[4] Jean Robin a également suggéré cette similitude (*Seth le dieu maudit*, p. 208).
[5] Oss. 79, 231, 261. Bogdo Ol est le nom de « la résidence des dieux qui protègent le Bouddha vivant ». Vasile Lovinescu signale l'analogie entre le titre de Bogdo Khan et Bogdan, le nom du voïvode fondateur de la Moldavie. En

qu'Ourga est située sur les bords de la rivière Tula, nom qui correspond parfaitement à celui du centre spirituel primordial. Nous avons déjà mentionné qu'Urga (Ourga) ou Orgarkha Ola auraient pu influencer Jules Verne lors de la création du nom du plateau Orgal de Transylvanie. Il y a encore une parenté phonétique : Saint-Yves parlait lui-même de l'empereur Ougra, qui marque l'apparition du nom d'Agarttha[1]. D'ailleurs, Ossendowski présente la Mongolie comme le pays des mystères et des démons, des prophètes et des sorciers, des hypnotiseurs[2], ce qui est presque identique à la description de la zone des Carpathes chez Verne et Stocker.

En ce qui concerne le titre de « Bouddha vivant », Guénon remarquait dans une lettre de 1936 (à R. Schneider) que ce titre n'avait pas existé en fait en Orient, mais il a été accordé par les européens à divers individus ; dans la même lettre, Guénon précise que ce sont les occidentaux qui ont prostitué le Bouddhisme, certains s'étant même arrogé le nom de « Bouddha vivant » et qu'ils ont profité de la naïveté des gens en se mettant en quête des organisations occidentales qui se prétendaient « bouddhistes ». Nous comprenons mieux maintenant les réticences de Guénon à promouvoir le Bouddhisme dans ses œuvres qui voulaient régénérer l'esprit traditionnel en Occident[3]. Bogdo Khan, nous dit Ossendowski, représentait « corporellement » le Bouddha vivant, éternellement jeune, et portait la bague au *swastika* de Gengis Khan[4]. À Ourga se

---

fait, il y a peut-être plus que cela : Bogdo est considéré d'origine mongole, où il signifie « saint », mais il est très possible qu'il soit dérivé du slave, où *Bog* signifie « Dieu » ; Bogdan, nom roumain d'origine slave, veut dire « don de Dieu ».

[1] Alveydre, *ibid.*, p. 20.
[2] Oss. 102-103, 117.
[3] Dans la même lettre, Guénon se montre indigné que certains aient situé l'Agarttha en Allemagne et montre la relation entre Crowley et Hitler (nous rappelons que des individus douteux qui affichent leur pseudo-spiritualité et leur occultisme sont souvent impliqués en réalité dans des jeux politiques sordides, tels les membres de la Société Théosophique).
[4] Oss. 273, 277. Ossendowski décrit aussi la bibliothèque magnifique de Bogdo Khan, similaire à celle d'Agarttha, décrite par Saint-Yves. En ce qui regarde le *swastika*, nous pourrions indiquer qu'en Tibet, le *swastika* de la

trouvait aussi la « pierre noire » sacrée, envoyée par le Roi du Monde, et la plaque de cuivre[1] qui portait son sceau mystérieux[2]. Bogdo Khan recevait donc son pouvoir du Roi du Monde. Comme d'Alveydre, Ossendowski décrivait le Roi du Monde comme ayant le visage noirâtre et étant tout vêtu de blanc[3], comme un *Harap Alb*[4]. Son royaume, nommé Agharti, dont l'accès se trouve dans une grotte, est situé sous la terre, et ses passages souterrains s'étendent partout au-dessous du monde ; Ossendowski identifiait l'accès avec une « porte enfumée »[5]. Il disait encore qu'Agharti est situé en Afghanistan par quelques-uns, et en Inde par d'autres[6].

Il y a encore un aspect qui mérite d'être mentionné. Selon Ossendowski, le Roi du Monde connaît d'avance toutes les aspirations et toutes les pensées des habitants de la surface de la Terre ; si elles sont agréées par Dieu, il donne un coup de main invisible pour les accomplir[7]. Or, cette description nous rappelle un personnage célèbre de Jules Verne, le capitaine Némo. Dans *L'île mystérieuse* (1874), la résidence de Némo est « souterraine »

---

tradition Bon était en sens inverse des aiguilles d'une montre, considérée hérétique par les bouddhistes (qui avaient comme symbole le *swastika* avec le sens de rotation des aiguilles d'une montre) (voir Charles Allen, *The Search for Shangri-La*, Abacus, London, 1999, p. 259) ; Guénon disait . « Quant au sens de la rotation indiquée par la figure, l'importance n'en est que secondaire et n'affecte pas la signification générale du symbole ; (…) Il est vrai que, dans certains pays et à certaines époques, il a pu se produire, par rapport à la tradition orthodoxe, des schismes dont les partisans ont volontairement donné à la figure une orientation contraire à celle qui était en usage dans le milieu dont ils se séparaient » (Guénon, *Le symbolisme de la croix*, p. 72).

[1] La plaque de cuivre nous rappelle la porte de cuivre par laquelle Christian Rosenkreutz est descendu pour découvrir « Venus couchée là toute nue ».

[2] Oss. 285, 294. Nous remarquons encore une fois l'importance spirituelle de la couleur noire, et son rapport avec le centre suprême. On dit que « la pierre noire » a été perdue, comme le Saint Graal, ce qui a entraîné le déclin des Mongols.

[3] Oss. 179.

[4] Le Roi du Monde monte un éléphant blanc et porte un manteau blanc et une tiare rouge (Oss. 311) ; la ressemblance avec la description de Saint-Yves est évidente.

[5] Oss. 391.

[6] Oss. 302.

[7] Oss. 309.

(subaquatique), d'où il aide invisiblement les naufragés ; plus encore, Verne précise que Némo est en réalité le prince Dakkar de l'Inde qu'il dut quitter après avoir joué un rôle actif dans la révolte des cipayes (1857)[1] ; or, Hardjij Scharipf, qui fut la source présomptive de Saint-Yves d'Alveydre, était venu s'exiler en France justement parce qu'il avait participé à la révolte des cipayes. Le nom Némo nous vient des fêtes et du carnaval médiéval ; le folklore tenait Némo pour un être divin. Son nom est d'origine latine, où *nemo* signifie « personne », ce qui le situe au niveau de la doctrine hindoue de la négation (*neti, neti*) et de Denys l'Aréopagite. Il est une expression de l'ordre principiel ; cet ordre modifie le syntagme biblique *Nemo Deum vidit*, « personne n'a vu Dieu » en « Némo a vu Dieu », et souligne de cette manière que seul le Roi du Monde voit Dieu face à face. Ulysse s'appelait aussi « personne », parce qu'il était initié. *L'île mystérieuse* est publiée en 1874 ; vingt-deux ans plus tard, Verne reprendra le sujet, qui semblait l'obséder, et rédigera *Face au drapeau* (dont nous avons déjà parlé), qui sera publié en 1896, quatre ans après *Le Château des Carpathes,* où il s'agit toujours d'une « île mystérieuse » (située dans l'archipel des Bermudes), et d'un sous-marin qui permet de pénétrer à l'intérieur de l'île par un tunnel souterrain, parce que l'île est en fait inaccessible. L'auteur décrit cette fois-ci explicitement une « résidence » souterraine, un système de grottes, une forêt de pierre. Le maître des lieux est le comte Artigas (anagramme d'Asgarti), alias Ker Karraje. Comme Némo, il est un seigneur hindou, à la peau brunâtre. Jules Verne se sert du syncrétisme comme d'habitude et mélange des éléments divers : Ker vient du grec *kyrios*, « seigneur », et Karraje vient du turc « noir » (nom usuel aux Balkans) ; la personne qui porte ces noms balkaniques est un Hindou noir, ce qui va parfaitement avec la fonction du Roi du Monde. Comme Agarttha, le domaine souterrain du comte abrite des gens de diverses nationalités et races[2].

Le journal de voyage d'Ossendowski a décidé René Guénon à publier, en 1927, son livre-clef *Le Roi du Monde*, qui essayait de

---

[1] Jules Verne, *L'île mystérieuse*, Booking International, 1995, pp. 637 ff.
[2] Jules Verne, *Face au drapeau*, Hachette, 1932, pp. 20, 115, 129 ff., 149 ff.

mettre en ordre les fils embrouillés depuis si longtemps du mythe du centre souterrain d'Agarttha et du Roi du Monde[1]. Guénon préférait le nom Agarttha, qu'il trouva chez d'Alveydre (pour Agharti), et celui de Roi du Monde, employé par Ossendowski (pour Souverain Pontife). Ce qui semble étrange c'est que toute information sur Agarttha ait cessé après la publication du *Roi du Monde* ; c'est-à-dire qu'aucun auteur sérieux n'a plus entendu parler d'Agarttha de source sure. On dit que des représentants de la tradition hindoue et tibétaine ont été indisposés par certaines révélations de Guénon sur le royaume souterrain et qu'ils ont cessé toute communication avec lui. En fait, Guénon n'a rien révélé qui n'était déjà connu, mais il a présenté ces données déjà existantes d'une manière traditionnelle et intellectuelle très pure.

Évidemment, des tentatives ont été faites pour découvrir le royaume mystérieux, dont l'expédition de Nicholas Roerich, un Russe, qui s'aventura en Asie, sur les traces d'Agarttha. C'était une personne assez douteuse qui avait voyagé au début du XXe siècle en Inde, en Mongolie et au Tibet ; il était poussé surtout par le théosophisme de sa femme. Au moment de la publication du livre d'Ossendowski en France, Roerich aura déjà commencé son aventure dans « le cœur de l'Asie »[2]. Il fit mention de la légende du mystérieux royaume souterrain d'Agharti, qu'il orthographiait comme Ossendowski[3], et l'identifiait à Shambhala. Shambhala avait déjà été signalée plusieurs fois par Csoma, dans son *Analyse* ; Csoma y parle de la « fabuleuse

---

[1] « La publication du *Roi du Monde* revêt donc une importance exceptionnelle qui concerne cette fois non plus le seul Occident mais tout l'ensemble de l'univers traditionnel. Il s'agit d'un véritable "signe des temps", de nature providentielle et miséricordieuse, ainsi que d'une preuve manifeste au sujet de la fonction de Guénon » (Gilis, *Introduction à ... René Guénon*, p. 13).
[2] Nous signalons qu'Ossendowski était géologue et prospecteur de mines, comme le baron Ignaz von Born, et que Roerich était lui aussi passionné d'archéologie. L'attraction pour le souterrain est un signe des temps, et ressemble parfois à la fouille aux Pays des Morts, ou à celle des poubelles par les vagabonds. Guénon considérait Roerich comme un agent de la contre-initiation ; d'autre part, Roerich était le peintre préféré de Julius Evola.
[3] *Altai*, p. 37.

Shambhala », qu'il situe au nord de l'Asie, et de son roi Dava Zang-Po[1], mais c'est Roerich qui, jouant la bonne carte de son voyage de quatre ans en Asie, réussit à populariser le centre mystérieux dans trois livres, dont les deux derniers ne sont que des reprises du premier livre. Son récit est peu intéressant et l'influence théosophiste y est claire ; Roerich essaie d'associer les Mahâtmâs des théosophistes à Shambhala, dans une démarche qui veut prouver la validité des théories théosophistes[2]. Mais, la « fabuleuse Shambhala » n'est pas exactement un royaume souterrain, elle semble située plutôt quelque part au Nord. En 1933, James Hilton publia son roman à très grand succès *Lost Horizon*, qui décrivait un pays inaccessible et inviolable du Tibet, qu'il nommait Shangri-La, et qui imitait exactement Shambhala[3]. Pour le grand public le Shangri-La a surpassé de loin Agarttha, puisqu'il est entré dans le langage courant comme synonyme de « paradis caché », ce qui a exilé pour toujours le royaume

---

[1] Csoma 184, 260, 280.
[2] Voir sur Shambhala, *Altai*, pp. 15, 35, 256 ; Nicholas Roerich, *Heart of Asia*, Inner Traditions, 1990, pp. 88, 132. Voir sur les Mahâtmas, *Altai*, pp. 381, 384 (Roerich cite le nom du spirit William Crooks pour prouver l'existence des mystérieux Mahâtmas), *Heart*, p. 90. Roerich parle du Roi du Monde (*Altai*, p. 62), de la « pierre noire » (*Altai*, p. 343), de la terreur causée par Shambhala (comme Agarttha) (*Altai*, p. 358), mais il paraît que tout ait été emprunté à ses précurseurs ; il est difficile d'estimer combien d'informations réelles il a réussi à recueillir lui-même pendant son voyage. Il est intéressant qu'il parle de la « Tour de Shambhala » (*Altai*, p. 391, Nicholas Roerich, *Shambhala*, Inner Traditions, 1990, p. 3). C'est encore Roerich qui avança l'énormité suivant laquelle des Mongols qui avaient vu des photos de New York auraient murmuré, saisis d'effroi, que c'était une représentation parfaite de Shambhala (*Altai*, p. 359) ! D'autre part, nous devons faire mention de la déclaration d'un lama qui disait que « la majestueuse Shambhala est au-delà de l'océan, dans les cieux, n'ayant rien à faire avec la Terre » (*Shambhala*, p. 2), elle se trouve donc « au-delà des mers et des océans », comme « le pays d'au-delà » dans les contes ; il est question, enfin, d'un « lac souterrain » sous le Potala (*Shambhala*, p. 20), qui ressemble au lac Zirchnitz.
[3] On a supposé que James Hilton s'était inspiré du récit du jésuite portugais Antonio de Andrade qui, en recherchant le royaume du prêtre Jean, avait découvert en 1624, à l'ouest du Tibet, le royaume bouddhiste Gugé, un royaume caché au reste du monde.

mystérieux au monde des contes de fées[1]. Mais Shangri-La est un conte lui-même : Shangri-La peut donner la jeunesse éternelle à celui qui y vit ; mais au moment où il veut quitter ce paradis, il vieillit rapidement et il revient à son âge réel. C'est aussi l'idée principale du conte roumain *Jeunesse éternelle et vie sans mort*, transmis par Ispirescu, où le héros quitte finalement le palais de l'immortalité, revient au monde et vieillit rapidement. Il est évident que les contes sont une source pure et traditionnelle, et qu'ils méritent plus d'attention que d'autres fantaisies profanes.

Notons toutefois qu'Agarttha ne disparaît pas complètement, mais revient parfois dans la fantaisie douteuse et délirante de quelques auteurs modernes. Nous prenons pour exemple un roman qui n'est rien d'autre qu'une parodie douteuse : il révèle l'existence de l'Ordre Noir, représenté par la société Ahnenherbe (*sic*), considérée comme « asiatique » (l'auteur, nous disait Claudio Mutti, confond la société Ahnenerbe avec Thulegesellschaft) ; le nazisme est né de sa forme germanique, qui s'appelle Thulé ou Asgard et qui a pour but de conquérir le monde (p. 220)[2]. Les Français gaullistes sont les « blancs », et

---

[1] Hendrickson 606. La résidence présidentielle célèbre de Camp David, bâtie du temps de Franklin Roosevelt, fut nommée d'abord Shangri-La (Bernbaum 3).

[2] La domination du globe terrestre est l'une des idées les plus à la mode dans le milieu antitraditionnel par laquelle on essaie de profaner tout ce qui est saint et sacré, cette idée, suggestionnée avec insistance aux masses, rendant possible toutes les absurdités écrites sur l'Ordre du Temple, sur Jésus-Christ, sur la Maçonnerie, etc. Quelques années avant l'apparition du roman *Lost Horizon* et quatre ans après l'apparition de l'œuvre de Guénon, *Le Roi du Monde*, on a publié, en 1931, le roman *Jimgrim*, écrit par le théosophiste aventurier Talbot Mundy, où on y présente le Roi du Monde, Dorje, qui n'habite pas en Shambhala (*Jimgrim*, Avon Book, 1968, p. 200), mais dans une citadelle « du mal » au Tibet, d'où, à l'aide des tablettes d'or qui contiennent les secrets des Atlantes, trouvées dans une cité enterrée dans le désert de Gobi, il commence la guerre contre le monde moderne (pp. 254-256). Jimgrim est un agent secret britannique (comme beaucoup d'autres occultistes) et le Roi du Monde représente en réalité le péril de l'Orient traditionnel qui veut détruire le monde moderne, une idée reprise de nos jours et utilisée pour attaquer Guénon et la Tradition (voir, par exemple, le livre douteux de Sedgwick, intitulé *Against the Modern World*, qui se trahit à partir du titre, et surtout du sous-titre).

leurs « maîtres » sont Teilhard de Chardin et René Guénon (!) (p. 314). L'auteur y ajoute : « Si la localisation arctique de l'Asgärd mythologique réfère directement à l'origine polaire de la Tradition primordiale, évoquée par René Guénon, le *Sankt Pauli*, en mettant le cap sur l'Antarctique, allait bientôt indiquer qu'avait eu lieu, *stricto sensu*, un véritable renversement des pôles » (p. 229). Le roman de R. P. Martin[1] est un exemple de ce qu'on a fait de nos jours d'Agarttha et de Guénon[2].

---

[1] *Le Renversement ou la Boucane contre l'Ordre Noir*, Guy Trédaniel, 1984.
[2] Jean Parvulesco a fait le commentaire de ce roman et soulignait que l'Asgard de l'Ordre Noir est, en fait, « la centrale transcendantale suprême », immuable et immaculée ! (Jean Parvulesco, *La spirale prophétique*, Guy Trédaniel, 1986, pp. 133-137 ; *Que vous a apporté René Guénon ?*, Dualpha, Paris, 2002, pp. 130 ff.).

VII

GUÉNON ET AGARTTHA

CELA NE VEUT pas dire que l'histoire d'Agarttha s'arrête là. Il y a eu d'autres tentatives de découvrir ce royaume souterrain mystérieux, mais sans succès ; alors, comme d'habitude, le milieu scientifique moderne en a conclu que tout cela n'était probablement que de « l'invention ». Marco Pallis associa « l'invention » au nom de Guénon[1]. Pallis avait erré à travers le Tibet et l'Inde ayant développé quelques contacts avec le Bouddhisme tibétain ; c'est pourquoi, comme Roerich, il se considérait qualifié dans ce domaine. Son livre *Peaks and Lamas* fut revu et amélioré pour les éditions ultérieures grâce à l'influence de René Guénon et de Coomaraswamy. Guénon a rédigé des comptes rendus favorables au livre afin d'encourager son auteur[2]. Pourtant, les opinions de Guénon sur le Bouddhisme n'étaient pas pour plaire à Pallis, ni le fait que, pendant ses pérégrinations, personne ne lui a dit un seul mot sur Agarttha[3]. C'est pourquoi, après la disparition physique de

---

[1] Jean-Pierre Laurant discuta de ce problème : il attira l'attention sur le fait que Lucius Ampelius est le premier auteur qui ai parlé d'Agarttha comme d'une ville située au bord du Nil du nom d'*Agartus* (*Le sens caché*, p. 129). Mais dans une traduction plus récente, *Agartus* apparaît comme l'architecte des pyramides égyptiennes (L. Ampelius, *Liber Memorialis*, Les Belles Lettres, 1993, p. 16).
[2] Voir René Guénon, *Études sur l'Hindouisme*, Éd. Trad, Paris, 1979, pp. 202, 213.
[3] C'est-à-dire que le secret est resté « secret ». À ce propos nous citerons les mots d'un Indien « Peau-Rouge » : « Ce qui est extraordinairement mystérieux, Madame, c'est de savoir comment tout cela [une cérémonie terriblement secrète et extraordinairement mystérieuse] a pu vous être décrit ? Si c'est par un Blanc, vous m'avouerez qu'il n'a pu qu'inventer cette fable et si c'est par un Indien, ne dites-vous pas que ce qui touche aux scalps est secret. Alors ? » (Paul Coze, *L'Oiseau-Tonnerre*, Éd. " Je sers ", Paris, 1938, p. 57).

René Guénon, Marco Pallis profita de l'occasion et manifesta ouvertement son grief dans un article intitulé *René Guénon et le Bouddhisme*, publié dans le volume commémoratif[1]. Nous allons discuter plus loin le problème du Bouddhisme. Pour le moment signalons seulement que Pallis y parle du Roi du Monde et du royaume mystérieux, affirmant que Shambhala est le seul royaume connu ; le nom d'Agarttha, dit-il, est totalement inconnu en Asie. Le fait qu'il fonde ses opinions sur des informations reçues de George Roerich, un des fils de Nicholas Roerich, qu'il cite maintes fois, ne plaide pas en sa faveur, tout au contraire[2]. Marco Pallis ne connut pas de répit, et quand un dossier soi-disant commémoratif fut publié, le tibétanologue grec y participa avec *« Le Roi du Monde » et le problème des sources d'Ossendowski*, n'ayant pas le courage de s'attaquer directement à Guénon[3]. Il faut dire que son article est décevant car nous nous attendions à plus de « substance » de sa part[4] ; pourtant il ne fait

---

[1] *Études Traditionnelles*, 1951, nos 293-294-295, p. 308.
[2] Nicholas Roerich fit une expédition « en famille », à laquelle participa aussi sa femme (qui était experte en théosophisme) et ses deux fils. Sa femme, Helena Roerich, fut l'auteur de quelques œuvres douteuses à teinte théosophique. Toute la famille fut impliquée dans une affaire plus que suspecte concernant « la pierre de Shambhala », un aérolithe que George Roerich considérait comme venant de Sirius (Godwin 102), et destiné en partie à assister la Ligue des Nations (!). Guénon remarquait quelque part que la Ligue des Nations, comme la Y.M.C.A, l'association chrétienne des jeunes gens, les boy-scouts, les associations des anti-alcooliques, des végétariens, de la protection des animaux, les écoles Montessori, toutes ont des liens avec le théosophisme et l'occultisme, et toutes ont des buts suspects. Nous ajouterons aussi que Roerich rapporta que sa famille assista en Mongolie (1927) au vol d'un OVNI ovale et étincelant (*Altai*, p. 361, *Shambhala*, p. 244) ; cela explique, au moins partiellement, l'apparition des théories sur les extra-terrestres, qui ont remplacé les héros des écrits sacrés, et les tentatives de profaner les œuvres traditionnelles en leur préférant des œuvres de « paléo-astronautique ». Il est évident que George Roerich communiqua à Pallis l'opinion de sa famille sur la Shambhala.
[3] Le Dossier H, *René Guénon*, L'Âge d'Homme, 1984, p. 145 et suiv. Dans une conversation avec Godwin, Pallis qualifia *Le Roi du Monde* de « désastre » (Godwin 87).
[4] Cela est devenu une maladie générale de nos jours. Beaucoup de livres ou d'articles soi-disant traditionnels ou se rapportant à Guénon traitent d'éléments insignifiants, ignorant les éléments de principe ou de doctrine.

pas autre chose que de répéter ce qu'il avait publié en 1951. La conclusion de son article est qu'Ossendowski, en tant que victime du journalisme sensationnel, assuma la thèse de Saint-Yves d'Alveydre sur le royaume souterrain d'Agarttha, modifiant à bon escient certains noms et en créant d'autres. Selon Pallis, personne n'avait entendu parler d'un royaume souterrain ni en Inde, ni en Mongolie ; bien plus, le nom d'Agarttha est incompatible avec le sanskrit et le titre du Roi du Monde est une fantaisie, comme le culte de Rama ; en fait, tout cela ne serait qu'une histoire imaginaire d'origine occidentale et seule Shambhala serait réelle en tant que mythe[1]. Il est vrai qu'à la fin de son article de dix pages, se souvenant que le volume était en fait dédié à Guénon, Pallis introduisit une phrase où il acceptait de valider la « géographie et la géométrie sacrées », telles que discutées par Guénon dans *Le Roi du Monde*[2]. En ce qui concerne le nom « sanskrit » d'Agarttha, notons qu'en pleine croisade contre l'occultisme et le théosophisme, Guénon montra la subtilité spirituelle d'un vieux sage issu des contes de fées. Il disait qu'Agarttha « signifie "insaisissable" ou "inaccessible" (et aussi "inviolable", car c'est le "séjour de la Paix",

---

[1] L'histoire du Tibet a été très tourmentée. Les royaumes bouddhistes ont cherché des zones difficiles à accéder pour pouvoir y survivre, tel le cas des royaumes du Shang-shung ou de Gugé. Le Bouddhisme du Tibet fut attaqué de tous côtés : par les tribus turques, par les musulmans d'Afghanistan et de Perse, par les hindous, par les représentants de la tradition Bon, et, finalement, les royaumes apparemment inaccessibles ont été détruits et complètement abandonnés (le christianisme essaya aussi de s'imposer : le jésuite Andrade a construit une église à Tsaparang, qui n'a pas survécu). C'est pourquoi certains ont considéré que Shambhala est en réalité soit le royaume du Shang-shung, soit de Gugé, soit d'Uddiyana ; mais considérer Shang-shung comme une « inspiration mondaine » de Shambhala est une erreur grave. Guénon disait sur Potala : « Le centre du Lamaïsme ne peut être qu'une image du véritable "Centre du Monde" » (*Le Roi du Monde*, p. 37).

[2] Nous signalons que, dans le même dossier, Alain Daniélou considérait que *Le Roi du Monde*, fondé sur l'histoire fantaisiste d'Ouspenski, était au moins contestable (p. 137) ; il est clair que Daniélou prenait Ossendowski pour Ouspenski, et qu'il n'avait aucune idée du fait que Guénon n'y traitait pas d'une « histoire fantaisiste », mais de l'essence du symbolisme du Centre.

Salem) »[1] ; pourtant, ce n'est pas tant la traduction mot à mot du nom qui importe, c'est surtout son sens intérieur et sacré.

Récemment, Gilis a écrit au sujet du nom d'*Agarttha* :

> La solution de la difficulté réside dans le fait qu'il ne s'agit pas, à proprement parler, d'un terme sanskrit, mais plutôt d'un vocable relevant d'une racine primordiale manifestée sous une forme sanskrite. Nous sommes en mesure d'affirmer que tel était l'avis aussi bien de Michel Vâlsan que de Shrî Siddheswar. Le sens premier du GAR sanskrit est semblable à celui de la racine arabe : il s'agit avant tout d'un creux, d'une cavité, d'un refuge[2].

Nous avons aussi suggéré ci-dessus une racine symbolique GRD pour Agarttha. Il est important d'ajouter qu'Ananda K. Coomaraswamy a noté que

> Le mot *giri* traduit ci-dessus par « gorge », se prête à une exégèse poussée. Keith le traduit par « lieu caché » (de Brahma)... On peut rapprocher *giri* (racine *gir*, « engloutir ») de *griha* (racine *grah*, « saisir »), tous deux impliquant des clôtures... De plus, *giri* est une « montagne », et *garta* (de la même racine) à la fois un « siège » et une « tombe »... Cela nous conduit à penser que *giri*, dans le *Rig-Vêda*, bien qu'il soit traduisible par « montagne », est en réalité une « caverne » (*guhâ*) plutôt qu'une « montagne »[3].

Guénon souligne qu'Agarttha est la résidence de la Paix ou *Salem*, ce qui est très important. Bernbaum et d'autres ont traduit le mot *shambhala* par « source du bonheur » (du sanskrit *sham*, « bonheur »)[4]. De fait, le sens premier du mot sanskrit Shambhala est celui de « résidence de la tranquillité, de la paix »

---

[1] *Le Roi du Monde*, p. 67.
[2] Charles-André Gilis, *La petite fille de neuf ans*, *Vers la Tradition*, n° 91, 2003, p. 22.
[3] Coomaraswamy, *La Doctrine du Sacrifice*, pp. 204-206.
[4] Bernbaum 270.

et le sens secondaire est celui de « résidence de la joie »[1]. Nous ne devons pas être surpris qu'Agarttha et Shambhala soient synonymes de Salem, le Centre du Monde dans la tradition judéo-chrétienne : Salem est la cité du Roi du Monde, Melchissédec[2]. Quand Guénon insiste sur le fait qu'Agarttha signifie « inviolable », parce qu'elle est le siège de la Paix ou *Salem*[3], il indique implicitement la correspondance entre Agarttha, Shambhala et Salem[4]. La seule différence est que Shambhala est le nom donné au Centre lorsqu'il était situé au Pôle Nord, au sommet du Mont Meru, l'Axe du Monde ; Agarttha renvoie au Centre secret, lorsqu'il devint souterrain. Shambhala n'existe plus dans notre monde sur le déclin, c'est pourquoi tant de légendes parlant d'elle avaient circulé librement en Asie, où Pallis, Bernbaum et autres ont pu les entendre. Au contraire, Agarttha est encore présente, quoique souterraine et invisible, c'est pourquoi elle s'entoure d'un lourd mystère. Mais nous devons y faire attention, car du point de vue absolu il n'y a pas de différence entre Shambhala et Agarttha. Dans les contes de fées roumains, le sens immédiat du royaume souterrain est le « monde de l'au-delà », ou « monde des dragons (*zmei*) » ; parfois le même royaume des dragons (*asuras, zmei*) se trouve à « l'extrémité du monde » au-delà des océans et des pays, ce qui signifie qu'il n'est pas souterrain. De la même manière, Shambhala se trouve au bout du monde, ce qui veut dire à l'Extrême Nord, tandis qu'Agarttha est souterraine. Le guide de Shambhala décrit un voyage très similaire à celui des contes de fées roumains[5] ; c'est un voyage initiatique qui

---

[1] *Shama* signifie en sanskrit « tranquillité divine, paix, repos » ; le même mot, *sham (sam)*, signifie « paix » mais aussi « bonheur » dans le Vêda.
[2] *Hébreux* 7:1-3, Guénon, *Le Roi du Monde*, pp. 47 ff.
[3] *Le Roi du Monde*, p. 67.
[4] « Il faut remarquer que le mot *Salem*, contrairement à l'opinion commune, n'a jamais désigné en réalité une ville, mais que, si on le prend pour le nom symbolique de la résidence de *Melki-Tsedeq*, il peut être regardé comme un équivalent du terme *Agarttha* » (Guénon, *Le Roi du Monde*, p. 49).
[5] Voir le livre de Bernbaum sur les légendes qui décrivent Shambhala et sa situation. Malheureusement, au lieu de se limiter à la présentation des différentes données sur Shambhala, l'auteur essaye de déchiffrer la signifi-

symbolise une réalisation spirituelle à l'intérieur du cœur où se cache la véritable Shambhala.

En même temps, Shambhala est le centre spirituel d'où Kalki, le Sauveur, viendra pour mettre fin à ce monde corrompu et pour initier un nouvel Âge d'Or. Quelques légendes tibétaines considèrent que Sucandra fut le premier roi de Shambhala ; il était une incarnation de Vajrapani, le Bodhisattva du Pouvoir et le Maître des Doctrines Secrètes[1]. Six rois religieux lui ont succédé : c'étaient des rois qui avaient une autorité spirituelle et en même temps un pouvoir temporel, le dernier étant Manjushrikirti, une incarnation de Manjushri, le Bodhisattva de la Sagesse. Son fils, Pundarika, était une incarnation d'Avalokitêshwara, le Bodhisattva de la Compassion[2]. Le dernier roi de Shambhala sera Rudra Chakrin, une incarnation de Manjushri ; il affrontera et vaincra les forces diaboliques, pour instaurer ensuite un nouvel Âge d'Or ; il est identique à Kalki-Avatâra des Hindous. Rudra Chakrin, comme tous les autres rois de Shambhala, est un aspect du Roi du Monde.

Charles-André Gilis remarque, dans un chapitre dédié au Roi du Monde, qu'en dépit des affirmations de Marco Pallis, les trois fonctions suprêmes associées au Roi du Monde sont bien connues en Asie ; ce sont : Manjushri - la fonction suprême, Avalokitêshwara – l'autorité spirituelle, et Vajrapânî - le pouvoir temporel[3]. Plus récemment, notons qu'une revue de sciences traditionnelles, *Science sacrée*, a développé cette thèse[4].

---

cation secrète du voyage à Shambhala et lui donne une interprétation psychanalytique (!) qui est loin d'être fidèle à la réalité.

[1] Bernbaum 234.
[2] Bernbaum 236.
[3] Gilis, *René Guénon*, p. 15. Gilis affirme que la mission de René Guénon était justement de représenter Agarttha, le Centre suprême, en Occident : « La fonction d'autorité suprême dont le Centre initiatique du Monde est le siège est précisément celle que Guénon a eu pour mission de représenter de façon directe au sein du monde occidental ».
[4] *Science sacrée*, nos 3-4, september 2001-april 2002. Il y a deux articles sur les trois fonctions suprêmes dans le Bouddhisme tibétain. Nous notons que le premier auteur, Cyrille Gayat traduit le sanskrit Shambhala comme « source du bonheur ». Le second, Pascal Coumes répète l'opinion de Gilis sur la triade

L'opinion selon laquelle Ossendowski aurait plagié l'œuvre de Saint-Yves d'Alveydre n'est ni nouvelle, ni sans fondement[1]. Dans un article rédigé à la fin de 1924 (lorsque le livre d'Ossendowski parut en France) et publié en 1925 dans *Les Cahiers du mois*, Guénon constatait la correspondance entre Saint-Yves et Ossendowski et prévoyait que ce dernier serait accusé de plagiat ; il énuméra une série de « concordances », reprises plus tard dans son livre *Le Roi du Monde*, mais rejeta la thèse du plagiat[2] ; une des bonnes raisons de son attitude réticente était que la thèse du plagiat fut avancée d'abord par les théosophistes, quand ils sentirent que leurs positions et leurs théories étaient en danger, surtout celles concernant les mystérieux Mahâtmâs. C'est pourquoi Roerich tenta d'accommoder l'idée du centre et celle des Mahâtmâs qui étaient mis en cause, en rappelant le mythe de Shambhala ; il semblerait que Pallis ait fait, involontairement, le jeu des théosophistes.

Un détail du livre d'Ossendowski est pourtant très suspect : « Le bienheureux Sakkia Mouni trouva sur le sommet d'une montagne des plaques de pierre avec des mots inscrits, qu'il ne comprit que lorsqu'il fut vieux, et il entra après dans le Royaume d'Agharti, d'où il ramena des fragments du savoir sacré, préservés dans sa mémoire »[3]. Cette thèse sur Bouddha revenant d'Agarttha avec des fragments de savoir, apparaît déjà chez Saint-Yves : « après sa fuite, le fondateur du Bouddhisme ne put que dicter à ses premiers disciples, en toute hâte, ce que sa mémoire avait été capable de retenir » (p. 96). Selon Saint-Yves, le Bouddhisme est un schisme ; c'est une révolte contre le Brahmanisme, qui cherche à instaurer « une belle petite anarchie »[4]. « Le véritable Çakya-Mouni n'avait pu se faire ouvrir

---

Manjushri-Avalokitêshwara-Vajrapânî, et parle de Rudra Chakrin et de Shambhala.
[1] À son tour, Saint-Yves d'Alveydre a été accusé en 1886 d'avoir plagié Fabre d'Olivet.
[2] Bruno Hapel, *René Guénon et Le Roi du Monde*, Guy Trédaniel Éditeur, 2001, pp. 49-50.
[3] Oss. 304.
[4] Alveydre, *Mission de l'Inde*, p. 84. Louis Jacolliot se rapporte lui-aussi à la révolte de Bouddha contre les Brahmanas (*Les Fils de Dieu*, p. 266).

les portes du Sanctuaire central où réside le Brâhatmah » ; pourtant, les « Bouddhistes ont été des divulgateurs pleins de mérites et de vertu »[1]. Évidemment, les théosophistes, en tant que promoteurs d'un Bouddhisme douteux en Occident[2], n'ont jamais accepté cette thèse.

Les bouddhistes mongols ont été en fait les sources d'Ossendowski. Auraient-ils été capables de dénigrer leur propre « religion » ? Pour élucider cet aspect délicat, nous devons revenir à René Guénon. Dans son article de 1951, Pallis décrit la manière dont il réussit à convaincre Guénon de la nécessité de modifier ou de supprimer de ses livres certains passages qui dénigraient le Bouddhisme. La vérité est que Guénon n'a rien modifié que ce qu'il considérait opportun d'être modifié, ou qui n'affectait pas le noyau métaphysique de ses livres. Il l'a dit directement, mais comme toujours, on n'a pas retenu le fait que Guénon publiait uniquement en fonction de l'opportunité, selon une stratégie qui lui permettait d'exercer sa fonction. Son but était de rétablir l'esprit traditionnel en Occident, ce qui l'a obligé à être parfois sans pitié. Nous avons vu que c'était une époque où l'occultisme était en plein essor, c'est pourquoi il dut choquer la mentalité de ses contemporains, en condamnant impitoyablement tout ce qui aurait pu les séduire. Or, dû surtout aux activités des théosophistes, le Bouddhisme faisait partie de ces « tentations ». Dès l'apparition d'autres écrits, tels que ceux d'Ananda K. Coomaraswamy, Guénon accepta de changer de ton, espérant que la mentalité occidentale serait finalement prête à accueillir la vrai face du Bouddha[3].

---

[1] Alveydre, *Mission de l'Inde*, p. 96.
[2] Nous mentionnons que le Bouddhisme, comme le Yoga, eut un grand succès aux États-Unis, grâce surtout aux théosophistes (il est inutile de répéter que le Bouddhisme occidental n'est rien d'autre qu'une « parodie » anti-traditionnelle).
[3] Après leur rencontre, Guénon modifia quelques passages sur le Bouddhisme, tandis que Coomaraswamy modifia complètement son orientation intellectuelle ; d'ailleurs, Guénon supervisa les articles de Coomaraswamy à plusieurs reprises. En 1945, Guénon rédigea un compte rendu de *Hinduism and Buddhism* de Coomaraswamy, où il dit : « M. Coomaraswamy remarque qu'il (le Bouddhisme) semble différer d'autant plus de l'Hindouisme qu'on l'étudie plus superficiellement, et que, à mesure qu'on l'approfondit, il devient de plus

D'autre part, nous devons comprendre que ce n'est pas à l'aide de l'équerre, mais par le compas que Guénon doit être mesuré. Il tenait des vérités métaphysiques et des connaissances spirituelles immuables, qu'il présentait sous diverses formes, selon l'opportunité du moment. Il considéra comme pertinent, par exemple, d'user de l'héritage de Fabre d'Olivet et de Saint-Yves d'Alveydre, parce qu'ils avaient eu accès à certaines données initiatiques authentiques qui méritaient d'être utilisées (parce que déjà familières aux occidentaux) afin de transmettre un savoir spirituel de haute qualité. Fabre d'Olivet publia en 1822 *L'Histoire philosophique du genre humain*. Profondément marqué par la Révolution de 1789, d'Olivet considéra l'histoire de l'humanité comme une série de cycles et il nomma « révolution » le passage d'un cycle à l'autre. Mais sa vision était évolutionniste, puisqu'il considérait que l'Âge d'Or (l'âge premier) est en fait l'Âge de Fer, et que l'humanité avance vers l'Âge d'Or. Guénon accepta maintes opinions de d'Olivet, les citant même parfois, mais il leur donna, comme à celles d'Alveydre, des fondements traditionnels authentiques, et il en corrigea les erreurs ; pour Guénon, c'était une bonne occasion de pénétrer l'esprit occidental pour en influencer la mentalité. D'Olivet parla longuement dans son livre du Cycle de Ram, qu'il voyait comme un druide conquérant l'Asie et y instaurant la race blanche, hyperboréenne[1] ; d'Alveydre le suivit de près. C'est toujours d'Olivet qui introduisit le titre de Roi du Monde : « Le premier Khan que Ram sacra pour être le souverain Roi du Monde, se nommait Kousha » et siégeait à Ayodhya, la cité de la

---

en plus difficile de préciser les différences ; et l'on pourrait dire que, en Occident, "le Bouddhisme a été admiré surtout pour ce qu'il n'est pas". Le Bouddha lui-même n'a d'ailleurs jamais prétendu enseigner une doctrine nouvelle » (*Études sur l'Hindouisme*, p. 194). Pourtant, n'oublions pas que Coomaraswamy lui-même affirmait en 1935, que « le Bouddhisme dans l'Inde représente un développement hétérodoxe, tout ce qui est métaphysiquement "correct" (*pramiti*) dans son ontologie et son symbolisme étant dérivé de la tradition primordiale » (Ananda K. Coomaraswamy, *Elements of Buddhist Iconography*, Munshiram Manoharlal Publishers, 1998, p. 3).
[1] Olivet 147, 204, 212, 226, Éditions Traditionnelles, 1991.

dynastie solaire[1]. L'opinion d'Alveydre sur le schisme d'Irshou, fils de l'empereur Ougra, se trouve originellement chez Fabre d'Olivet[2] ; d'Olivet affirmait en fait que l'humanité vivait à l'origine en anarchie absolue[3], d'où l'idée de synarchie chez d'Alveydre. Il est intéressant de constater que, malgré son attachement pour le mot « révolution », d'Olivet ne considéra pas le Bouddhisme comme une révolte, tel que présenté par d'Alveydre ; il voyait Bouddha comme un réformateur providentiel, tel Orphée ou Moïse, et le Bouddhisme comme le « corollaire du culte de Ram »[4]. La stratégie de Guénon n'est que d'autant plus évidente.

Dans la première édition du *Roi du Monde*[5], Guénon se ralliait à l'opinion de Saint-Yves et d'Ossendowski, quand il disait : « Shâkya-Muni, alors qu'il projetait sa révolte contre le Brâhmanisme, aurait vu les portes de l'Agarttha se fermer devant lui »[6] ; le passage fut supprimé des autres éditions[7].

---

[1] Olivet 238.
[2] Olivet 252.
[3] Olivet 167.
[4] Olivet 289, 302.
[5] Nous disposons de la deuxième édition, parue en 1939 aux Éditions Traditionnelles, mais elle est une copie exacte de la première édition.
[6] *Le Roi du Monde*, 1939, p. 17.
[7] Bruno Hapel consacre lui aussi un chapitre au problème bouddhiste et compare des textes tirés de différentes éditions des œuvres de Guénon. Il signale que dans la première édition du livre *Autorité spirituelle et pouvoir temporel* (chap. VI, *La révolte des Kshatriyas*), Guénon considérait le Bouddhisme comme une révolte de la caste des Kshatriyas, à laquelle appartenait Bouddha, pour y revenir plus tard, dans l'édition suivante, avec la précision que seul le Bouddhisme dévié de celui « originel » fut inspiré par cette révolte, et que Bouddha fut légitimé par le moment cyclique comme Jésus-Christ (qui provenait de la tribu royale de Juda, non pas de la tribu sacerdotale de Lévi). Nous signalons que Louis Jacolliot a fréquemment utilisé l'idée de la « révolte » : Jacolliot parle de la révolte des Kshatriyas (qu'il appelle « arya ») contre les Brahmanes (*Fils de Dieu*, p. 264), de la révolte de Bouddha contre les Brahmanes (p. 266). Il indique deux révoltes importantes contre Asgartha : la première, qui a eu lieu dix milles ans avant Jésus-Christ, quand « la ville du soleil », Asgartha, a été conquise par Vishwamitra, révolte matée à la fin par Parashu Rama (pp. 310-320) (sur cette révolte et le rétablissement de l'autorité spirituelle par Parashu Rama, René Guénon a fait des précisions se rapportant

Convaincu par les recherches d'Ananda Coomaraswamy[1] et déterminé, paraît-il, par le fait que la guerre mondiale dévastatrice avait beaucoup affaibli le théosophisme et le spiritisme, Guénon renonça à l'hypothèse d'Alveydre sur la révolte de Shâkya Muni pour revenir à l'ancienne idée de Fabre d'Olivet, celle du Bouddha restaurateur, tout en espérant que la mentalité occidentale fût capable de discerner le Bouddhisme primitif du Bouddhisme contrefait[2] ; cela laissa Ossendowski à découvert et suspect d'avoir emprunté ses considérations sur Bouddha à Saint-Yves. Sinon, il faut accepter que le Bouddhisme ne représente pour les Mongols qu'une partie de la doctrine suprême, et alors nous pouvons comprendre le raisonnement de Guénon, qui disait qu'en Mongolie le culte de Rama, dont parlait Ossendowski, est autre chose que du Bouddhisme[3].

Enfin, nous devons répondre maintenant à une autre question importante : que représentait Agarttha pour Guénon ? Nous précisons d'abord que René Guénon affirma résolument

---

à l'Atlantide) ; la deuxième, qui a eu lieu cinq milles ans avant Jésus-Christ, quand Iodah et Skandah ont conquis et détruit Asgartha (pp. 325-327).

[1] Mais, dans le compte rendu d'un article écrit par Coomaraswamy en 1935, Guénon dit : « L'auteur fait aussi remarquer que la révolte du pouvoir temporel (*kshatra*) contre l'autorité spirituelle (*brahma*), que reflète le Jaïnisme aussi bien que le Bouddhisme ... » (*Études sur l'Hindouisme*, p. 228).

[2] Nous soulignons encore une fois que Guénon, qui acceptait les éléments fondamentaux avancés par d'Olivet, tels que le Cycle de Ram, le titre de Roi du Monde, la triade Providence-Volonté-Destinée, et autres, avait pourtant refusé initialement son idée du Bouddha rédempteur, parce qu'il considérait que le Bouddhisme était nuisible à la mentalité occidentale.

[3] *Le Roi du Monde*, p. 72. Guénon dit à l'occasion d'une « table ronde » organisée en 1924, à laquelle Ossendowski était présent, que « l'idée d'un Roi du Monde est très ancienne en Asie, et elle a toujours joué un rôle important dans la tradition hindoue et shivaïte qui constituent le Bouddhisme tibétain » (Hapel 36). On devrait ajouter qu'au Tibet, une composante non négligeable fut la tradition Bon qui, bien qu'en concurrence avec le Bouddhisme, a participé intensément à la constitution de la tradition tibétaine. Guénon disait : « C'est avec intention que nous avons omis, dans ce qui précède, de parler de la civilisation thibétaine, qui est pourtant fort loin d'être négligeable. (...) Cette civilisation, à certains égards, participe à la fois de celle de l'Inde et de celle de la Chine, tout en présentant des caractères qui lui sont absolument spéciaux » (Guénon, *Introduction générale*, pp. 57-58).

qu'il tenait ses informations sur le royaume souterrain d'Asie
« de toutes autres sources »[1] ; il cita ensuite Ossendowski, et
même Saint-Yves, uniquement parce qu'ils servaient de point de
départ à ses considérations[2]. De la même manière il se servit du
Bouddhisme en tant qu'application particulière pour illustrer la
doctrine des cycles cosmiques et la révolte de la caste des
guerriers. Dante lui-même, dans sa *Divine Comédie*, s'est servi de
la même manière des événements historiques pour donner
corps à son message spirituel et initiatique. Agarttha a donc
servi à dévoiler le symbolisme du Centre et du Roi du Monde.
Remarquons que Guénon ne mentionna jamais Shambhala,
quoiqu'il connût, sans doute, son mythe[3] ; il se servit d'Agarttha,
parce que les données présentées par d'Alveydre et par
Ossendowski approchaient la version traditionnelle authentique sur le centre souterrain et s'opposaient aux thèses
théosophistes et occultistes.

Plus encore, on peut dire que Guénon nous offre une clé. Il
dit qu'Agarttha avait un autre nom avant de disparaître du
monde visible ; il ajoute, plus loin, qu'avant *Kali-Yuga*, Agarttha
se nommait *Paradêsha*, c'est-à-dire « contrée suprême » (en
sanskrit), d'où notre « paradis »[4]. Guénon est d'accord en fait
avec d'Alveydre, qui nomme le même centre tantôt *Parâdesha*,
tantôt Agarttha[5]. Il est clair que le Paradis et Agarttha sont la

---

[1] *Le Roi du Monde*, p. 9.
[2] « Si nous citons M. Ossendowski et même Saint-Yves, c'est uniquement parce que ce qu'ils ont dit peut servir de point de départ à des considérations qui n'ont rien à voir avec ce qu'on pourra penser de l'un et de l'autre, et dont la portée dépasse singulièrement leurs individualités, aussi bien que la nôtre, qui, en ce domaine, ne doit pas compter davantage » (Guénon, *Le Roi du Monde*, p. 11).
[3] En 1940, faisant le compte rendu d'un article de Coomaraswamy, Guénon parle de la ville mystérieuse de Shambhala et de son roi Kalki (*Études sur l'Hindouisme*, p. 246). Il souligne que le Centre du Monde (le Paradis terrestre), a toujours été un centre « polaire » (du point de vue symbolique), malgré son siège différent à travers le temps (Guénon, *Le Roi du Monde*, p. 74) ; cette observation fait allusion à Shambhala, située probablement au Pôle Nord, mais nous indique qu'Agarttha, du point de vue symbolique, est elle-même une ville « polaire ».
[4] *Le Roi du Monde*, pp. 67, 73.
[5] Alveydre, *Mission de l'Inde*, pp. 23, 35, 44.

même chose pour Guénon, ce qui veut dire que si nous acceptons le symbolisme du Paradis, nous devons également accepter le symbolisme d'Agarttha[1]. Il serait absurde de contester son existence, comme il serait absurde de tenter de la trouver : qui donc se hasarderait à traverser mers et océans pour trouver le Paradis ?[2] Dans un article de 1924, consacré au Roi du Monde, Guénon disait :

> Partout, dans les traditions de tous les peuples, on retrouve cette affirmation de l'existence d'un centre spirituel caché aux regards profanes. La difficulté est de reconnaître ce qui, dans ces traditions, doit être entendu littéralement, et de faire la part de ce qui, au contraire, présente une signification toute symbolique ; c'est ce que n'ont fait ni Saint-Yves ni M. Ossendowski ; et, du reste, ce dernier en était sûrement incapable ; c'est pourquoi certaines parties de leurs récits ont une apparence de fantasmagorie[3].

Enfin, dans sa correspondance avec le roumain Lovinescu, Guénon insiste sur l'idée qu'Agarttha est le siège qui conserve la Tradition primordiale (janvier 1936) et que bien des gens ont été influencés directement ou indirectement par Agarttha, mais qu'aucun personnage historique ne peut être désigné comme membre d'Agarttha, parce que ces membres, comme les Rose-Croix, n'opèrent pas à l'extérieur ; jamais un membre d'Agarttha ne se serait présenté comme tel à l'extérieur (août 1934). C'est pourquoi il est probablement inutile de chercher les « maîtres spirituels » de Guénon.

Quant au Roi du Monde, le chef suprême d'Agarttha, Guénon est très explicite et le définit clairement dès le début du livre :

---

[1] Guénon dit encore que le centre a été probablement nommé Tula, avant de prendre le nom de *Paradêsha* (*Le Roi du Monde*, p. 83).
[2] Nous signalons que les chapitres ne portaient pas de titres dans les deux premières éditions du *Roi du Monde*, ce qui donnait au livre l'apparence d'un conte initiatique.
[3] Hapel 52.

> Le titre de « Roi du Monde », pris dans son acception la plus
> élevée, la plus complète et en même temps la plus rigoureuse,
> s'applique proprement à *Manu*, le Législateur primordial et
> universel, dont le nom se retrouve, sous des formes diverses,
> chez un grand nombre de peuples anciens. Ce nom, d'ailleurs,
> ne désigne nullement un personnage historique ou plus ou
> moins légendaire ; ce qu'il désigne en réalité, c'est un principe,
> l'Intelligence cosmique qui réfléchit la Lumière spirituelle pure
> et formule la Loi (*Dharma*) ; et il est en même temps
> l'archétype de l'homme considéré spécialement en tant qu'être
> pensant (en sanskrit *mânava*)[1].

Un siècle plus tôt, Fabre d'Olivet écrivait : « On entend par Menou (*sic*) l'intelligence législatrice, qui préside sur la Terre d'un déluge à l'autre »[2]. Quoi de plus clair ?

Après avoir précisé ce qu'il entend par « Le Roi du Monde », Guénon écrit :

> D'autre part, ce qu'il importe essentiellement de remarquer ici,
> c'est que ce principe peut être manifesté par un centre spirituel
> établi dans le monde terrestre, par une organisation chargée de
> conserver intégralement le dépôt de la tradition sacrée,
> d'origine « non-humaine » (*apaurushêya*), par laquelle la Sagesse
> primordiale se communique à travers les âges à ceux qui sont
> capables de la recevoir. Le chef d'une telle organisation,
> représentant en quelque sorte *Manu* lui-même, pourra
> légitimement en porter le titre et les attributs ; et même, par le
> degré de connaissance qu'il doit avoir atteint pour pouvoir
> exercer sa fonction, il s'identifie réellement au principe dont il
> est comme l'expression humaine, et devant lequel son
> individualité disparaît. Tel est bien le cas de l'*Agarttha*, si ce
> centre a recueilli, comme l'indique Saint-Yves, l'héritage de
> l'antique « dynastie solaire » qui faisait remonter son origine à
> *Manu* du cycle actuel[3].

---

[1] *Le Roi du Monde*, p. 13.
[2] Olivet 238.
[3] *Le Roi du Monde*, pp. 13-14.

Cette dernière citation affirme qu'Agarttha est le centre spirituel par lequel Manu, le principe suprême, se manifeste au monde terrestre, mais n'avance pas l'idée qu'il est possible de le situer sur une carte géographique profane. Selon Guénon, ce centre spirituel est au-delà de notre monde terrestre (un monde des changements), c'est pourquoi le déluge n'avait pas réussi à atteindre le Paradis terrestre : ce centre est situé entre le ciel et la terre, au sommet de la montagne du Purgatoire[1].

On a dit plus haut que plus personne en Asie ne savait quoi que ce soit sur Agarttha ; mais, de nos jours, avons-nous la moindre information sur une cité nommée Paradis ? Outre que Pallis et ses semblables s'y sont pris trop tard pour « rechercher » le Paradis, et que ce qui les menait était de la curiosité pure, il semblerait qu'ils n'aient pas su s'y prendre. En fait, sur la carte de l'Inde, il y a aujourd'hui diverses régions appelées *Uttar Pradesh*, *Madhya Pradesh*, *Andhra Pradesh*, qui sont vues comme des « pays suprêmes » ; en réalité, ce ne sont que l'extériorisation et la projection dans le monde de ce qui a signifié initialement et symboliquement *Paradêsha*, le pays suprême absolu, qui pouvait être considéré comme « celui qui est le très haut », et situé donc au sommet du mont Meru. De la même manière, le nom Tula est utilisé à présent pour nommer diverses régions, comme Thulé au Groenland, près du pôle magnétique, ou Tula en Russie, au sud de Moscou, ou Tula au Mexique.

Agarttha a eu peut-être le même sort. Pallis prétendait qu'en Inde personne n'en avait entendu parler ; or, vers 1850, Maharaja Krishna Kishore Manikya, issu d'une ancienne dynastie hindoue-mongole choisit une nouvelle capitale pour sa petite province Tripura, située à l'est du Bangladesh actuel, au nord-est de l'Inde. On dit que cette province fut ainsi nommée par le roi de la *Mahabharata*, et qu'auparavant, elle s'appelait Kiratadesha, « le pays des Kirataïs » ; selon d'autres auteurs, le nom Tripura fut formé de *tui* (eau) et de *pra* (auprès de) ; il nous paraît plus simple, cependant, de considérer le mot sanskrit *Tripura*, « Trois Cités », comme le nom que la tradition hindoue choisit pour les Trois Mondes. La nouvelle capitale de l'État de

---

[1] *Le Roi du Monde*, pp. 43-44.

Tripura s'appelait Agartala. Même s'il n'est qu'un écho d'un passé mythique, comme *pradesh*, son nom existait aussi en 1951, quand Pallis publia son article, et il était probablement bien connu en Inde, cent ans après sa fondation. Il n'y a pas beaucoup d'informations sur Agartala, pourtant nous avons trouvé dans un livre de Bengale quelques « légendes » sur son nom[1]. On dit qu'Agartala fut nommée d'après un grand et vieil arbre nommé *Agru* en bengali, ou *Aquillaria Agollocha* ; depuis toujours, les marchands et les passants avaient l'habitude de se reposer sous son feuillage. Une autre légende prétend que le grand roi Dangor Fa eut un fils nommé Agar Fa, qui reçut en héritage ces terres et leur donna son nom. Une légende similaire dit que Maharaja Krishna Kishore Manikya lui-même, assis à l'ombre de l'arbre Agru, donna à ces terres le nom d'Agartala, et bâtit la cité pour s'y réfugier de l'agitation des villes agglomérées. Comme pour le nom de Tripura, une étymologie « folklorique » fut mise en place pour Agartala; il est plus plausible pourtant de considérer Agartala comme un reflet du centre souterrain d'Agarttha.

---

[1] Jagadisa Gana-Caudhuri, *Agartalara itibrtta* (en bengali), Pharma Keelaema, 1994.

CONCLUSIONS

LE SYMBOLISME du centre est universel parce que le Centre est lié fondamentalement à la Tradition primordiale. Il nous semble étrange que beaucoup de ceux qui prétendaient comprendre et suivre l'enseignement de Guénon concernant la métaphysique, la réalisation spirituelle, ou les états multiples de l'être, eussent accueilli pourtant avec méfiance *Le Roi du Monde*, qu'ils tenaient pour un conte. Conte, il l'était, mais non dans le sens ordinaire du mot. Comme Agarttha, *Le Roi du Monde* est un conte sacré du domaine supra-humain. Si certains avaient des doutes sur son existence réelle, c'est qu'ils ne pouvaient pas dépasser les limites de leur condition individuelle et profane. Car Agarttha n'appartient pas à la géographie profane et ne se livre pas à tout individu curieux ni au touriste ordinaire[1].

---

[1] « Le Paradis est une terre fertile, c'est-à-dire l'âme féconde, plantée dans l'Éden » (Ambroise de Milan, *De Paradiso*, 3, 279 C). Pour Érigène, « le Paradis n'est pas un lieu géographique, fût-il mythique, mais un état ontologique et spirituel d'intégrité de la nature humaine » (Érigène, *De la division de la Nature, Periphyseon*, Livre I et Livre II, PUF, 1995, p. 429) : « Car ce n'est pas par la matière ou par une distance quelconque dans l'espace que le Paradis se distingue de notre globe terrestre habité, mais il s'en distingue seulement par une distinction de statut et par une différence dans le degré de béatitude » (*Ibid.*, p. 301). « Grégoire de Nysse, [...] affirme qu'il y a eu deux créations de l'homme, à savoir une première création faite à l'image de Dieu, dans laquelle on ne trouve ni mâle ni femelle... et une seconde création, qui a été surajoutée à la nature humaine rationnelle par Dieu, qui pressentit que l'homme commettrait le péché originel, et cette seconde création institua la dualité des sexes. C'est donc à juste titre que les Pères grecs décrivent la seconde création [...] comme une création qui a été instituée hors du Paradis et dans un lieu inférieur » (Érigène, *De la division de la Nature, Periphyseon*, Livre IV, PUF, 1995, p. 169) ; « la plantation faite par Dieu, c'est-à-dire le Paradis, dans le jardin d'Éden, qui symbolise les délices de la félicité éternelle et bienheureuse, n'est autre que la nature humaine créée à l'image de Dieu » (*Ibid.*, p. 186).

Comme pour le Royaume des Cieux chrétien, l'Agarttha doit être cherchée tout d'abord au fond de notre cœur et elle nous apparaîtra ensuite à l'aboutissement de notre propre réalisation spirituelle[1]. Car ce n'est qu'au terme de la réalisation spirituelle que le centre du cœur apparaîtra identique au centre souterrain et ce n'est qu'alors que nous pourrons entrer dans le palais du Roi du Monde. En fait, c'est bien là ce savoir que René Guénon nous a transmis.

« Augustin affirme l'existence de deux Paradis, à savoir un Paradis spirituel, dans lequel l'homme vivait heureux selon l'âme, et un Paradis corporel, dans lequel le même homme vivait heureux selon le corps. Mais dans l'ouvrage qu'Augustin a consacré à *La Vraie Religion*, ce docteur semble affirmer l'existence exclusive d'un unique Paradis, à savoir le Paradis spirituel » (*Ibid.*, p. 165) ; « Nous savons aussi qu'un éminent exégète de l'Écriture sainte, je veux parler d'Origène, explique qu'il n'y a pas d'autre Paradis que le Paradis qui coïncide avec le troisième ciel [...] alors le Paradis est indubitablement un Paradis spirituel [...] même si Épiphane, évêque de Constantia à Chypre, réprouve Origène pour cette exégèse, et affirme catégoriquement que le Paradis existait sur la Terre comme un lieu géographique sensible situé en Orient, avec des arbres et des fleuves concrets, et avec toutes les autres caractéristiques sensibles attribuées au Paradis, que les gens affligés d'une mentalité simpliste et prisonniers des sens corporels interprètent dans un sens exclusivement corporel » (*Ibid.*, p. 171).

[1] Cheikh al-Akbar a raconté : « cet être que j'ai vu, lorsque j'ai composé cette Préface, dans le Monde des vérités subtiles, et dans la dignité de la Majesté, par une intuition du cœur, dans une région mystérieuse », et Michel Vâlsan a fait ce commentaire : « C'est-à-dire dans le Centre du Monde où réside la manifestation immuable du *Logos*, et où l'accès n'est possible que par la connaissance du cœur qui correspond microcosmiquement à ce centre » (*Islam*, p. 180). Cheikh al-Akbar a vu le Chef de la hiérarchie suprême du Centre du Monde « comme Souverain, inaccessible aux démarches et protégé contre les regards », et Vâlsan a remarqué que « ces qualificatifs correspondent assez exactement au sens du terme hindou *Agarttha* qui désigne également la région inaccessible et inviolable où réside le Roi du Monde, expression du *Manu* Primordial » (*Islam*, p. 180). Le Chef de la hiérarchie suprême du Centre du Monde est Enoch (Idrîs), qui correspond au 4e Ciel (Soleil) – une position centrale parmi les sept cieux ; et « l'autorité spirituelle qui préside aux travaux du Suprême Conseil Écossais est le même prophète vivant que l'Islam appelle Idrîs » ; en fait, le symbolisme du Centre du Monde est très bien représenté dans le Rite Écossais Ancien et Accepté (*Islam*, pp. 189-190, Michel Vâlsan, *Les derniers Hauts Grades de L'Écossisme et la réalisation descendante*, *Études Traditionnelles*, n° 308, 1953, p. 167, n° 310, 1953, p. 275).

Conclusions

Comme l'être qui, en tant qu'individu, peut symboliser l'Homme Universel, divers centres secondaires peuvent, eux aussi, symboliser le Centre suprême. Mais le Centre suprême, la véritable Agarttha, ne peut être atteint qu'au moment où l'être se réalise en tant qu'Homme Universel. C'est le cas d'Ibn 'Arabî et nous terminons, en citant encore Michel Vâlsan :

> Il s'agit de la Préface des « Révélations Mecquoises » (*Futûhât*), dans laquelle le Cheikh al-Akbar expose sous la forme relativement incantatoire qui caractérise les textes liminaires des écrits islamiques, son accès au Centre Suprême de la Tradition Primordiale et Universelle, qu'il désigne ici plusieurs fois par le terme d'*Al-Malâ'u-l-A'lâ*, le « Plérôme Suprême », ou l'« Assemblée Sublime ». Cette assemblée située dans une région subtile dont les désignations rappelleront ce que les traditions de l'Asie Centrale disent de l'*Agarttha*, le Royaume caché du Roi du Monde, est présidée par l'Être Muhammadien primordial dont la nature et les attributs, correspondent assez clairement à ceux que René Guénon a indiqués pour la personnification du *Manu* Primordial, et que la doctrine chrétienne, pour ne rappeler encore que celle-ci, présente sous la figure du mystérieux *Melki-Tsedeq* « qui est sans père, sans mère, sans généalogie, qui n'a ni commencement ni fin de sa vie, mais qui est fait ainsi semblable au Fils de Dieu »[1].

---

[1] *Islam*, p. 178.

TABLE DES MATIÈRES

PREMIÈRE PARTIE

I	RENÉ GUÉNON	7
II	RENÉ GUÉNON ET LA TRADITION	18
III	LES SOURCES DE RENÉ GUÉNON	36
IV	*LE ROI DU MONDE*	62
V	LE CENTRE	78
VI	LE CENTRE ET LES INFLUENCES SPIRITUELLES	103
	QUELQUES REMARQUES	123

DEUXIÈME PARTIE

I	LE CHÂTEAU DES CARPATHES : un centre mystérieux	131
II	LE CENTRE ET L'OCCULTISME	143
III	PSEUDO-AGARTTHA DE TRANSYLVANIE	153
IV	LE CENTRE MYTHIQUE	167
V	ASGARTHA, CENTRE ET PSEUDO-CENTRE	179
VI	AGARTTHA	191
VII	GUÉNON ET AGARTTHA	203
	CONCLUSIONS	219
	TABLE DE MATIÈRES	223

Imprimé au Canada
Toronto

Nouvelle Édition

15 novembre 2013

DU MÊME AUTEUR

- *THE EVERLASTING SACRED KERNEL*
  THE SPIRITUAL SYMBOLISM IN WESTERN LITERATURE
  ROSE-CROSS BOOKS, TORONTO
  2002, 2012

- *AGARTTHA THE INVISIBLE CENTER*
  ROSE-CROSS BOOKS, TORONTO
  2003

- *THE WRATH OF GODS*
  ESOTERIC AND OCCULT IN THE MODERN WORLD
  ROSE-CROSS BOOKS, TORONTO
  2004, 2011

- *ABOUT THE YI JING*
  COSMOS YEAR MAN. A FAR EASTERN TRADITIONAL
  PERSPECTIVE
  ROSE-CROSS BOOKS, TORONTO
  2006

- *FREE-MASONRY: A TRADITIONAL ORGANIZATION*
  THE CENTER AND THE HOLY GRAIL.
  ROSE-CROSS BOOKS, TORONTO
  2010

LIVRES À PARAÎTRE

- RENÉ GUÉNON ET L'ESPRIT TRADITIONNEL

- RENÉ GUÉNON AND THE TRADITIONAL SPIRIT. THE SACRED CENTER

- RENÉ GUÉNON AND THE TRADITIONAL SPIRIT. THE QUEST FOR THE CENTER

- RENÉ GUÉNON AND THE TRADITIONAL SPIRIT. HOLY LOVE AND SPIRTUAL MONEY

www.ingramcontent.com/pod-product-compliance
Lightning Source LLC
Chambersburg PA
CBHW070942230426
43666CB00011B/2527